Inhalt

Einführung

Ein Buch ist wie eine Unterhaltung zwischen Autor und Leser. Bevor wir nun mit dieser Unterhaltung beginnen, erscheint es uns hilfreich, zuerst einige wichtige Informationen zu geben.

Zunächst werden Sie feststellen, daß dieses Buch aus zwei Teilen besteht, so wie Mentoring eine Beziehung zwischen zwei Personen ist – dem Mentor und der betreuten Person (im folgenden als Schüler* bezeichnet). Unserer Erfahrung nach suchen wesentlich mehr Männer einen Mentor als einen Schüler. Der erste Teil wendet sich daher an die möglichen Schüler. Wir beschreiben den Nutzen des Mentoring, erklären, wie man einen Mentor findet, wie man die Beziehung gestalten und das Beste aus ihr machen kann.

Der zweite Teil beleuchtet dieselbe Beziehung aus dem Blickwinkel des Mentors. In gewisser Weise ist er die Schlüsselfigur der Beziehung. Wir erklären daher, was ein Mentor ist und was er tut. Wir wollen Mut machen, daß Männer diese Rolle übernehmen. Wie im ersten Teil sprechen wir darüber, wie man Mentoringbeziehungen aufbaut, werden uns aber darauf konzentrieren zu zeigen, wie Mentoren die Zeit mit ihren Schülern einteilen können, um ein Maximum an Wachstum und Nutzen zu erreichen.

Sie können mit dem Teil des Buches beginnen, der Ihre unmittelbaren Bedürfnisse anspricht. Bitte lesen Sie aber auch den anderen Teil des Buches, so daß Sie als Mentor den Schüler und als Schüler Ihren Mentor besser verstehen können.

In „Man(n) braucht Freunde“ haben wir versucht, vor allem die Praxis zu betonen, mehr das „Wie“ als das „Warum“, weil es unser Ziel ist, daß Männer tatsächlich lebendige Beziehungen beginnen.

* Vor allem im Bereich des Managertrainings wird in englischsprachiger Literatur der Begriff „Protégé“ anstatt „Schüler“ verwendet. Auch wenn der Begriff „Schüler“ etwas abwertend klingt, gibt er den Sinn am besten wieder.

„Man(n) braucht Freunde“ wendet sich speziell an Männer. Mentoring ist selbstverständlich ein Prozeß, der Frauen wie Männern hilft; wenn wir uns hier vor allem auf Männer konzentrieren, so wollen wir Frauen nicht ausschließen. Die hier beschriebenen Konzepte und Prinzipien können wahrscheinlich ebensogut auf Frauen angewendet werden. Von einigen offensichtlichen Ausnahmen abgesehen, können Leserinnen einfach „Mann“ und „Männer“ durch „Frau“ und „Frauen“ ersetzen, ohne daß dadurch die Substanz dessen, was wir sagen, verändert wird.

Mancher Leser nimmt vielleicht an, daß „Mentoring“ nur ein Modewort für Jüngerschaft ist. Sicher ist es so, daß beide Begriffe verwandt sind und sich teilweise überschneiden. Sie sind jedoch nicht völlig identisch (siehe S. 168-170). Mentoring beschränkt sich auch nicht nur auf das geistliche Leben eines Menschen, wie Gebet, Bibellesen, Gemeinschaft usw. Das Buch zeigt, daß der Einfluß von Mentoren Bereiche des Lebens betrifft, die weit über das Persönliche und Religiöse hinausgehen.

Um das Buch so anschaulich wie möglich zu machen, haben wir zahlreiche aus dem Leben gegriffene Beispiele hineingenommen. In einigen Fällen haben wir Namen und Hinweise, die zur Identifizierung der Personen führen könnten, verändert.

Ab hier werden wir nur noch in der ersten Person schreiben („ich“, „mich“, „mein“ usw.), so als ob nur eine Person spräche – dies ist Howard. Der Grund ist zum einen der, daß es viel einfacher ist, im Singular als im Plural zu schreiben, und zum anderen, daß Howard über fünfundvierzig Jahre lang dieses Thema gelehrt und praktiziert hat. Behalten Sie jedoch im Gedächtnis, daß wir zwei Autoren sind – zufälligerweise Vater und Sohn –, die zusammenarbeiten, um Sie von der Wichtigkeit des Mentoring zu überzeugen.

Teil 1
Für Männer, die einen Mentor suchen

1. Werden Sie ein „geprägter" Mann

Wer hat dazu beigetragen, daß Sie der Mensch wurden, der Sie heute sind?

Damit sind die Menschen gemeint, die Sie *geprägt* haben, die einen wichtigen Einfluß auf Ihr Leben hatten, die Personen, die in einem kritischen Moment Ihre Richtung verändert haben, so daß Sie heute rückblickend sagen können: „Ich wäre niemals der Mensch, der ich heute bin, wenn diese Person mich nicht beeinflußt hätte."

Natürlich kommen einem zuerst die eigenen Eltern in den Sinn. Sie hatten vielleicht einen Vater, der Ihnen immer mit Rat und Tat zur Seite stand und ein Beispiel an Liebe war. Oder vielleicht hat Ihnen Ihre Mutter in schwierigen Situationen beigestanden, weil sie einen festen Glauben und Charakter hatte.

Ich denke jedoch vor allem an Menschen außerhalb Ihrer Familie – ein Lehrer, ein Jugendleiter, eine Person in Ihrer Nachbarschaft, ein Mann in Ihrer Gemeinde. Menschen, die kaum oder nur wenig Interesse an Ihrem Wohlergehen hatten, die Sie aber trotzdem auf eine Art an Ihrem Leben teilhaben ließen, die Ihr eigenes Leben unauslöschlich geprägt hat.

Wenn Sie sich an einen solchen Menschen erinnern, auf den diese Beschreibung zutrifft, dann wissen Sie aus eigener Erfahrung, welch einen tiefen, bleibenden Einfluß eine solche Beziehung haben kann. Wenn nicht, so werden Sie es im weiteren erfahren.

Ich kann mich an mehrere Menschen in meinem Leben erinnern, die Gott gebrauchte, um den Lauf meines Lebens zu verändern. Der erste war ein Mann; er hieß Jürgen. Ohne Jürgen wäre ich wohl kaum ein Nachfolger Jesu Christi geworden.

Ich komme aus einem kaputten Elternhaus. Meine Eltern haben sich getrennt, bevor ich geboren wurde, und weder mein Vater noch meine Mutter kümmerten sich sonderlich um mein Wohlergehen. Um es ganz deutlich zu sagen: Ich hätte leben, sterben und zur Hölle fahren können, ohne daß es jemanden gekümmert hätte.

Aber Jürgen war das nicht egal. Er gehörte zu einer kleinen Gemeinde in unserer Nachbarschaft, die mit ganzem Einsatz ihre Umgebung für Christus gewinnen wollte.

Würdest du gerne Murmeln spielen?

Jürgens Lieblingsbeschäftigung war es, neun- bis zehnjährige Jungs wie mich mit Jesus bekanntzumachen. Ich werde nie den Samstagmorgen vergessen, an dem ich ihn zum ersten Mal traf. Ich lag ausgestreckt auf dem Bürgersteig und spielte Murmeln. Plötzlich stand er neben mir. Ich schaute auf und sah diesen großen, schlanken Typ, der über mir aufragte.

„Hallo, Junge, hast du Lust, mal zur Sonntagsschule zu kommen?" fragte er.

Das war eine ungeschickte Frage. Meiner Ansicht nach hatte das Wort „Schule" an sich schon einen üblen Beigeschmack. Darum schüttelte ich den Kopf.

Aber Jürgen gab nicht auf. „Würdest du gerne mit mir Murmeln spielen?" fragte er und kauerte sich neben mich.

Jetzt verstanden wir uns. „Klar!" sagte ich und bereitete das Spiel vor. Als bester Murmelspieler unserer Straße war ich sicher, daß ich den Herausforderer leicht schlagen würde.

Kaum zu glauben, aber er besiegte mich. Er gewann tatsächlich alle Murmeln, die ich besaß. Während er das tat, gewann er auch mein Herz. Ich habe an diesem Tag ein Spiel verloren und auch ein bißchen von meinem Stolz, aber ich gewann die Freundschaft eines Mannes, dem ich wichtig war. Eines großen und älteren Mannes, der sich zu mir herabließ, um mit mir Murmeln zu spielen. Von dem Moment an wollte ich immer in Jürgens Nähe sein, egal, wo er war.

Ein Meister der Nächstenliebe

Jürgen bereicherte die nächsten Jahre meines Lebens auf eine Weise, die mich für immer geprägt hat. Gemeinsam mit den anderen Jungs aus der Sonntagsschule sind wir gewandert, und ich werde diese Stunden nie vergessen. Er hatte Probleme mit seinem Herzen, und ich bin mir sicher, daß es ihm nicht gerade guttat, mit uns durch die Wälder zu streifen. Aber das schien ihn nicht zu kümmern, weil wir ihm wichtig waren. Er war wahrscheinlich der erste Mensch, der mir bedingungslose Liebe schenkte.

Er war sicher nicht der beste Lehrer und für diese Aufgabe so gut wie nicht ausgebildet. Er war aber echt und kreativ. Er hatte eine gute Art, uns in einen Lernprozeß einzubinden, eine Gabe, die einen bleibenden Einfluß auf meine eigene Art zu lehren hinterließ.

Alles in allem verkörperte Jürgen für mich Christus, und nicht allein für mich, sondern für dreizehn Jungs in meiner Nachbarschaft, von denen neun ebenfalls aus zerrütteten Familien kamen. Es ist sicher bemerkenswert, daß elf von uns in den vollzeitlichen Dienst berufen wurden – und auch eine Ironie des Schicksals, denn Jürgen selbst hatte nur Hauptschulabschluß. Man braucht also keinen Doktortitel, damit Gott einen gebrauchen kann, um andere zu formen.

Die Suche nach einem Leiter

Warum haben bestimmte Menschen solch einen tiefen Einfluß auf unser Leben? Ist es etwas in ihnen oder in uns – oder in uns beiden? Wie kommen diese Beziehungen zustande? Ist jemand zufällig zum richtigen Zeitpunkt am richtigen Ort – oder können wir bewußt darauf hinarbeiten, sie zu formen?

Wo auch immer ich heute hinkomme, höre ich junge und alte Männer – wenn schon nicht laut, dann doch insgeheim – die Frage stellen: „Wo finde ich einen Menschen mit mehr Weisheit und Erfahrung, als ich selbst habe, der mir hilft, meinen Weg durchs Leben zu finden?“

Da ist z. B. ein Jugendlicher in einer Großstadt, der sich dagegen wehrt, Mitglied einer Bande in seiner Nachbarschaft zu werden. Sein Vater ist schon lange von zu Hause weggelaufen, sein älterer Bruder im Gefängnis, und seine Mutter muß die Familie ernähren. Der Junge sucht einen Weg, er will das Richtige tun, aber er hat Angst. Er wünscht sich einen älteren Freund, der ihm Mut machen und einen guten Rat geben könnte.

Oder da ist ein Student der Wirtschaftswissenschaften, der hofft, später einmal für eine große Firma arbeiten zu können, der aber sein Leben auch nach christlichen Maßstäben gestalten möchte. Er sucht einen Geschäftsmann, der ihm fachlich und beruflich weiterhilft, der ihm aber auch zeigt, wie er seinen Glauben im Berufsalltag leben kann.

Die Zahl derjenigen Männer, die in diesem Jahrzehnt fünfzig Jahre alt werden, nimmt stark zu. Das bedeutet, daß Tausende von Männern sich fragen: Was habe ich bisher ausgerichtet? Was war der Sinn meines bisherigen Lebens? Was ist mir jetzt noch wichtig? Wie sieht meine weitere Zukunft aus?

Wenn man davon ausgeht, daß Männer mit diesen zutiefst persönlichen Fragen auf die gewohnte Weise umgehen, so werden die meisten von ihnen versuchen, selber Antworten zu finden. Wenn sie die Wahl hätten, würden sicher viele von ihnen einiges darum geben, Hilfe und Rat von einem Älteren zu bekommen.

Der erste Mentor

Wo immer man heute hinsieht, findet man Männer, die nach einem Vorbild, einem Ratgeber, einem Lehrer suchen. Sie suchen jemanden, der sich im Leben auskennt.

Im Grunde suchen sie einen Mentor. Als der griechische Krieger

Odysseus in den Trojanischen Krieg zog, ließ er seinen jungen Sohn Telemachos in der Obhut eines Vormundes namens Mentor zurück. Die Belagerung Trojas dauerte zehn Jahre, und Odysseus brauchte weitere zehn Jahre, um nach Hause zu kommen. Als er zurückkam, war aus dem Jungen Telemachos ein Mann geworden – durch Mentors weise Leitung.

Aufgrund dieser Geschichte sprechen wir heute von einem Mentor als jemandem, der in gewisser Weise und in bestem Sinne des Wortes eine Vaterfigur ist. Ein Mann, der die Entwicklung eines anderen, in der Regel jüngeren Mannes, grundlegend beeinflußt. Zu einem späteren Zeitpunkt werden wir den Begriff Mentor noch einmal eingehender betrachten.

Wer hat also nun dazu beigetragen, daß Sie die Person wurden, die Sie heute sind? Mit anderen Worten: Wer waren Ihre Mentoren? Was würde Ihnen heute fehlen, wenn Sie diese Menschen nicht kennengelernt hätten?

Mentoring ist notwendig

Wenn Sie nun an einen solchen Menschen denken und an den prägenden Einfluß, den er auf Sie hatte, dann können Sie schnell erkennen, warum Beziehungen mit Mentoren für Männer heute nicht nur eine Möglichkeit, sondern eine Notwendigkeit sind. Mentoren schauen in unser Inneres und erkennen, wer wir wirklich sein möchten. Dann helfen sie uns, diesen Wunsch Wirklichkeit werden zu lassen. Sie formen unseren Charakter, fordern uns heraus, ganze, echte und durch Gott veränderte Männer zu sein. Die Bibel sagt es in Sprüche 27,17 so: „Wie man Eisen durch Eisen schleift, so schleift ein Mensch den Charakter eines anderen.“ Haben Sie diese Erfahrung auch schon gemacht?

Es ist natürlich auch möglich, daß Sie zu der wachsenden Zahl von Männern gehören, die (oft mit Bedauern) sagen: „Ich hatte nie einen Mentor. Ich kann mich nicht erinnern, daß irgend jemand wirklich an meiner Entwicklung interessiert war.“

Wenn das stimmt, so sagt das mehr über Ihre Generation als

über Sie selbst aus. Es belegt die traurige Tatsache, daß Menschen verschiedener Generationen nicht mehr in der Weise miteinander umgehen, wie das früher der Fall war.

Dennoch ist es auch heute möglich, jemanden zu finden, der unser Leben bereichern kann. Mentoring ist nicht abhängig vom Alter oder der Erfahrung.

Ein Handbuch für den richtigen Start

Dieses Buch wurde geschrieben, um Ihnen zu helfen, lebendige Beziehungen aufzubauen. Es erklärt, was ein Mentor ist, wo man ihn finden kann und wie man die Beziehung pflegt. Praktische Vorschläge und aus dem Leben gegriffene Beispiele sollen dabei eine Hilfe sein.

Der zweite Teil befaßt sich mit dem Mentor, und es überrascht vielleicht zu erfahren, daß der Mentor ebensoviel, wenn nicht sogar mehr von der Beziehung zu seinem Schüler profitiert wie dieser von ihm. Und früher oder später kann es Ihnen passieren, daß jemand Sie als Mentor in seinem Leben ansieht.

Am Anfang soll gezeigt werden, warum solche lebendigen Beziehungen tatsächlich lebensnotwendig sind. In einer Welt, die uns zunehmend bedrohlich und gnadenlos begegnet, ist es nahezu unmöglich, allein seinen persönlichen und geistlichen Weg zu finden. Glücklicherweise gibt es einen Weg; deshalb wird das nächste Kapitel auf den Nutzen des Mentoring eingehen.

2. „Ich glaube an dich"

Mentoring erhält seinen Wert durch den Wert von Beziehungen. Zeigen Sie mir die besten Freunde eines Mannes, und ich kann Ihnen wahrscheinlich sagen, was für ein Mensch er ist und wie er sich voraussichtlich entwickeln wird. Menschen haben die Neigung, einander zu beeinflussen.

Julius lernte die Wahrheit dieses Prinzips während seiner Teenagerzeit kennen. Geboren in einem Viertel mit hoher Kriminalitätsrate und nur von seiner Mutter erzogen, kam Julius in große Schwierigkeiten, als er erwachsen wurde. Wie viele Kinder in ähnlichen Verhältnissen war er ziellos, aggressiv und vor allem gelangweilt.

Während einer seiner häufigen Fahrten zur Jugendstrafanstalt für Delikte wie Laden-, Autodiebstahl und Vandalismus, nahm ihn ein Beamter zur Seite. „Julius, ich kenne dich besser, als ich eigentlich möchte", sagte er ihm. „Du gehörst nicht hierher. Du könntest etwas aus deinem Leben machen – aber nicht auf diese Weise. Wenn ich dich mit jemandem bekanntmachen würde, der dir helfen kann, deine Schwierigkeiten in den Griff zu bekommen, würdest du mitkommen und tun, was er dir sagt?"

Der freundliche Bär

Auf diese Weise lernte Julius einen hünenhaften Mann kennen, Jerry, der eine klare Sicht vom Leben hatte: „Jesus hat gesagt, daß wir unseren Bruder lieben sollen. Mein Bruder wurde während eines versuchten Raubüberfalles erschossen, als er sechzehn war. Weil ich keinen eigenen Bruder mehr habe, muß ich jetzt den Bruder eines anderen lieben."

Gemäß dieser Überzeugung suchte Jerry Teenager, die in Schwierigkeiten waren. Er hatte drei Eigenschaften, die es ihm leichtmachten, mit diesen jungen Männern Beziehungen zu beginnen: seine gewaltige Größe, die beeindruckte und einschüchterte; sein Hintergrund als ehemaliger Footballspieler, bis ihn Verletzungen zwangen, diesen Sport aufzugeben, und seine Treue. Diese letzte Eigenschaft machte vor allem Eindruck auf Julius.

„Er hielt zu mir, egal, was auch passierte – und ich habe es ihm bestimmt nicht einfach gemacht", erinnert sich Julius, der nun eine eigene Familie besitzt und als Verkäufer arbeitet. „Das erste, was er tat, nachdem er meine Kaution bezahlt hatte, um mich aus der Jugendstrafanstalt zu holen, war, daß ich seine Telefonnummer auswendig lernen mußte. Wir haben eine Stunde im Auto damit zugebracht, bevor wir losfuhren.

Ich dachte zuerst, der ist verrückt, aber später merkte ich, daß er mich auf diese Weise wissen ließ, wie wichtig ich ihm war. Er war für mich da. Ich brauchte nur anzurufen – jederzeit, Tag oder Nacht.

Ich erinnere mich an eine Begebenheit, als ich unschuldigerweise verhaftet wurde. Im Polizeiauto wandte ich mich schließlich an einen der Beamten und sagte: ‚Rufen Sie Jerry Pomeroy an. Er wird Ihnen sagen, daß ich O.K. bin.'

Es schien so, als hätte der Mann schon von Jerry gehört, denn er nickte und murmelte etwas wie: ‚Das wollen wir mal sehen.' Auf alle Fälle ging er zum Telefon, und ich betete, daß Jerry kommen möge.

Das tat er dann auch ziemlich schnell. Die Beamten fingen an, ihm die Geschichte zu erzählen, und dann fragte er mich, was passiert sei. Ich sagte ihm alles, was ich wußte. Jerry konnte sie überzeugen, daß ich mit der Sache nichts zu tun hatte, und weil sie Jerry kannten, ließen sie mich laufen.

Nach diesem Vorfall hatte ich keinen Zweifel mehr, daß er mir vertraute. Zwar habe ich ihn auch einige Male enttäuscht, aber er glaubte immer fest daran, daß ich nichts Verkehrtes tun *mußte*. Er sagte immer: ‚Julius, Gott hat dich nicht schlecht geschaffen. Du hast die Wahl. Er hat dich geschaffen, um gut zu sein. Du mußt so leben, wir er das für dich geplant hat.'

Je besser ich Jerry kennenlernte, um so mehr erkannte ich, daß es möglich war, mein Leben anders zu gestalten, daß ich nicht Amok laufen und Sachen tun mußte, die andere verletzten. Jerry war für mich wie ein älterer Bruder, der nicht zuließ, daß ich mein Leben zerstörte. Er zwang mich, zur Kirche zu gehen – und das war gut so, sonst hätte ich nicht zum Glauben gefunden. Er zwang mich auch, in der Schule zu bleiben, und nur deshalb habe ich Arbeit gefunden.

Wir gingen gemeinsam mit anderen Jungen in die Berge zum

Fischen und Camping. Ich verstehe heute, daß ich vor allem deshalb nicht im Gefängnis landete, weil ich jedes Wochenende außerhalb der Stadt verbrachte! Jerry wußte, daß ich in Schwierigkeiten geraten würde, wenn ich zu Hause blieb, und das ließ er nicht zu. Wenn er sich einmal dazu entschlossen hatte, dich zu lieben, dann ließ er nicht mehr locker! Er gab einfach nicht auf!"

Die Sehnsucht nach männlicher Bestätigung

Erkennen Sie die gewaltige Kraft einer solchen Beziehung? Sie kann das Leben eines Mannes verändern. Deshalb hat Jesus nach einer Nacht im Gebet zwölf Männer ausgewählt, damit sie „bei ihm" blieben (Markus 3,13-14; Lukas 6,12-13). Er wußte, daß er den größten Einfluß auf sie haben würde, wenn er jeden Tag Seite an Seite mit diesen ausgewählten Männern lebte.

Es gibt keinen Ersatz für das Kennen und Erkanntsein durch einen anderen Menschen. Es gibt keinen anderen Weg, zu erkennen, was wir uns in unserem Innersten wünschen: gehört, verstanden, bestätigt, geachtet zu werden. Gott hat in jeden von uns das Verlangen gelegt, wichtig zu sein, zu merken, daß unser Leben Bedeutung hat. Unzählige Männer fühlen sich jedoch ungenügend und unsicher, egal, wieviel Talent sie eigentlich haben.

Chuck Swindoll ist ein bekannter und beliebter Prediger, der die Radiosendung „Insight for Living" moderiert. Er war lange Jahre Pastor und ist jetzt Präsident des Dallas Theological Seminary, wo auch ich lehre. Ich erinnere mich an die Zeit, als Chuck Student war. Als ich ihn traf, dachte ich sofort: Dieser Kerl ist ein Erfolgsmensch! Er war ein Draufgänger. Er saß immer in der ersten Reihe, und seine Fragen waren außergewöhnlich einsichtig. Nach dem Unterricht kam er nach vorn und stellte weitere Fragen. Es war völlig klar, daß dieser Mann eine große Zukunft vor sich hatte.

Wenigstens für mich war es klar. Chuck hingegen wird Ihnen erzählen, daß er jahrelang von Selbstzweifeln gequält wurde.

Manchmal dachte er sogar daran, seinen Dienst aufzugeben. Einer der Gründe, die ihm halfen, weiterzumachen, war unsere Beziehung. Wie Chuck sagte: „Hendricks glaubte an mich, als ich nicht an mich selbst glaubte!"

Was für ein großartiges Zeugnis dafür, daß Männer sich heute nach männlicher Bestätigung sehnen. Sie brauchen Bestätigung, ganz gleich, wieviel Talent sie haben. So gab es natürlich niemals Zweifel an Chucks Gaben, aber er brauchte die Bestätigung.

Das ist die Aufgabe eines Mentors. Jeder Mann braucht einen anderen Mann – jemand, den er respektiert –, um ihn anzufeuern, um ihm zu sagen: „Du kannst es!" Er braucht das, weil er ständig von negativen Botschaften umgeben ist, die sagen: „Du bist nicht klug genug!" „Du bist nicht reich genug!" „Du bist nicht stark genug!"

Denken wir so über uns selbst –, daß uns etwas fehlt, um ein guter Christ, Ehemann, Vater, ein kompetenter Arbeiter, ein tüchtiger Mann zu sein? Wenn das der Fall ist, schlage ich vor, daß Sie sich einen Mentor suchen, jemanden, der durch Ihre Ängste und Ihr Versagen hindurchsehen kann auf die Person, die Sie nach Gottes Willen sein sollen.

Wozu brauche ich einen Mentor?

In diesem Kapitel möchte ich fünf Gründe nennen, warum es wichtig für Ihr Leben sein kann, einen Mentor zu finden. Ehrlich gesagt, kenne ich einige Männer, deren Mentoringbeziehung sich nicht so entwickelt hat, wie sie sich das erhofft hatten. Ich habe aber nie jemanden getroffen, der es bedauert hat, den Versuch unternommen zu haben. Die Gründe dafür sind folgende: Ein Mentor fördert (1) echtes Wachstum, ist (2) ein Beispiel, dem man folgen kann, hilft Ihnen (3), Ihre Ziele zu erreichen, spielt (4) eine Schlüsselrolle in Gottes Plan für Ihr persönliches Leben und kommt (5) anderen Personen in Ihrem Leben zugute. Lassen Sie uns alle diese Vorteile nacheinander betrachten.

Ein Mentor fördert echtes Wachstum und bringt Veränderung

Das Ziel eines jeden Mentors sollte das emotionale, soziale und geistliche Wachstum seines Schülers sein. Die einfachste Definition eines Mentors, die ich kenne, ist folgende: Ein Mensch, der Ihnen hilft, zu wachsen und Ihre Lebensziele zu verwirklichen.

Was ist also notwendig, um diese beiden Ziele zu erreichen? Wenn es sich nur darum handeln würde, ein paar Prinzipien niederzuschreiben und in einem Buch zu veröffentlichen, dann könnten wir die Welt innerhalb kürzester Zeit verändern.

Aber leider ist es nicht so einfach. Nur der Mensch kann handeln, eine Wahl treffen, sich verändern und wachsen. Bei vielen findet jedoch weder Wachstum noch Veränderung statt, wenn sie nicht eine Beziehung mit jemandem haben, der ihnen etwas bedeutet, der ihre Entwicklung beeinflußt und ihnen Motivation und Verantwortung vermittelt.

Nehmen wir zum Beispiel den Fall einer öffentlichen Schule in Ostharlem, New York. Kaum einer der Schüler hatte dort eine Chance auf einen Oberschulabschluß aufgrund der üblichen Probleme, die mit Armut und dem Leben in einem Ghetto zusammenhängen. Es wurde sicher viel versucht, um die Kinder in der Schule zu halten, aber meist vergeblich. Es war allgemein bekannt, daß jemand, der auf diese Schule ging, es höchstwahrscheinlich zu nichts brachte.

Im Frühling 1981 wurde ein Geschäftsmann namens Eugene Lang eingeladen, die Rede zu Beginn des Schuljahres zu halten. Lang hatte Jahre vorher die Schule mit Erfolg abgeschlossen und war nun Geschäftsführer eines sehr erfolgreichen Kreditunternehmens. Was sollte er diesen Kindern sagen, die im Grunde keine Zukunft hatten?

Lang steckte seine vorbereitete Rede in die Tasche und machte einen einfachen, aber gewaltigen Vorschlag: Für jedes Kind, das auf der Schule blieb und seinen Abschluß machte, würde er die Collegeausbildung bezahlen.

Zuerst war nur Staunen, dann ging jedoch ein Ruck durch die

Kinder. Nach den Statistiken war zu erwarten, daß nur dreißig von ihnen das letzte Jahr der Oberstufe erreichen. Tatsächlich schafften es aber 52. Von diesen gingen 34 aufs College, und die übrigen erhielten Ausbildungsstellen.

Was bewirkte diese Veränderung? War es nur eine Geldfrage? Ein Redakteur der New York Times erklärte es später so, „(Langs) Geldgeschenk war weniger wichtig als das, was er den Kindern von sich selbst schenkte – echte Menschenliebe ... Lang erzählte, daß es einfach war, das Geld zur Verfügung zu stellen. Aber viel schwieriger war es, Zeit für die persönliche Betreuung der benachteiligten Schüler zu haben. Er empfing die Schüler in seinem Büro und wurde ihr Schutzpatron.“*

Lang schuf eine persönliche Bindung zwischen den Kindern und sich selbst. Während viele andere den Kindern sagten: „Ihr schafft es nie!“ Sagte er ihnen: „Ich glaube an euch – und werde euch helfen“ und bewies das durch sein persönliches Engagement.

Das ist die Kraft einer Mentoringbeziehung. Wenn Sie wissen, daß Sie jemandem wirklich wichtig sind, ist es sehr wahrscheinlich, daß Sie sich richtig anstrengen, um diese Person nicht zu enttäuschen. Wenn Sie aber alleine gegen den Strom schwimmen müssen, ist es gut möglich, daß Sie schnell aufgeben.

Ein Mentor ist ein Vorbild

Zum Erlernen eines komplexen Vorgangs ist das vorbildhafte Vorführen nötig und hilfreich. Albert Bandura, ein bekannter Psychologe, behauptet, daß der größte Teil menschlichen Verhaltens durch Beobachtung und Nachahmung erlernt wird. Seine Arbeit auf diesem Gebiet hat gezeigt, daß Nachahmung die wichtigste Form unbewußten Lernens ist. Während der letzten Jahre sind eine Menge Bücher über Vaterschaft geschrieben worden, aber keines von ihnen ist so beeindruckend wie das Verhalten

* „Helping Dropouts Climb In“, New York Times, 13. September 1986, S. 26.

eines echten Vaters gegenüber seinen Kindern. Welches Vorbild Ihr Vater Ihnen auch immer gegeben hat, ob gut oder schlecht, es ist das Grundmuster, dem Sie mit Ihren eigenen Kindern folgen werden, zumindest am Anfang. Wie Sie Ihren eigenen Vater erfahren haben, bestimmt, was „Vatersein" für Sie bedeutet.

Natürlich ist es heute tatsächlich so, daß mehr und mehr Männer eine andere Vaterfigur als ihren echten Vater finden müssen. Ihre eigenen Väter waren oft ein schlechtes Vorbild dafür, wie sich ein Mann gegenüber seiner Familie verhalten sollte – zumeist hatten sie wohl selbst kein gutes Vorbild, dem sie hätten folgen können. Wenn Sie selbst einen Vater hatten, der kein gutes Vorbild war, dann ist es für Sie wichtig, eine Beziehung zu einem Mann zu suchen, der in seiner Familie zumindest ansatzweise diese Vaterfunktion erfüllt. Sonst werden Sie beinahe mit Sicherheit dieselben Fehler bei Ihren eigenen Kindern wiederholen, die Sie an Ihrem Vater so haßten.

Das Prinzip der Nachahmung wird auch in der Menschwerdung Gottes sichtbar. Bei der Vielfalt an Möglichkeiten, durch die sich Gott der Menschheit hätte offenbaren können, entschied er sich dafür, uns als Mensch (Jesus Christus) zu begegnen.

Diese personifizierte Wahrheit begegnet uns im Neuen Testament. Philippus bat Jesus: „Zeige uns den Vater", und Jesus antwortete: „Wer mich gesehen hat, der hat auch den Vater gesehen" (Johannes 14,8-9). Später weist Petrus darauf hin, daß Jesus uns ein Vorbild göttlichen Leidens gab, „dem ihr folgen sollt" (1. Petrus 2,21).

In ähnlicher Weise ermahnte Paulus die Korinther: „Folgt meinem Beispiel, so wie ich Christus folge" (1. Korinther 11,1). Er und seine Begleiter lehnten jede Bezahlung durch die Thessalonicher ab und arbeiteten statt dessen hart, um ihren Lebensunterhalt zu verdienen, denn sie „wollten euch ein Vorbild sein, dem ihr folgen sollt" (2. Thessalonicher 3,7.9).

Gott enthüllt seine Wahrheit immer durch einen Menschen. Das macht den Wert eines christlichen Mentors aus. Er zeigt uns an sich selbst, was biblische Wahrheit ist.

Ein Mentor hilft Ihnen, Ihre Ziele besser zu erreichen

Haben Sie schon einmal im Flughafen ein Rollband benutzt? Plötzlich bewegen Sie sich drei- oder viermal so schnell fort, obwohl Sie selbst nicht schneller gehen. Das ist ein erstaunliches Gefühl.

Dieses Rollband ist ein gutes Beispiel dafür, wie ein Mentor Ihnen helfen kann, Ihre persönliche Entwicklung zu beschleunigen. Er kann Ihnen viel Zeit und Energie ersparen. Er kann Ihren Entwicklungsprozeß beschleunigen, weil er Dinge weiß, die Sie nicht wissen. Er hat Freunde und Bekannte, die Sie nicht haben. Er kann oft Türen öffnen, die Ihnen verschlossen bleiben. Vor allem aber stellt er Fragen, an die Sie niemals gedacht haben. Sie machen vielleicht schon gute Fortschritte, während Sie durchs Leben gehen, aber gemeinsam mit ihm können Sie schneller gehen, und manches wird einfacher.

Ein Student, den ich Sven nennen möchte, wurde kürzlich von einem sehr erfolgreichen Geschäftsführer einer großen Firma eingeladen, mit ihm in seinem Geschäftsflugzeug von Dallas nach Denver zu fliegen. Dieser Mann ist einer der führenden Geschäftsleute des Landes, und jeder junge Angestellte würde alles dafür geben, um einige Zeit mit ihm verbringen zu können.

Stellen Sie sich Svens Überraschung vor, als sich während des Fluges dieser Mann zu ihm umdrehte und sagte: „Ich möchte ein Geschäft mit Ihnen machen. Ich bringe Ihnen alles bei, was ich über die Geschäftswelt weiß, und Sie erzählen mir alles, was Sie über die Bibel wissen."

Was für eine Gelegenheit! Sven hatte mir oft von seinem Wunsch erzählt, mehr über die Geschäftswelt zu lernen, um Laien besser helfen zu können. Wenn er diese Beziehung mit dem Geschäftsführer fortsetzt, kann er in drei Monaten mehr über die Geschäftswelt lernen als in drei Jahren Wirtschaftsstudium. Zugleich wird der Geschäftsmann große Fortschritte in seinem Wissen über biblische Zusammenhänge und deren Bedeutung für sein Leben machen.

Ein Mentor spielt eine Schlüsselrolle in Gottes Plan für Ihr Wachstum

Ich hatte zu Beginn erzählt, wie Gott einen Mann namens Jürgen dazu gebrauchte, mir den Glauben an Jesus nahezubringen. Jürgen war dabei allerdings nur einer von vielen Faktoren. Es wäre ein Fehler, die Leute in Jürgens Gemeinde zu übersehen, die für ihre Umgebung beteten. Auch meine Großmutter betete für mich. Und wir dürfen die Person nicht vergessen, die Jürgen das Evangelium erklärt hatte.

Gott gebraucht immer eine Vielzahl von Menschen und Ereignissen, um jemanden zum Glauben zu führen. Ebenso gebraucht er eine Vielzahl von Faktoren, um uns zu helfen, im Glauben zu wachsen: die Bibel, unser Zuhause, die Gemeinde, Erfahrungen in der Mitarbeit, Krisen und Konflikten, Bücher, Konferenzen – um nur einige zu nennen.

Ein Mentor kann eine wichtige Rolle in diesem Reifeprozeß spielen – sicher nicht die einzige, aber eine wichtige. Denken Sie zum Beispiel an die entscheidende Rolle, die Barnabas im Leben des Paulus nach dessen Umkehr spielte. Niemand von den Christen in Jerusalem wollte etwas mit Paulus zu tun haben. Sie trauten ihrem ehemaligen Feind nicht. Was auch immer er tat, er konnte sie nicht überzeugen. „Endlich nahm sich Barnabas seiner an. Er brachte ihn zu den Aposteln" (Apostelgeschichte 9,27). Nun brach das Eis, und damit begann das geistliche Wirken von Paulus.

Gott möchte, daß Sie die Chance ergreifen, sich durch den hilfreichen Einfluß erfahrener Christen weiterzuentwickeln. In Hebräer 13,7 heißt es: „Denkt an die Leiter eurer Gemeinden, die euch Gottes Wort weitersagten! Vergeßt nicht, wie sie Gott bis zu ihrem Lebensende die Treue gehalten haben. Nehmt euch ihren Glauben zum Vorbild." Hier wird uns Nachahmen und Mentoring als Auftrag genannt. Beachten Sie bitte, daß diese Stelle von Leitern (im Plural) spricht. Im besten Falle sollten Sie sich mehrere verschiedene Menschen suchen, die Ihr Leben positiv beeinflussen. So bekommen Sie verschiedenste Perspektiven.

Der Einfluß eines Mentors kommt anderen Personen in Ihrem Leben zugute

Der letzte Grund, warum Sie nach Mentoringbeziehungen suchen sollten, ist der, daß dies nicht nur Ihren persönlichen Bedürfnissen entgegenkommt. Ihre Frau, Ihre Familie, Ihre Gemeinde, Ihr Umfeld, Ihre Kollegen an Ihrem Arbeitsplatz – jeder, mit dem Sie in Berührung kommen, wird von den Fortschritten profitieren, die Sie durch diesen Wachstumsprozeß machen.

Erinnern Sie sich an Eugene Langs Einfluß auf die Schüler der öffentlichen Schule in New York? Anstatt auf der Straße in Banden, als Drogenabhängige oder in Gefängnissen zu enden, wurden diese 52 Kinder nützliche Mitglieder der Gesellschaft.

Können Sie sehen, wie herrlich es ist, jemandem zu erlauben, Sie in einer positiven, guten Weise zu beeinflussen? Während Sie selbst beschenkt werden, werden Sie ein Mensch, durch den Gott andere Menschen beschenkt. Darum lehrte Paulus Timotheus, ihn nicht nur nachzuahmen, sondern die Dinge weiterzugeben, die er gelernt hatte: „Was du von mir in Gegenwart vieler Zeugen gehört hast, das gib jetzt an zuverlässige Christen weiter, die fähig sind, auch andere im Glauben zu unterweisen“ (2. Timotheus 2,2). Der Apostel beschreibt so einen Prozeß geistlichen Wachstums.

Mentoren – eine Rettungsleine

Brauchen wir diesen Prozeß heute? Mehr denn je! Zu viele Männer versuchen alleine, mit ihrer Ehe und Familie, ihrem persönlichen Leben, ihrer Arbeit oder ihren gemeindlichen Verpflichtungen klarzukommen. Sie versuchen, Berge zu erklimmen, die so hoch sind wie der Himalaja, und das nur mit Hilfe ihrer scheinbaren Unabhängigkeit.

Das wird ihnen aber kaum gelingen. Männer brauchen Mentoren, erfahrene Leiter, die ihnen zur Seite stehen. Mentoring gleicht einer Gruppe Männer, die einen Berg besteigen wollen. Wenn jeder mit dem Mann über ihm verbunden ist, dann gibt das

Sicherheit, Stabilität und Stärke. Wenn ein Mann ausrutscht und fällt, halten fünfzehn oder zwanzig andere Bergsteiger den Fall auf und bewahren ihn vor der Katastrophe.

Stellen Sie sich nun aber einen Mann vor, der alleine den Berg besteigt, ohne jede Sicherung. Er erreicht vielleicht große Höhen, aber eine einzige falsche Bewegung genügt, und er kann Tausende von Metern in den Tod stürzen, ohne daß jemand auch nur seinen Schrei hört. Darum sagt die Bibel: „Zwei haben es besser als einer allein, denn zusammen können sie mehr erreichen. Stürzt einer von ihnen, dann hilft der andere ihm wieder auf die Beine. Doch wie schlecht steht es um den, der alleine ist, wenn er hinfällt! Niemand ist da, der ihm wieder aufhilft!" (Prediger 4,9-10).

Es ist eine Tragödie, daß mehr und mehr Menschen in unserer Gesellschaft als Einzelgänger durchs Leben wandern. Sie messen ihren Beziehungen immer weniger Wert zu – mit dem Ergebnis, daß jede nachfolgende Generation größere Isolation, Einsamkeit und sogar Verzweiflung erfährt.

Wollen Sie das ändern? Es fängt bei Ihnen persönlich an. Entschließen Sie sich, einen Mentor zu suchen, jemanden, dem es ein Anliegen ist, daß Sie wachsen, und der Sie dazu anhält, weiter zu wachsen. Der Ihnen hilft, Ihre Lebensziele zu verwirklichen. Glauben Sie nicht an die Vorstellung, daß nur schwache Männer Hilfe brauchen. Die Wahrheit ist, daß Männer, die Hilfe suchen, stark werden.

Mentoring unter Gleichaltrigen

Mentoringbeziehungen können viele verschiedene Formen annehmen. Die den meisten wohl am besten vertraute ist die Beziehung zwischen einer älteren Person (dem Mentor) und einer jüngeren Person (dem Schüler). Der Mentor leitet, betreut, trainiert den Schüler oder nimmt auf eine andere Weise Einfluß auf sein Leben. Dies ist eine Beziehung, wie sie der antike Lehrer Mentor mit Telemachos hatte oder Paulus mit Timotheus. Wenn wir in diesem Buch über

„Mentoring" sprechen, meinen wir in der Regel diese Art der Beziehung zwischen Mentor und Schüler.

Wenn man jedoch die Mentoringpraxis in unserer Gesellschaft untersucht, dann trifft man auf ein interessantes Phänomen: Viele der Charakteristika, die eine Beziehung zwischen Mentor und Schüler bestimmen, finden sich auch bei Beziehungen zwischen Gleichaltrigen, die nur wenige Jahre trennen. Zunächst ist man versucht, dies schlicht als Freundschaft zu bezeichnen, aber tatsächlich handelt es sich hier um Gleichaltrige, die eine Mentoringbeziehung haben. Mentoring unter Gleichaltrigen hat enorme Vorteile, und ich möchte Sie sehr ermutigen, diese Art der Beziehung zu suchen. Zwei biblische Beispiele für Mentoring unter Gleichaltrigen ist die Beziehung zwischen Jonatan und David und zwischen Paulus und Barnabas.

3. Erkennen Sie Ihre Bedürfnisse

Es ist eine Tatsache, daß Männer und Frauen auf sehr unterschiedliche Weise einkaufen. Frauen neigen dazu, sich zunächst umzusehen, ein Geschäft nach dem anderen zu besuchen, um Qualität, Preise und Personal zu vergleichen. Wenn sie schließlich die richtige Kombination dieser Faktoren gefunden haben, kaufen sie *vielleicht* – aber nicht unbedingt. Sie könnten genausogut sagen: „Ich glaube, ich schaue mich noch weiter um."

Männer hingegen kaufen sehr zielbewußt. Sie überlegen sich, was sie wollen. Dann entscheiden sie, in welchem Geschäft sie die Sache kaufen wollen. Sie gehen in das Geschäft, suchen den Artikel, bezahlen, und der Einkauf ist beendet.

Das kann man vor allem an Weihnachten beobachten. Ein Mann wartet unter Umständen bis zum 22., 23. oder sogar 24. Dezember, bevor er sich endlich entschließt, seine Geschenke zu kaufen. Er geht in ein Geschäft, nimmt ein paar Artikel, bezahlt und geht nach Hause. Eine Verkäuferin sagte einmal, daß Männer Weihnachtseinkäufe nicht als Vergnügen ansehen, wenn sie es nicht unter Zeitdruck tun müssen: Die Devise ist „Krisenmanagement“!

Ich will nun nicht die Klugheit oder Dummheit dieses Verhaltens thematisieren, sondern nur darauf hinweisen, daß der Erfolg sich darauf gründet, daß ein Mann weiß, was er kaufen will. Wenn er sich entschieden hat, dann ist die halbe Schlacht schon geschlagen. Er kann ein paar Tage (oder sogar Stunden) vor dem Weihnachtsfest einkaufen gehen in dem Bewußtsein, daß alles gutgehen wird, weil er genau weiß, was er sucht. Er braucht dann nur noch hinzugehen und es kaufen.

Das gleiche gilt, wenn es darum geht, einen Mentor zu finden. Der Schlüssel liegt darin zu wissen, was Sie brauchen. Im letzten Kapitel habe ich Ihnen fünf Gründe genannt, warum Mentoringbeziehungen für ein persönliches und geistliches Wachstum so wichtig sind. Es ist aber unwahrscheinlich, daß Sie sich einen Mentor suchen, bevor Sie herausgefunden haben, auf welche Weise ein Mentor Ihr Wachstum fördern kann. Es geht nicht darum, ob ich daran glaube, daß Mentoring eine gute Idee ist – das ist wohl offensichtlich. Die Frage ist, ob Sie Ihr Bedürfnis für eine solche Beziehung erkennen.

Ich schlage vor, daß Sie zuerst einmal über sich selbst nachdenken. Sie müssen Ihre eigenen Bedürfnisse erkennen, um herauszufinden, welche Art von Mentor Sie brauchen.

„Erkenne dich selbst“: leichter gesagt als getan

Leider fällt es vielen Männern schwer, ja es ist ihnen nahezu unmöglich, sich selbst richtig einzuschätzen. Zunächst einmal mangelt es ihnen an Selbsterkenntnis. Jesus wußte das, denn er fragte die, die ihm nachfolgten: „Du regst dich auf über die kleinen Schwächen deines Bruders und erkennst nicht deine eigene, viel größere Schuld“ (Matthäus 7,3). Wir können leicht auf andere zeigen, wenn sie Hilfe brauchen, aber wir neigen dazu, unseren eigenen Mängeln gegenüber blind zu sein oder sie nicht sehen zu wollen.

Mit anderen Worten, es fehlt uns an Objektivität. Wir können oft nicht zwischen unseren Wahrnehmungen und der Realität unterscheiden. Ich habe schon Männer erlebt, die voller Überzeugung erklärten, daß ihre Ehe absolut in Ordnung sei. Eine Woche später kamen sie wieder, völlig am Ende, weil ihre Frau sie verlassen hatte. Sie waren zu blind, um zu erkennen, wie schlecht ihre Beziehung geworden war.

Nehmen Sie z.B. den Fall eines bekannten und sehr erfolgreichen Agenten in der Unterhaltungsbranche, der kürzlich in der Nachrichtenkolumne einer bekannten Zeitschrift erwähnt wurde. Der Kommentator schrieb, daß besagter Agent jetzt zu Hause arbeite und nicht mehr in seinem Büro. Aus welchem Grund auch immer, seine Entscheidung wurde als „ein weiterer Beweis dafür angesehen, daß auch er nun dem Trend ‚Verbring mehr Zeit mit der Familie' folge."

Zu aller Überraschung traf bald darauf ein Brief bei der Zeitschrift ein, unterschrieben von den drei Kindern des Agenten:

„Wir sind begeisterte Leser Ihrer Zeitschrift, und darum interessierte uns in Ihrer Ausgabe vom 12. Dezember besonders Ihre Nachrichtenkolumne, die die neuerworbenen häuslichen Gewohnheiten unseres Vaters enthüllte. Da es Jahre her ist, seit wir ihn an einem Wochentag zu Hause gesehen haben, wären wir Ihnen sehr dankbar, wenn Sie uns den genauen Punkt nennen könnten, von dem aus unsere Nachbarn diese Beobachtung gemacht haben wollen. Das historische Ereignis, unseren Vater an einem gewöhnlichen Dienstag oder Mittwoch bei Tageslicht in unserem Haus zu sehen, ist uns schon ein paar Stunden Wachehalten wert. Wir danken Ihnen schon im voraus für Ihre Hilfe und möchten Sie wissen lassen, daß wir uns sehr darauf freuen, mehr über die Aktivitäten unseres Vaters in Ihrer hervorragenden Zeitschrift zu lesen."*

Brauchen Sie ein solches „Aufrütteln"? Als Männer neigen wir dazu, uns so sehr auf unsere verschiedenen Beschäftigungen zu konzentrieren, daß wir ein eingeengtes Blickfeld bekommen. Wir

* „Letters", New York, 2. Januar 1995, S. 8.

werden Experten in unseren Berufen und Hobbys und wissen doch nichts über uns selbst – vor allem nicht über unsere Schwächen.

Und selbst wenn wir uns besser kennenlernen, wissen viele von uns nichts damit anzufangen. Das ist die Achillesferse der Selbsthilfebewegung. Man versucht mit Hilfe verschiedenster Mittel, seine eigenen Charakterzüge und Neigungen herauszufinden (das kann manchmal durchaus nützlich sein). Aber wenn man alle diese Informationen über sich selbst hat, stellt sich oft die Frage: „Und was nützt mir das, um Arbeit, einen Partner, Erfolg im Leben zu finden?“ Die Informationen sind vielleicht zutreffend, aber anstatt sie dazu zu benutzen, charakterlich zu reifen oder an schlechten Gewohnheiten zu arbeiten, gebrauchen sie viele Männer nur pragmatisch, um die ihnen gestellten Aufgaben zu bewältigen. Und sogar die Männer, die emotionales oder geistliches Wachstum suchen, wissen oft nicht, wie sie das praktisch anstellen sollen.

Kurz, es ist leichter gesagt als getan, der Devise: „Erkenne dich selbst“ zu folgen. Wir können uns so stark darauf konzentrieren, unsere neugewonnene Selbsterkenntnis zur Erfüllung einer bestimmten Aufgabe zu gebrauchen – eine Arbeit oder eine Frau zu finden, beruflich Erfolg zu haben –, daß wir vergessen, sie dazu zu verwenden, um reife Männer zu werden.

Dies ist ein weiterer Grund, warum ein Mentor wichtig ist. Er kann Ihnen nicht nur zu größerer Einsicht verhelfen, er kann Ihnen auch helfen, diese Einsicht in die Tat umzusetzen. Außerdem kann er Sie motivieren, aktiv zu werden und, genauso wichtig, Sie für Ihr Tun und Lassen zur Rechenschaft ziehen.

Entdecken Sie Ihre Bedürfnisse

Wir scheinen hier in einen Teufelskreis geraten zu sein: Ich habe gesagt, daß Sie Ihre Bedürfnisse erkennen müssen, um einen Mentor zu finden, und zugleich, daß Sie einen Mentor brauchen, um Ihre echten Bedürfnisse zu erkennen.

Lassen Sie mich Ihnen aus diesem Dilemma heraushelfen, indem ich Ihnen als eine Art Mentor diene und Ihnen fünf grundlegende Fragen stelle, die Ihre Bedürfnisse zum Vorschein bringen sollen. Es ist dieselbe Art von Fragen, die ich normalerweise Männern stelle, wenn sie mich um Hilfe und Rat bitten. Wie würden Sie diese Fragen beantworten?

1. Was wollen Sie?

Wenn Sie sich fragen: „Was will ich?", dann geht es darum, Ihre Ziele zu entdecken. Was wollen Sie verwirklichen? Wenn Sie einen Mentor suchen, bitten Sie im Grunde einen Mann, Ihr Leben langfristig zu verändern. Die Frage ist also, wie soll er Ihr Leben verändern? Welches greifbare Resultat möchten Sie durch diese Beziehung erzielen?

Eine Möglichkeit, Ihre Ziele festzulegen, ist die Frage: „Wo möchte ich mit meinem Leben in zehn Jahren sein?" Beschreiben Sie, wer oder was Sie gerne werden möchten, und dann fragen Sie sich: „Was brauche ich, um das zu erreichen?" Lassen Sie dieser Frage eine andere wichtige Frage folgen: „Was steht zwischen mir und dem Erreichen dieses Zieles?"

Peter, 26 Jahre alt, beschloß zum Beispiel, daß er in zehn Jahren einen festen Job und eine Familie haben wollte. Zu dem Zeitpunkt begann er gerade mit seiner beruflichen Ausbildung. Er war unverheiratet und hatte keine feste Freundin. Peters Ziele klingen vielleicht einfach, aber sie halfen ihm, Leute in seiner Firma zu finden, die ihm in seinem Beruf fördern und ihn mit anderen Personen außerhalb des Geschäftes in Verbindung bringen konnten. Seine Ziele ließen ihn auch darüber nachdenken, was er von einer zukünftigen Frau erwartete. Dies half ihm eine Beziehung mit einer Frau zu beginnen. Er half im aber auch, mit einem älteren, verheirateten Mann in seiner Gemeinde über das Thema Frauen und Ehe zu reden.

Ein anderer Weg, um unsere Ziele zu erkennen, ist eine Bestandsaufnahme der wichtigsten Bereiche Ihres Lebens: Ihrer

Arbeit, Ihrer Ehe und Familie, Ihres geistlichen Lebens, Ihrer Beziehung zu Ihrer Gemeinde. Wie würden Sie sich selbst in diesen Bereichen einschätzen? Welche „Noten" würden Sie sich geben? Dann müssen Sie sich auch fragen: „Wo habe ich meine Schwächen?" und: „Wo erfahre ich ständig Niederlagen?" Wenn Sie beharrlich nach Antworten auf diese Fragen suchen, werden Sie einige Bereiche in Ihrem Leben entdecken, in denen Sie noch wachsen müssen.

Ein dritter Weg, unsere Ziele zu definieren, ist die Frage nach Ihrem Wissen, Ihrer Einstellung, Ihren Gewohnheiten bzw. Verhaltensweisen und Begabungen. Mit anderen Worten, welches Wissen oder welche Informationen möchten Sie erlangen, die Sie zur Zeit nicht besitzen? Welche Einstellungen oder Werte sollten Sie kultivieren? Welche Gewohnheiten oder Verhaltensweisen versuchen Sie anzunehmen oder abzulegen? Welche praktischen Begabungen möchten Sie entwickeln?

Die folgenden Beispiele sollen das Gesagte illustrieren. Wenn Sie sich mit einigen Aussagen identifizieren können, deutet dies auf die Bereiche hin, an denen Sie arbeiten sollten.

Wissen
- „Ich weiß nicht, wie ich es anfangen soll, ein Haus zu kaufen."
- „Ich kenne die Bibel kaum. Ich brauche jemanden, der mir zeigt, worum es in der Bibel geht."

Einstellung
- „Ich möchte großzügiger werden. Ich habe so viel, aber ich merke, daß es mir schwerfällt abzugeben."
- „Ich habe Probleme mit Ausländern. Ich brauche Hilfe, um meine Einstellung zu ändern."

Gewohnheiten und Verhaltensweisen
- „Ich neige dazu, Menschen durch mein Gerede vor den Kopf zu stoßen. Ich möchte diese Gewohnheit verändern."
- „Ich merke, daß das Gebet bei mir zu kurz kommt."

Begabungen

- „Ich muß lernen, mit dem Computer zu arbeiten."
- „Ich muß lernen, Bewerbungsgespräche zu führen."

Wenn Sie über Ihre Bedürfnisse und Ziele nachdenken, hilft es, zwischen drohenden Krisen und langfristigen Problemen zu unterscheiden. Stehen Sie zum Beispiel vor Gericht, weil jemand vor Ihrer Tür ausgerutscht ist und Sie verklagt hat, dann brauchen Sie zunächst einen Rechtsanwalt, keinen Mentor. Später, während Sie sich auf den Prozeß vorbereiten, brauchen Sie vielleicht den Rat einen Mannes, der diese Erfahrung schon einmal gemacht hat, um herauszufinden, wie er sich verhalten hat.

Ein Mentor ist also für ein grundlegendes, langfristiges Wachstum da. Wenn Sie bereits einen Mentor haben, kann er Ihnen natürlich auch bei einer drohenden Krise helfen. Eine Krise ist aber nicht der beste Zeitpunkt, sich einen Mentor zu suchen, weil Sie dann auf das unmittelbare Problem fixiert sind und nicht auf langfristige Ziele oder grundlegende Lebensfragen.

2. Welchen Preis sind Sie bereit zu zahlen?

Sobald Sie herausgefunden haben, was Sie tun wollen, müssen diese Ziele Ihre Prioritäten werden. Es hat keinen Sinn, Ihre Bedürfnisse zu formulieren, wenn Sie nicht die Absicht haben, konkret diese Bedürfnisse zu stillen. Dafür müssen Sie vielleicht einige Opfer bringen.

Die Frage ist nicht nur, was Sie wollen, sondern wie sehr Sie es wollen. Charles, ein engagierter Student, suchte einen Mann in seiner Gemeinde, mit dem er sich regelmäßig zum Gebet treffen konnte, um sein Gebetsleben besser in den Griff zu bekommen.

„Wann sollen wir uns treffen?" fragte ihn der Mann.

„Na ja, ich hab ein ziemlich volles Programm", sagte Charles.

„Das macht nichts. Vielleicht sollten wir uns dann morgens

früh treffen, bevor du anfängst zu arbeiten. Wie wär's mit 6.30 Uhr?"

„Halb sieben!" rief Charles.

„Ist das zu spät?" fragte der Mann und dachte tatsächlich, daß der junge Mann um halb sieben schon etwas vorhatte. „Wir können uns auch um sechs Uhr treffen, wenn dir das besser paßt oder noch früher."

Charles gab schließlich zu, daß er normalerweise erst kurz vor acht aufstand.

„Bist du sicher, daß du dich wirklich mit mir treffen willst?" fragte der Mann schließlich zweifelnd.

Das war eine berechtigte Frage. Eine Frage, die Sie sich auch selbst stellen sollten, bevor Sie jemanden um seine Zeit bitten. Sie müssen damit rechnen, daß diese Person Sie ernst nimmt und Ihnen anbietet, *alles* zu tun, was nötig ist, um Ihre Ziele zu erreichen. Sind Sie bereit, den Preis dafür zu zahlen?

3. Wie wollen Sie Ihre Ziele erreichen?

Die meisten von uns planen, um nicht zu versagen, sie versagen aber schon beim Planen. Wenn Sie sich an jemanden wenden, um ihn um Hilfe zu bitten, sollten Sie zumindest ungefähr überlegt haben, wie Sie Ihre Ziele erreichen wollen. Das heißt, daß Sie über Einzelheiten nachdenken, z.B. *wer* noch in den Prozeß mit einbezogen werden müßte, *was* Sie brauchen, um Ihre Anstrengungen durchzuhalten, *wann* Sie Ihre Pläne in die Tat umsetzen wollen und *wo* sich all dies abspielen soll.

Ihr zukünftiger Mentor wird diese Pläne vielleicht noch verändern, aber Sie können nicht verlangen, daß er für Sie denkt. Machen Sie selbst einen Vorschlag, kommen Sie nicht mit einem weißen Blatt Papier zu ihm. Das heißt nicht, daß Sie einen komplett ausgearbeiteten Plan brauchen. Zeigen Sie nur, daß Sie über die Dinge nachgedacht haben. Es ist völlig in Ordnung, wenn Sie nicht jede Einzelheit parat haben, aber es ist nicht in Ordnung, zu jemandem zu gehen und zu sagen: „He, ich suche einen Mentor!"

und dann zu erwarten, daß er von da an die ganze Arbeit übernimmt.

Eine Freundin kam kürzlich zu Stefan und sagte, daß sie ihre schriftlichen Ausdrucksmöglichkeiten verbessern wolle. Sie wußte, daß Stefan auf diesem Gebiet Erfahrung hatte, und fragte darum, ob er einiges, was sie geschrieben habe, korrigieren könne. Er sagte zu, und sie sandte ihm drei Essays, die sie geschrieben hatte. In einem beigelegten Brief schrieb sie, daß sie sich dessen bewußt sei, daß Stefan gerade mit einer Terminarbeit beschäftigt sei und es darum mit dem Lesen ihrer Arbeit keine Eile habe.

Das war ein guter Plan – einfach, aber trotzdem klar und effektiv. Die Frau erklärte Stefan genau, was sie wollte, was er für sie tun konnte und welche zeitlichen Erwartungen sie hatte.

4. Welche Persönlichkeit haben Sie?

Sich selbst erkennen meint genau das: sich *selbst* erkennen. Das heißt, Ihre Persönlichkeit und Ihr Temperament, Ihre natürlichen Neigungen und die unbewußte Art, mit der Sie Beziehungen knüpfen, zu erkennen und zu bestätigen. Ihre Beziehung mit einem Mentor wird eine zutiefst persönliche Erfahrung sein, so daß Sie Ihre persönlichen Charakterzüge bei der Suche nach einem möglichen Mentor beachten müssen. Sie sollten sorgfältig überlegen, inwieweit diese Züge mit dem Charakter einer Person übereinstimmen (oder mit diesem kollidieren), mit der Sie vielleicht viel Zeit verbringen werden.

Einen Mentor zu suchen, ist ein bißchen wie die Suche nach einer Partnerin. Zuneigung spielt dabei eine große Rolle. Es geht nicht einfach darum, mechanisch einen älteren Mann einem jüngeren zur Seite zu stellen. Das ist einer der Gründe, warum formelle Mentoringprogramme in Firmen und anderen Organisationen manchmal schiefgehen. Sie bringen einfach zwei Fremde zusammen und sind dann erstaunt, warum Kommunikation, Vertrauen und Respekt nicht automatisch entstehen.

Der Schlüssel ist Selbsterkenntnis. Sind sie z.B. mehr aufgaben-

oder mehr beziehungsorientiert? Sind Sie eher introvertiert oder extrovertiert? Faszinieren Sie Ideen oder Personen? Sind Sie aktiv oder passiv? Kommen Sie durch Analyse aller Fakten oder durch Intuition zu einem Ergebnis? Werden Sie durch Anerkennung oder durch Herausforderungen motiviert?

Dutzende solcher Fragen sollten in Betracht gezogen werden, um Ihren persönlichen Stil zu finden.

Lassen Sie sich dabei aber nicht von psychologischen Instrumenten oder introvertierter Nabelschau gefangennehmen. Sie werden durch die Beziehung zu einem Mentor viel mehr über sich selbst lernen als durch Persönlichkeitstests. Es ist aber hilfreich, eine gewisse Vorstellung davon zu haben, wer Sie sind, bevor Sie versuchen, eine Beziehung aufzubauen.

Während Sie anfangen, nach möglichen Mentoren zu suchen, ziehen Sie Ihre eigene Persönlichkeit in Betracht. Sie müssen nicht jemanden finden, der Ihnen genau gleicht. Sie werden sicher mehr von jemandem profitieren, der Ihre Persönlichkeit ergänzt und seine Stärken auf Gebieten hat, wo Sie mehr Schwächen haben. Aber Sie könnten sich Schwierigkeiten einhandeln, wenn Sie sich auf jemanden festlegen, der Ihr genaues Gegenteil in Sachen Temperament, Beziehungsstil und natürlichen Neigungen ist – es sei denn, Sie sind auf Konfrontation aus.

5. Wie lernen Sie?

In gewisser Weise ist die Frage nach dem Lernstil die wichtigste von allen. Mentoring ist ein Entwicklungsprozeß. Das bedeutet, daß Sie ständig lernen. Sie werden viel schneller lernen, wenn Sie wissen, wie Sie am besten lernen.

Für die meisten von uns war unser Schulsystem in dieser Beziehung leider keine große Hilfe. Zum größten Teil definiert es „Lernen“ als die Fähigkeit, eine Reihe Notizen für eine Prüfung auswendigzulernen und dann herunterzuleiern. Zu irgendeinem Zeitpunkt haben Sie sicher auch eine ähnliche Erfahrung wie diese gemacht: Sie kommen zu einer Prüfung und werden gebeten, über dieses oder jenes Thema zu schreiben. Sie erhalten Ihre Arbeit etwas später mit der Note „ausreichend“ zurück.

Um ehrlich zu sein, Sie hatten nicht gerade ein „sehr gut“ erwartet, aber sicher auch kein „ausreichend“. Als Sie Ihre Arbeit dann durchlasen und mit Ihren Notizen aus der Klasse verglichen, fragten Sie sich: „Wie kann er mir da ein ‚ausreichend‘ geben? Ich habe genau das geschrieben, was er uns im Unterricht gesagt hat!“

Sie vereinbaren also einen Termin mit Ihrem Lehrer, Sie erklären ihm das Problem, und er sieht sich noch einmal an, was Sie geschrieben haben.

„Also, was ist da nicht in Ordnung?“ fragen Sie schließlich.

Und er sagt: „Nun, es ist nicht gerade verkehrt, aber das Problem ist, daß du es nicht mit den Worten wiedergegeben hast, die ich in der Klasse gebraucht habe.“

Macht Sie das auch so wütend wie mich? Das ist intellektuelle Unredlichkeit! Was der Lehrer wirklich wollte – und das sollte er bei der Prüfung auch sagen –, ist die genaue Wiederholung dessen, was er gesagt hatte. Die Frage sollte also lauten: „Bitte schreibe in genau meinen Worten (BITTE BEACHTEN: KEINE ANDEREN WORTE WERDEN AKZEPTIERT)!“

Als Professor interessiert es mich nicht im geringsten, ob meine Studenten wie Papageien wiederholen können, was ich in der Vorlesung gesagt habe. Ich will wissen, ob sie auf dem Gebiet, in das Gott sie berufen hat, gute Arbeit leisten werden. Wenn sie dann nur eine Reihe Vorlesungprotokolle zur Verfügung haben, sind sie schnell am Ende. Wenn ich ihnen aber geholfen habe, *zu lernen, wie man lernt,* dann können sie ohne Probleme alleine weitermachen.

Wie lernen Sie am besten? Manche Leute lernen vor allem durch Lesen: Für sie ist ein Bibliotheksausweis wie ein Schlüssel zu einem Königreich. Andere Leute lernen durch die Praxis: Sie müssen etwas getan haben, bevor sie das Thema begreifen. Andere lernen nur durch Gruppenarbeit. Sie bekommen ihre Anregungen durch andere als Teil eines Teams. Andere Leute lernen am besten, wenn sie zuschauen, wie jemand eine Tätigkeit vorführt, um es dann selbst zu versuchen. Dies alles sind verschiedene Lernstile. Das Beste, was Sie für Ihr persönliches Wachstum und Ihre Entwicklung tun können, ist Ihren Lernstil kennenzulernen.

Um Ihren Lernstil zu erkennen, können Sie die folgende Übung machen: Stellen Sie sich vor, Sie haben einen Gegenstand bekommen, den Sie noch nie benutzt haben – ein Fahrrad, ein Paar Skier, einen Computer. Was würden Sie tun, um den Gebrauch dieses Gegenstandes zu erlernen? Würden Sie in die Bedienungsanleitung schauen und sie von vorne bis hinten lesen, oder würden Sie eher die Anleitung ignorieren und es einfach ausprobieren? Würden Sie einen Freund anrufen und ihn bitten, Ihnen zu zeigen, wie man dieses Ding benutzt, oder würden Sie einen Kurs besuchen?

Beim Lernen gibt es keine „richtige" oder „falsche" Methode. Die Frage ist, wie lernen *Sie?* Was hilft *Ihnen* am besten? Ihr idealer Lernstil ist ein Hinweis darauf, welcher Personentyp Ihnen am besten helfen kann, Ihre Ziele zu erreichen, und unter welchen Umständen.

Ziele, Einsatz, Mittel, Persönlichkeit und Lernstil – je mehr Sie auf diesen Gebieten über sich selbst herausbekommen, desto leichter werden Sie einen geeigneten Mentor finden und von ihm profitieren. Wenn Sie diese Fragen beantworten, werden Sie besser wissen, ob Sie für einen Mentor bereit sind und nach welcher Person Sie suchen sollen. Es wird Ihnen auch helfen zu erkennen, ob Sie eine Person sind, nach der ein Mentor sucht. Doch davon mehr im nächsten Kapitel.

4. Was Mentoren suchen

Einer der jährlichen sportlichen Höhepunkte in den USA ist im Frühling die Auswahl der Collegespieler für die National Football Liga. In meiner Heimatstadt Dallas ist die NFL-Auswahl so wichtig geworden, daß eine Radiostation den gesamten Auswahlvorgang live von der ersten bis zur letzten Runde überträgt.

Der Sinn der Auswahl ist es, allen Teams einer Liga eine einigermaßen faire Chance zu geben, die Sportler anzuwerben, von denen sie erwarten, daß sie am besten zu ihnen passen. Es ist geradezu eine Kunst geworden, die richtigen Spieler auszuwählen. Dieses professionelle Auswahlverfahren unterscheidet sich nicht wirklich von Kindern auf einem Spielplatz oder Fußballplatz, die sich für ihre Mannschaften Mitspieler aussuchen. In beiden Fällen geht es darum, die besten Spieler zu bekommen.

Ein Auswahlverfahren

Ich fürchte, daß es bei der „Auswahl der Mentoren" ähnlich zugeht. Es ist sicher nicht übertrieben zu sagen, daß es heute wesentlich mehr Männer gibt, die einen Mentor suchen, als Mentoren, die einen Schüler suchen. Im Moment ist es so, daß auf jeden Mann, der bereit ist, Mentor zu sein, vielleicht hundert Männer kommen, die einen Mentor suchen.

Das bedeutet, daß auch hier ein Auswahlverfahren unvermeidlich ist. Männer, die eine Mentorenrolle übernehmen können, sind überlastet und suchen sich darum sorgfältig aus, wem sie ihre Zeit widmen. Sie können nicht jeden nehmen. (Selbst Jesus *wählte* aus vielen Nachfolgern nur zwölf Männer als Jünger aus.)

Das wirft ein völlig anderes Licht auf unsere Aufgabe, einen Mentor zu finden. Bisher klang es wohl so, als ob Sie einfach losgehen, eine Reihe Kandidaten interviewen und dann Ihre Wahl treffen könnten. In Wirklichkeit ist es jedoch so, daß es eher der Mentor ist, der auswählt. Die Frage ist darum, wie Sie dazu kommen, von einem Mentor ausgewählt zu werden. Was für eine Art Person sucht ein Mentor – und sind Sie diese Person?

Das Profil eines Schülers

Natürlich achten Mentoren auf unterschiedliche Dinge, wenn sie Männer einschätzen, die um ihre Zeit, Energie, Weisheit und Zuneigung bitten. Im folgenden sollen einige Dinge erwähnt werden, die für jeden Mentor wichtig sind, bevor er eine so intensive Beziehung beginnt. Es sind fünf Fragen, die das Profil eines Schülers deutlich machen. Fragen Sie sich beim Lesen einmal selbst, wo Sie stehen.

1. Ist er zielorientiert?

Es ist eines der unerfreulichen Dinge an meiner Arbeit, daß ich viel reisen muß. Manche Leute beneiden mich sogar darum. Ich mag meine Aufgabe auch sehr, lerne gerne neue Orte und Leute kennen, aber dorthin und wieder zurück reisen zu müssen, ist alles andere als erstrebenswert.

Auf all meinen Reisen ist mir aber eines noch nie passiert, und ich hoffe, daß Sie so etwas auch nicht erleben müssen: Stellen Sie sich vor, Sie besteigen ein Flugzeug, das Sie nach Paris bringen soll. Zwanzig Minuten nach Abflug kommt eine Durchsage des Piloten: „Liebe Fluggäste, wir haben nun eine Flughöhe von 10 000 Metern erreicht. Ich weiß zwar, daß dieser Flug nach Paris gehen soll, aber ich dachte, wir fliegen statt dessen ein wenig herum und sehen uns die Landschaft an. Wir landen, wenn uns der Treibstoff ausgeht. Ich habe jetzt noch keine Ahnung, wo das sein wird."

Stellen Sie sich eine solche Durchsage vor. Ein Flugplan, der nicht nur lächerlich, sondern auch gefährlich ist! Viele Leute leben aber nach dieser Devise: Sie fliegen einfach nur so dahin. Wohin die Reise geht? Das weiß man nicht, am wenigsten sie selber. Das schlimmste ist aber, daß es sie überhaupt nicht zu kümmern scheint. Sie lassen sich treiben: „Wo ich hinkomme, das ist mir eigentlich egal."

Nur wenige Leute würden so ihre Arbeit tun, aber in ihrer Familie, in ihrem geistlichen und persönlichen Leben verhalten sie sich erstaunlicherweise genau so. Sie haben keine Richtung und kein Ziel, sie treiben nur dahin.

Darum habe ich weiter oben darauf hingewiesen, wie wichtig es ist, Ziele festzulegen und diese Ziele dann zu Prioritäten zu machen. Kein zukünftiger Mentor wird mit einem Mann arbeiten wollen, der offensichtlich in keine bestimmte Richtung geht. Wenn jemand kein festes Ziel hat, auf das er zugehen will, dann ist es kaum möglich, ihm zu helfen. Ich könnte ins Cockpit jenes Flugzeugs gehen und zu dem Piloten sagen: „Sie müssen mit dem Flugzeug nur nach Westen fliegen, dann kommen wir nach Paris!" Wenn es ihm aber egal ist, wo er landet, dann verschwende ich nur meine Zeit.

Bewegen Sie sich auf diese Weise durchs Leben, oder haben Sie eine feste Richtung? Vielleicht haben Sie noch keine genaue Vorstellung von Ihrem Zielort, aber das ist nicht so tragisch. Ein Mentor kann Ihnen helfen, einen Zielort zu finden. Vielleicht sind Sie auch vom Weg abgekommen. Ein Mentor kann Ihnen helfen, den richtigen Weg wiederzufinden. Wenn Sie aber gar nicht die Absicht haben, irgendwo anzukommen, dann gibt es keine falsche Richtung, und es kann auch keinen Fortschritt geben.

2. Sucht er aktiv nach einer herausfordernden Aufgabe und größerer Verantwortung?

Beim Mentoring geht es um persönliches Wachstum und persönliche Entwicklung. Es ist daher einleuchtend, daß derjenige, der seine Möglichkeiten erweitern will, am besten betreut werden kann. Er ist davon überzeugt, daß er seine Grenzen noch nicht erreicht hat. Er will weiter hinaus, sich neuen Herausforderungen stellen und neue Fertigkeiten erlangen.

Jürgen, der Mann, der mein Freund wurde, als ich ein Junge war, war solch ein Mensch. Deswegen hat er mich überhaupt gefunden. Er war Mitglied einer neuen Gemeinde in meiner Nachbarschaft, und eines Tages ging er zu dem Sonntagsschulleiter und sagte: „Ich möchte eine neue Sonntagsschulklasse beginnen."

Das war schon sehr mutig von einem Mann, der nur einen Hauptschulabschluß hatte. Wenn ich der Leiter gewesen wäre, hätte ich ihn vermutlich abgewiesen und ihn darauf aufmerksam gemacht, daß das doch eine Stufe zu hoch für ihn sei.

Ich weiß nicht, ob Jürgens Leiter so gedacht hat. Ich weiß aber, was er gesagt hat, nämlich: „Wir haben keinen Platz dafür."

Die meisten Leute hätten nach dieser Auskunft sicherlich aufgegeben. Viele Männer hätten wohl sogar erleichtert aufgeatmet. Aber Jürgen war anders. Er bestand darauf, eine Sonntagsschulklasse zu unterrichten, und so gab der Leiter nach und sagte: „In Ordnung, geh und such dir eine Klasse. Wen du auch immer dafür gewinnst, den kannst du in deine Klasse aufnehmen." Und genau das tat Jürgen.

Er war für mich ein großes Vorbild. Jürgen führte mir eine große Gabe vor Augen: Bereit zu sein, immer wieder neu Grenzen zu überschreiten. Sind Sie bereit und entschlossen, so zu wachsen? Das ist notwendig, wenn Sie als Jesu Nachfolger weiterkommen wollen. Paulus sagte, daß er sich ausstreckt nach dem, was vor ihm liegt, auf das Ziel zujagt, „um den Siegespreis zu gewinnen, das Leben in Gottes Herrlichkeit" (Philipper 3,13-14). Er beschreibt den Prozeß persönlichen und geistlichen Wachstums. Um zu wachsen, müssen wir uns anstrengen, um nicht bequem, selbstgefällig und zufrieden zu werden.

Wollen Sie mehr als nur ein bequemes Leben? Wollen Sie den Spielplatz verlassen und in die Kampfbahn gehen, dorthin, wo echte Siege errungen werden? Wenn das so ist, dann werden Sie wahrscheinlich die Aufmerksamkeit eines zukünftigen Mentors erregen. Er sucht Kämpfer, nicht Zuschauer.

3. Ergreift er die Initiative?

Der alte Slogan des Einzelhandels: „Der Kunde ist König“ gilt nicht, wenn es um Mentoring geht. Der Mentor soll gerade *nicht* alles für Sie tun. Er *kann* auch nicht alles tun. Sie müssen die Initiative ergreifen, Sie müssen sozusagen selbst starten. Ein Mentor sucht genau so einen Menschen – jemanden, der Pläne macht und aktiv wird.

Joseph Stowell war solch ein Mann, der vor Initiative überquoll. Joe war mein Student am Seminar und ist heute Präsident des Moody Bible Institute. Er war ein außergewöhnlich aktiver Student, folgte jedem Gedankengang und war immer darauf aus, Informationen zu bekommen und sie zu nutzten. Nach den Vorlesungen stellte er mir weitere Fragen; es schien, als ob er nicht genug kriegen konnte.

Tatsache ist, daß Joes Wachstum zum größten Teil das Resultat seiner eigenen Initiative ist. Er suchte bereits nach Möglichkeiten, sich zu entwickeln. Ich war im richtigen Moment zur Stelle, um ihm weiterzuhelfen auf dem Weg – *seinem* Weg, dem Weg, den Gott ihm zugedacht hatte.

Solch ein „Selbststarter“ ist ein idealer Schüler, weil ein Mentor nur wenig Energie in ihn investieren muß, um eine gewaltige Menge Energie freizusetzen. Solche Menschen brauchen tatsächlich kaum einen Mentor; sie scheinen sich selbst zu entwickeln. Paradoxerweise schaffen sie es alleine, weil sie die Leute finden, die den Schlüssel zu ihrer Entwicklung haben.

Der Geschäftsführer eines Unternehmens sagte einmal: „Man kann herumstolpern und nehmen, was das Schicksal einem gibt, oder man plant seine Karriere bewußt.“ Das ist eine deutliche Aufforderung, selbst die Initiative zu ergreifen.

Eine solche Eigeninitiative signalisiert einem Mentor: „Ich will mich hundertprozentig einsetzen. Ich gehe aufs Ganze. Du willst deine Zeit in jemanden investieren, warum nicht in mich? Bei mir wird sich der Einsatz lohnen.“

4. Will er lernen?

Lehren ist meine Leidenschaft. Das bedeutet, daß ich mein Leben damit verbringe, Studenten zum Lernen zu motivieren. Wenn Sie an einer meiner Vorlesungen teilnehmen, werde ich tun, was in meiner Macht steht, um Sie in den Lernprozeß miteinzubeziehen.

Aus persönlicher Erfahrung zeigt sich, daß heute bei den meisten Ausbildungen – und das schließt Mentoringbeziehungen mit ein – die Hauptlast der Motivation auf Ihnen als dem Lernenden ruht. Wenn Sie nicht lernen wollen, dann gibt es nur sehr wenige Leute, die bereit sind, Sie zu lehren. Sie werden ganz einfach ihre Energie nicht verschwenden, um Ihre Neugierde und Phantasie zu wecken.

Wenn Sie andererseits mit leuchtenden Augen kommen, bereit, alles aufzunehmen, was man Ihnen bietet, dann werden Sie keine Mühe haben, das Interesse eines Lehrers zu gewinnen.

Douglas Hyde war in den dreißiger und vierziger Jahren Leiter der Kommunistischen Partei in England. 1948 wurde er Christ und schrieb später ein faszinierendes kleines Buch, *Dedication and Leadership (Hingabe und Leiterschaft),* in dem er erklärt, daß die Methoden zur Leiterschulung für die Kommunistische Partei sich gar nicht so sehr von denen der Christen unterscheiden. Der einzige wirkliche Unterschied war, laut Hyde, daß die Kommunisten diese Methoden tatsächlich anwendeten.

Hyde widmet ein ganzes Kapitel des Buches einem jungen Mann namens Jim. Jim kam nach einer Vorlesung zu ihm, in der Hyde mutig gesagt hatte, daß die Kommunistische Partei jeden annehme, der als Leiter ausgebildet werden wollte. Hyde beschreibt Jim als einen Mann, der „auf beinahe pathetische Weise darum bemüht war, ein Leiter zu werden. Als ich ihn ansah, dachte ich, daß ich in meinem ganzen Leben noch niemanden gesehen hatte, der weniger danach aussah als Jim."

Jim war klein, dick und unscheinbar, er schielte etwas und hatte zu allem Überfluß eine Sprachbehinderung. Hyde überlegte, was er mit ihm tun solle: „Nun, ich habe in der Vorlesung gesagt, daß wir jeden, der dazu bereit ist, als Leiter ausbilden können, und hier ist Jim, der das unbedingt will. Das ist eine Herausforderung." Also machte er sich an die Arbeit.

Hyde schreibt: „Wie Sie sehen, hatte ich nur eine einzige Bedingung gestellt, nämlich daß der zukünftige Leiter gewillt war, sich ausbilden zu lassen. Dies setzt eine bestimmte Einstellung voraus, die Jim bereits hatte. Das war, soweit ich zu dem Zeitpunkt sehen konnte, beinahe das einzige, auf das ich bauen konnte."

Was war diese einzige Bedingung? Der Wunsch, zu lernen, der Wille, sich ausbilden zu lassen. Dies war tatsächlich alles, was Jim hatte – aber es war genug, um zu beginnen. So verbrachte Jim viele Monate damit, Vorlesungen und Seminare zu besuchen, verschiedene Leiter über kommunistische Philosophie, Geschichte und Strategie diskutieren zu hören. Nach und nach wuchs er immer mehr in die Verantwortung hinein. Sein Selbstvertrauen wurde gestärkt, auch wenn sein Stottern nicht vollständig verschwand.

Jim wurde schließlich Leiter eines Gewerkschaftszweiges und später eine Schlüsselfigur der Kommunistischen Partei. Wie Hyde sagt: „Jim war das am wenigsten versprechende menschliche Material, das ich jemals getroffen hatte, doch er war ein Leiter geworden."*

Welch eine Tragödie, daß das Leben und die Energie dieses Mannes nicht für das Reich Gottes gewonnen wurden! Welch eine noch größere Tragödie, daß zahllose Männer wie Jim heute ebenfalls übergangen werden, weil sie äußerlich nicht vielversprechend aussehen. Wenn wir unsere Aufmerksamkeit doch mehr auf den inneren Menschen richten würden und den Ruf hörten: „Mach mich zu einem Leiter!"

Lassen Sie uns aber nicht vergessen, daß der Schlüssel zu Jims Entwicklung seine bedingungslose Hingabe an sein Ziel war, ein Leiter der Kommunistischen Partei zu werden. Er *verlangte* geradezu, daß man ihn ausbildete. Er ließ sich nicht abweisen. Kein

* Douglas Hyde, Dedication and Leadership (South Bend, Ind.: Notre Dame Univ. Press, 1966), 62-69.

Wunder, daß seine Grenzen bedeutungslos wurden. Was für eine Rolle spielte schon eine Sprachbehinderung für englische Arbeiter in den dreißiger und vierziger Jahren? Ihre Welt stand auf dem Kopf, alles lief auf eine Katastrophe zu. Ein Mann, der mit Autorität sprechen konnte, war ein Mann, dem man zuhörte, ganz egal, wie schlecht seine Aussprache auch sein mochte.

Haben Sie ein solches Verlangen, zu lernen wie Jim? Niemand kann einen Mann aufhalten, der nach mehr Wissen verlangt. Diejenigen, die Sie etwas lehren können, werden mit Sicherheit einen Weg finden, Ihnen etwas von ihrem reichen Wissen mitzuteilen, wenn Sie diese Leute davon überzeugen, daß Sie wirklich interessiert sind. Sie werden solche Männer anziehen, weil sie instinktiv auf jemanden reagieren, der ein tiefes Verlangen nach Wissen hat.

5. Ist er bereit, Verantwortung für sein Wachstum und seine Entwicklung zu übernehmen?

Mein Sohn interviewte kürzlich für ein Buch ungefähr zwei Dutzend „desillusionierter Christen"; Leute, die aus dem einen oder anderen Grund die organisierten Kirchen verlassen haben.

Am Ende des Buches erinnert Bill alle Leser – innerhalb oder außerhalb der Kirche – daran, daß letztendlich jeder von uns die Verantwortung für sein eigenes geistliches Wachstum übernehmen muß. Im Idealfall können Gemeinden eine große Hilfe bei diesem Prozeß sein, aber die letzte Verantwortung liegt immer bei dem einzelnen.

Ein Ergebnis unserer mobilen, schnellebigen Gesellschaft ist, daß „man sich nicht mehr darauf verlassen kann, daß eine Kirche oder irgendeine andere Institution uns von der Wiege bis zum Grab zur Seite steht", schreibt Bill. „Es ist sehr wahrscheinlich, daß niemand nach dem Wachstum Ihres geistlichen Lebens fragt. Ich will damit nicht sagen, daß es niemanden interessiert. Ich möchte aber darauf hinweisen, daß sich die langfristige

Verantwortung für die geistliche Entwicklung von der Kirche auf den einzelnen Gläubigen verschoben hat."*

Die Frage ist also: Was tun Sie, um dieser Verantwortung gerecht zu werden? Erwarten Sie, daß Sie jemand an der Hand nimmt, Ihnen sagt, was Sie tun sollen, und Ihr Leben für Sie organisiert? Wenn das der Fall ist, dann werden Sie sehr enttäuscht sein, denn das wird niemand tun. Schlimmer noch, jemand *könnte* vielleicht Ihr Leben in seine Hand nehmen – und Sie in eine Katastrophe führen.

Ein milliardenschwerer Großkonzern, der nach christlichen Maßstäben geführt wird, ist bekannt dafür, daß er ein außergewöhnlich gutes Verhältnis zu seinen Angestellten hat.

Auf die Frage, wie er seine Angestellten motiviert, antwortet der Vorstandsvorsitzende: „Sie motivieren sich selbst." Dann erklärt er: „In unseren Bewertungen setzen wir voraus, daß die Person sich in ihrem Fach auskennt, denn sonst hätten wir sie gar nicht erst eingestellt. Darum setzen nicht wir die Ziele für unsere Angestellten, sondern wir fragen sie: ‚Was ist für Sie ein realistisches Ziel?' Wir lassen ihn oder sie das Ziel festlegen – normalerweise setzen sie es höher, als wir das selbst getan hätten. Was der Angestellte aber festsetzt, das ist dann das Ziel, an dem wir ihn messen, wenn die Zeit für die jährlich Kontrolle gekommen ist."

Was für ein großartiges Beispiel, wie man Menschen helfen kann, die Verantwortung für ihr eigenes Wachstum und ihre eigene Entwicklung zu übernehmen. Als Mentor bin ich gerne bereit, einen anderen dazu zu bringen, sich an sein eigenes Programm zu halten; aber ich bin nicht dafür da, um ihm vorzuschreiben, was er mit seinem Leben anfangen soll. Ich werde auch keine Entscheidungen für ihn treffen, denn dafür kann ich die Verantwortung nicht übernehmen. Es ist sein Leben, er muß es leben. Letztendlich ist er selbst dafür verantwortlich.

Viele Männer gehen heute mit einer Nabelschnur durchs Leben und suchen einen Platz, an dem sie sie festmachen können. Sie

* William D. Hendricks, Exit Interviews: Revealing Stories of Why People Are Leaving the Church (Chicago: Moody, 1993), 295.

versuchen, sich von der Stärke eines anderen zu ernähren, damit sie nicht selbst lernen müssen, ihre eigene Nahrung zu finden. Eine ungesunde Art zu leben!

Paulus sagte dem jungen Timotheus, er solle „den guten Kampf" des Glaubens kämpfen (1. Timotheus 1,18). Er gab somit Timotheus den Auftrag, sein Leben selbst in die Hand zu nehmen. Paulus hatte seine eigenen geistlichen Kämpfe durchzustehen, und weil er sie gut bestanden hatte, war er in der Lage, Timotheus als Mentor zu dienen. Timotheus' Kämpfe waren aber seine eigene Sache, er mußte sie selbst gewinnen oder verlieren. Paulus konnte nicht für ihn kämpfen. Timotheus mußte sich seine eigenen Erfolge selbst verdienen.

Sind Sie bereit, die Verantwortung für Ihr eigenes Leben zu übernehmen? Der Mann, den Sie zum Mentor haben wollen, wird bemerken, ob es Ihnen wirklich ernst ist. An solche Leute, die es nicht ernst meinen mit Ihrer Anfrage, wird er seine beste Zeit und Energie nicht verschwenden. Wenn er aber sieht, daß jemand bereits einige grundlegende Entscheidungen getroffen hat, er wirklich wachsen will und nur ein wenig Leitung und Hilfe braucht, dann ist er sicher eher geneigt zu sagen: „Sollen wir uns mal zusammensetzen?"

Mein Auswahlverfahren

Wenn ich an die Männer denke, die ich über Jahre hinweg begleitet habe, dann erfüllt jeder einzelne von ihnen diese fünf Kriterien. Manche waren in dem einen oder anderen Bereich besonders stark, aber jeder von ihnen war zielorientiert, suchte nach neuen Herausforderungen, ergriff die Initiative, war darauf bedacht zu lernen und trug die Verantwortung für seine eigene Entwicklung.

Diese Charakteristika sind allen Mentoringbeziehungen gemeinsam. Natürlich hat jeder Mentor bestimmte Dinge, die ihm besonders wichtig sind, Eigenschaften, die er in einem potentiellen Schüler sucht. Für mich ist *Initiative* das Schlüsselwort. Ich sehe vor allem darauf, ob eine Person Initiative entwickelt.

Ich erinnere mich an einen Studenten, der auf diesem Gebiet besonders auffiel. Er folgte jedem meiner Schritte, um Momente zu finden, in denen er Zeit mit mir verbringen konnte. „Kann ich Sie zu Ihrem Auto begleiten? Kann ich mit Ihnen zu Mittag essen? Kann ich Arbeiten für Sie durchlesen?" Er wurde mir damit nicht lästig. Er übernahm einfach die Initiative, um mich wissen zu lassen, daß er für mich da war – und das war wichtig, denn mein Programm ist normalerweise Wochen und Monate im voraus ausgebucht. Wer viel bittet, dem wird gegeben, und es versteht sich von selbst, daß wir am Ende einige wichtige Stunden miteinander verbracht haben. Der Grund dafür waren sein Enthusiasmus und seine Beharrlichkeit, die mich stark motivierten.

Ich sehe auch immer darauf, ob jemand Ratschläge befolgt. Als Professor wird mir oft die Frage gestellt: „Wo finde ich ...?" Studenten suchen Informationen. Ich verweise sie daher oft auf Bücher und andere Quellen, die manches besser erklären, als ich das selber könnte.

Stellen Sie sich also vor, ich nenne jemandem ein Buch, das genau die Informationen enthält, die er sucht, und finde dann später heraus, daß er es nie gelesen, ja noch nicht einmal reingeschaut hat! Wenn er das nächste Mal kommt und nach Informationen fragt, glauben Sie, daß ich viel Zeit damit verbringen werde, sein Problem zu lösen?

Oder nehmen wir als Beispiel jemanden, der viel verspricht, aber wenig hält. Es ist besser, nichts zu versprechen, als etwas zu versprechen und dann nicht zu halten. Ich verliere alles Vertrauen in eine solche Person. Mein Instinkt sagt mir, daß sie nur meine Zeit verschwendet.

Jesus erzählt ein Gleichnis zu genau diesem Thema (Matthäus 21,28-31). Ein Mann hatte zwei Söhne. Er bat beide, im Weinberg der Familie zu helfen. Einer sagte zu, tat es aber nicht, der andere sagte, er wolle es nicht tun, tat es dann aber doch. Jesus fragte seine Jünger, wer wohl den Willen seines Vaters erfüllte. Nicht derjenige, der versprach hinzugehen, sondern derjenige, der es tatsächlich tat.

Ich spreche hier über Dinge, die sich im Unterbewußtsein eines

Mentors abspielen, subtile, intuitive Dinge: Habe ich Vertrauen zu diesem Mann? Bleibt er am Ball? Hat er ein Ziel? Wird er aufgeben? Wird er mich fair behandeln oder mich ausnutzen?

Dies sind sicher subjektive Urteile, und ich habe mehr als einmal mit meiner Einschätzung Unrecht gehabt. Ich würde aber lügen, wenn ich Ihnen nicht sagte, daß dies die Art Fragen sind, die einen Mann bewegen, wenn Sie ihm sagen, daß Sie einen Mentor suchen.

Wie steht es mit Ihnen?

Wie würden Sie sich einschätzen? Ich schlage vor, daß Sie noch einmal die fünf Fragen lesen und sich selbst ehrlich beurteilen. Ich will Sie aber ermutigen, wenn Sie an dieser Stelle den Mut verloren haben oder sich überfordert fühlen. Die meisten Männer, die einen Mentor suchen, haben den Eindruck, daß sie nicht gerade die ideale Person sind, mit der jemand arbeiten will. Ich erinnere an das zweite Kapitel: Die meisten Männer werden von der falschen Vorstellung niedergedrückt, daß sie keine Chance haben, irgendeine Bedeutung zu erlangen. Die meisten Männer, die ich als Beispiele für den Mentoringprozeß erwähnt habe, fühlten sich zu Beginn genauso wie Sie. Erst im Rückblick erkennen Sie, wieviel tatsächlich für Sie sprach.

Fassen Sie Mut! Auch im Sport ist es oft so, daß ein vielversprechender Neuling, der das Zeug zum Star zu haben scheint, am Ende doch ein Verlierer ist. In der Zwischenzeit haben sich andere Spieler, die erst nicht so hoch gehandelt wurden, besser entwickelt.

Merken Sie es sich gut: Wenn Sie entschlossen sind zu wachsen, dann sind Männer da, die Ihnen helfen werden. Im nächsten Kapitel werde ich Ihnen zeigen, wie Sie diese Männer finden.

5. Die Kennzeichen eines Mentors

„Einen Mentor zu suchen, ist ein bißchen wie die Suche nach einer Partnerin." Erinnern Sie sich an diesen Satz aus dem dritten Kapitel? Das ist ein faszinierender Gedanke, denn in unserer Kultur meinen die meisten Männer, daß Liebe etwas ist, das „einfach passiert". Ein junger Mann trifft ein Mädchen und verliebt sich „plötzlich". Er sagt, daß sie sein Herz „gestohlen" oder „gefangengenommen" habe. Als ob die Liebe ein Lastwagen wäre: Eines Tages tritt der Mann auf die Straße und – *wumm!* – haut ihn die Liebe um.

Dies ist vielleicht ein möglicher Weg, wie ein Mann die Liebe seines Lebens findet (oder auch nicht), aber ich kann Ihnen versichern, daß es nur selten „einfach passiert", wenn ein Mann einen Mentor findet. Natürlich spielt auch dabei menschliche Anziehungskraft eine Rolle, aber es gibt bestimmte Wege, diese Anziehungskraft zu fördern.

Wir kennen das auch aus dem Sport. Wenn Sie Sportler fragen, die von bekannten Trainern trainiert werden, würden Sie wahrscheinlich oft hören: „Ich wollte schon für diesen oder jenen Trainer spielen, als ich noch ein kleiner Junge war." Um das zu erreichen, haben sie sich besonders angestrengt. Sie wollten unbedingt die Aufmerksamkeit dieses Trainers erlangen, um in seine Mannschaft aufgenommen zu werden.

Suchen Sie bewußt!

In ähnlicher Weise müssen Sie wohlüberlegt einen Mentor suchen. Sie müssen aktiv werden. Sie müssen sich absichtlich und strategisch dort plazieren, wo Ihre Chancen am größten sind, jemanden zu finden, der Sie begleiten kann.

Lassen Sie uns nun überlegen, wie Sie Ihren zukünftigen Mentor finden können.

Kennzeichen eines Mentors

Im folgenden habe ich einmal zehn Kennzeichen eines Mentors aufgelistet.

1. Ein Mentor hat, was Sie persönlich brauchen

Im dritten Kapitel habe ich Sie dazu ermutigt, Ihre Ziele in vier Kategorien zu bestimmen: Wissen, Einstellung, Gewohnheiten und Verhalten sowie Begabungen. Haben Sie ein paar Dinge entdeckt, die entwickelt werden müßten? Was auch immer Ihre Ziele sind: Die einzige Person, die Ihnen helfen kann, sie zu erreichen, ist jemand, der diese Fähigkeiten selbst entwickelt hat.

Das sollte sich eigentlich von selbst verstehen, aber ich fürchte, für viele Menschen ist das nicht selbstverständlich. Es erschreckt mich, wie oft jemand, der gewisse Grundkenntnisse auf einem bestimmten Gebiet hat, als Lehrer für dieses Fach eingesetzt wird. Als mein ältester Sohn auf dem Gymnasium war, kam er in eine Klasse, in der ein Fußballtrainer Mathematik unterrichtete. Die Schüler nahmen natürlich an, daß dieser Mann ein Experte in Mathematik sei. Er hatte ein Diplom, und so zweifelte niemand an seinen Fähigkeiten.

Eines Tages bemerkten mein Sohn und seine Freunde einige Unterschiede zwischen dem Lehrbuch und dem, was der Lehrer in der Klasse erzählte. Darauf angesprochen, schob der Mann den Einwand beiseite. Niemand wollte darauf bestehen, daß er einen Fehler gemacht hatte, und so wurde der Vorfall übergangen. Als das Ende des Schuljahres nahte, bestanden die meisten Schüler ihre Mathematikprüfung – obwohl nur wenige den Stoff tatsächlich verstanden hatten – und wurden in die nächste Klasse versetzt. Später kam mein Sohn dann mit der Nachricht nach Hause, daß das Diplom seines Mathematiklehrers ein Sportdiplom war! Er war überhaupt nicht qualifiziert, Mathematik zu unterrichten, und seine Versuche richteten mehr Schaden an, als daß es den Schülern half.

Wenn Sie einen Mentor suchen: Finden Sie jemanden, der sich

mit den Fähigkeiten auskennt, die Sie weiterentwickeln wollen! Wollen Sie Ihr Gebetsleben intensivieren, dann suchen Sie jemanden, der selbst ein vorbildliches Gebetsleben führt. Wenn Sie verantwortlicher mit Ihrem Geld umgehen wollen, suchen Sie jemanden, der selbst mit Geld vernünftig und treu umgeht. Wenn Sie Ihre Ehe verbessern wollen, suchen Sie jemanden, dessen Ehe stabil ist.

Ein grundlegendes Prinzip geistlicher Führung ist: Was man nicht hat, kann man auch nicht weitergeben. Suchen Sie daher Männer, die das besitzen, was Sie brauchen – nicht Männer, die einen guten Eindruck machen.

2. Ein Mentor pflegt Beziehungen

Ein guter Mentor muß bereit sein, sich selbst einem anderen Menschen zur Verfügung zu stellen. Er muß imstande sein, eine Beziehung zu beginnen und zu pflegen, sonst wird er Schwierigkeiten haben, jemanden zu sich zu ziehen, trotz der Begabungen, die er vielleicht aufzuweisen hat.

Bitte verstehen Sie mich nicht falsch. Ich sage nicht, daß ein Mann, der eher zurückhaltend, introvertiert oder sogar einsiedlerisch ist, kein Mentor sein kann. Er ist vielleicht sogar ein sehr guter Mentor. Manche Menschen, die in Beziehungen eher zurückhaltend sind, haben oft viel mehr zu bieten, als es den meisten bewußt ist.

Das entscheidende ist nur: Kann dieser Mann eine fruchtbare Beziehung, die auf Geben und Nehmen beruht, mit einem anderen Menschen aufbauen und pflegen? Denken Sie daran: Ein Mentor ist jemand, der sich Ihrem Wachstum widmet und Ihnen hilft, Ihre Lebensziele zu verwirklichen. Wie effektiv kann Ihnen ein Mann helfen, wenn er von seinen eigenen Interessen, Bedürfnissen und Verpflichtungen festgehalten wird? Sie könnten sicher etwas von ihm lernen, aber er ist kaum ein idealer Kandidat als Mentor.

3. Ein Mentor ist bereit, mit Ihnen ein Risiko einzugehen

Ein Mentor investiert in Sie: Zeit, Energie, Gefühl, Vertrauen und manches andere. Er investiert vielleicht sogar Geld, um jemandem eine Ausbildung oder Fortbildung zu finanzieren.

Solche Investitionen schließen immer ein gewisses Risiko mit ein, weil es keine Garantie für den Erfolg des Mentorings gibt. Nicht jeder Schüler entwickelt sich entsprechend den Erwartungen. Ich habe mit Männern gearbeitet, die später mit ihrem Glauben „Schiffbruch“ erlitten, wie Paulus es nennt, als er vermutlich zwei seiner eigenen jungen Schüler beschreibt (vgl. 1. Timotheus 1,19-20). Auch Jesus mußte das Versagen von Judas erleben.

Es gibt also keine Garantien. Es bleibt nur zu hoffen, daß man die Investition eines anderen wert ist. Wenn Sie aber einen solchen „Kapitalanleger“ suchen, müssen Sie sich fragen: Wird diese Person es mit mir wagen, oder schreckt er so sehr vor jedem Risiko zurück, daß er mir nie eine Chance geben wird?

Für mich ist dies ein sehr persönlicher Punkt, denn er erinnert mich an meine Zeit in der fünften Klasse. Ich habe schon mein schwieriges Elternhaus erwähnt. In dieser Zeit zeigte ich alle Symptome eines Kindes, das unsicher, ungeliebt und ziemlich wütend auf das Leben ist. Mit anderen Worten, ich machte jede Menge Ärger. Meine Lehrerin schien allerdings anzunehmen, daß ich mir dessen nicht bewußt war, denn sie sagte regelmäßig zu mir: „Howard, du bist der schlimmste Junge in der ganzen Schule!“

„Erzähl mir doch mal was Neues!“ dachte ich und machte weiter wie gewohnt. Einmal war ich so aggressiv, daß sie mich packte, an meinem Stuhl festband und ein Pflaster über meinen Mund klebte. „Jetzt sitzt du endlich still und bist ruhig!“ sagte sie triumphierend. Was blieb mir auch anderes übrig?

Es erübrigt sich wohl zu sagen, daß die fünfte Klasse das schlimmste Jahr meines Lebens war. Schließlich schaffte ich das Jahr doch und verließ die Klasse mit den Worten im Kopf: „Howard, du bist der schlimmste Junge in der ganzen Schule!“

Sie können sich also meine Erwartungen vorstellen, als ich in die sechste Klasse kam und eine neue Lehrerin erhielt. Am ersten Schultag ging sie die Namensliste durch und kam bald zu meinem Namen. „Howard Hendricks!" rief sie, schaute von der Liste auf und blickte mich an. Ich saß da, die Arme verschränkt, bereit loszulegen. Sie schaute mich einen Moment lang an, dann sagte sie: „Ich habe viel über dich gehört." Dann lächelte sie und fügte hinzu: „Aber ich glaube kein Wort davon!"

Ich sage Ihnen, dieser Moment war für mich ein Wendepunkt, nicht nur für meine Schulzeit, sondern für mein ganzes Leben. Plötzlich, völlig unerwartet, glaubte jemand an mich, zum ersten Mal in meinem Leben sah jemand Qualitäten in mir. Die neue Lehrerin gab mir spezielle Aufgaben und kleine Arbeiten. Sie bot an, mir nach der Schule beim Lesen und Rechnen zu helfen. Sie forderte mich mit ihren hohen Erwartungen heraus.

Und ich wollte sie nicht enttäuschen. Einmal war ich so damit beschäftigt, eine Hausarbeit für sie anzufertigen, daß ich nachts bis halb zwei aufblieb. Schließlich kam mein Vater ins Zimmer und fragte: „Junge, was ist los, bist du krank?"

„Nein, ich mache nur meine Hausaufgaben", antwortete ich ihm.

Er rieb sich die Augen und war sich nicht sicher, ob er träumte. Das hatte er noch nie vorher von mir gehört. Schließlich schüttelte er den Kopf und sagte: „Du bist krank!"

Was war der Unterschied zwischen der fünften und sechsten Klasse? Die Tatsache, daß jemand bereit war, mir eine Chance zu geben. Jemand war bereit, an mich zu glauben und mich durch seine Erwartungen herauszufordern. Das war ein Risiko, denn es gab keine Garantie, daß ich das Vertrauen meiner Lehrerin rechtfertigen würde.

Jeder freut sich über das Ergebnis von Mentoring, vor allem, wenn ein Mensch dadurch große Leistungen vollbringt – der Spitzensportler, der erfolgreiche Geschäftsmann, der glänzende Rechtsanwalt, der beeindruckende Redner. Wieviele von uns wollen sich aber mit dem Menschen abgeben, der am Anfang dieser Entwicklung steht? Denken Sie nur an Jim aus dem letzten

Kapitel. Douglas Hyde bezeichnete ihn als „das am wenigsten versprechende menschliche Material, das ich jemals getroffen hatte." Trotzdem setzte Hyde auf Jims Bereitschaft, sich ausbilden zu lassen, und die Investition lohnte sich.

Wenn Sie einen Mentor suchen, müssen Sie ihn davon überzeugen, daß sich das Risiko lohnt, Ihnen zu helfen, der Mann zu werden, zu dem Sie Gott geschaffen hat.

4. Ein Mentor wird von anderen Christen respektiert

Paulus drängte Timotheus, „zuverlässige Christen ..., die fähig sind, auch andere im Glauben zu unterweisen," zu finden (2. Timotheus 2,2). Wie erkennt man, ob ein Mann „zuverlässig" ist? Ein wichtiger Punkt ist das Zeugnis anderer Leute, vor allem derjenigen, die schon lange Christen sind. Ein Mentor sollte von anderen überzeugenden Christen respektiert werden. Als Qualifikationen für Gemeindeleiter wird unter anderem genannt, daß ein Mann „vorbildlich" sein soll (1. Timotheus 3,2). (Es ist gut, sich einmal daran zu erinnern, daß Christen auch außerhalb ihrer Gemeinde einen guten Ruf haben sollen; 1. Timotheus 3, 7.)

Paulus ging es hier nicht um den Grad der Beliebtheit, sondern um die Bewertung des Charakters. Zu fragen ist, ob der mögliche Mentor auch den Glauben lebt, von dem er spricht.

Wenn Sie an einen möglichen Mentor denken, sollten Sie etwas über sein Leben erfahren, vor allem, wenn Sie ihn nicht persönlich oder noch nicht lange kennen. Versuchen Sie, Menschen zu finden, die ihn gut kennen – vielleicht einen Pastor, einen Freund, einen Mitarbeiter. Was denken sie über diesen Menschen? Haben sie eher Bedenken, oder sprechen sie positiv von ihm? Wie sehr vertrauen sie ihm und respektieren ihn?

Es geht dabei nicht um ein Hinterherspionieren, sondern um eine Art „Qualitätskontrolle". So wie Ihr Mentor mit Ihnen ein Risiko eingeht, so gehen auch Sie mit ihm ein Risiko ein. Beurteilen Sie anhand der Meinung anderer Leute, vor allem reifer Christen, ob er das Risiko wert ist. Und wenn sich herausstellt, daß er nicht in allem vollkommen ist (niemand von uns ist das), dann kennen Sie zumindest von vornherein seine Grenzen.

5. Ein Mentor hat viele verschiedene Ressourcen

Je größer die Ressourcen Ihres Mentors sind, desto besser für Sie. Ein Mentor kann Ihnen helfen, Ihre Lebensziele zu erreichen durch die Personen, die er kennt, und durch sein Wissen, das er hat.

Mein Sohn hat zum Beispiel einen Freund namens Chris, der herausfinden wollte, wie man effektiver Spenden vor allem für Projekte, die mit Evangelisation und Mission zu tun haben, aufbringen kann. Chris selbst betreut mehrere Fonds und wird immer öfter gebeten zu helfen, Gelder für andere Organisationen aufzubringen. Er hat erkannt, daß das Beschaffen von Spenden eine Kunst ist und daß er Hilfe braucht, um diese Kunst richtig zu erlernen.

Chris tat daher etwas sehr Kluges. Er machte einen Mann ausfindig, der über einige Jahre hinweg mehrere Millionen Dollar für christliche Aufgaben zusammengebracht hat und von vielen als ein Genie auf diesem Gebiet angesehen wird. Die beiden wurden ein Team, und so wird Chris heute von einem der erfolgreichsten Spendenwerber des Landes betreut.

Stellen Sie sich die Mittel vor, die dieser Mann mitbringt. Er hat eine Liste von Namen und Telefonnummern. Er spricht einige Leute mit Vornamen an, die Chris wohl nur sehr schwer erreichen würde. Er weiß, wo einige vermögende Leute wohnen und wie man Zugang zu ihnen erhält. Er weiß, wer etwas gibt und wieviel, warum sie geben und für welche Art von Projekten.

Keine Ausbildung, kein Studium oder sonstige harte Arbeit könnte Chris jemals soviel helfen wie dieser Kontakt mit seinem Mentor. Ein Telefonanruf, ein Empfehlungsschreiben, eine wichtige Information von diesem Mann, und Chris ist schon viele Schritte weiter.

Über welche Ressourcen verfügt Ihr künftiger Mentor? Kann er

Ihnen helfen mit den Personen, die er kennt, und mit seinem Wissen? Überlegen Sie sorgfältig, ob er die Möglichkeiten hat, Kontakte mit anderen Menschen und Organisationen herzustellen. Erinnern Sie sich noch an Julius? Nur seine Beziehung zu Jerry, der bei den Behörden in hohem Ansehen stand, half ihm, einer Verhaftung zu entgehen.

Auf ähnliche Weise kann Ihnen Ihr Mentor helfen, Ihre Bedürfnisse zu befriedigen und Ihre Ziele zu erreichen. Er kann Sie bestimmten Leuten vorstellen, Sie mit Büchern und Materialien, mit Programmen und anderen Mitteln vertraut machen, die Ihre Entwicklung fördern können. Je größer seine Ressourcen, desto besser kann er Ihnen helfen.

6. Ein Mentor wird von anderen um Rat gefragt

Eines der besten Anzeichen dafür, daß ein Mann ein guter Lehrer ist, ist die Tatsache, daß er bereits andere lehrt.

In der Geschäftswelt dauert es nicht lange, bis neue Angestellte herausgefunden haben, welche Vorgesetzen junge Mitarbeiter fördern und wer nur wenig Interesse hat, diesen zu helfen. An erster Stelle stehen diejenigen, die schon einen guten Ruf als Mentoren haben.

Ganz ähnlich entwickelt sich in Gemeinden eine Mund-zu-Mund-Propaganda für gute Ratgeber. Solche Menschen haben oft eine Art „Fan-Gemeinde". Leute suchen sie regelmäßig auf, um Rat und Ermutigung zu erhalten, um eine zweite Meinung zu hören und um mit ihnen zu beten. Es wird weitererzählt, daß da jemand ist, der Bescheid weiß und wirklich helfen kann.

Diese Fähigkeit, Rat geben zu können, ist von großer Bedeutung. Weisheit allein befähigt noch niemanden, einen anderen Mann zu fördern, sondern er muß auch imstande sein, gut zu kommunizieren, sein Wissen und sein Können auf die Bedürfnisse des anderen auszurichten. Wenn Sie also Ihre Kandidaten beurteilen, fragen Sie sich: Hat dieser Mann etwas zu bieten? Wenn dem so ist: Kann er sein Wissen auch so einsetzen, daß ich von seiner

Weisheit und Einsicht profitiere? Wenn nicht, müssen Sie sich auf eine Enttäuschung gefaßt machen, wenn Sie ihn in die Rolle des Mentors drängen.

7. Ein Mentor redet und hört zu

Hier geht es um Kommunikation. Da ich jemand bin, der es sich zum Ziel gesetzt hat, diese Kunst zu praktizieren und zu lehren, weiß ich, daß viele Leute meinen, bei Kommunikation gehe es nur ums Sprechen. Die Wahrheit ist, daß Sie nur dann erfolgreich kommunizieren können, wenn Sie auch zuhören können. Das ist ein Schlüssel zu wirksamem Mentoring.

Ich treffe sehr oft Männer, die meinen, sie seien als Mentoren nicht gut geeignet, weil sie keine glänzenden Redner sind. „Wer, ich?“ fragen sie, wenn ich ihnen vorschlage, sich in das Leben eines jungen Mannes einzubringen. „Howard, das verstehst du nicht. Ich wüßte gar nicht, was ich sagen sollte.“

„Kannst du jemanden zum Essen einladen und ihn erzählen lassen?“ frage ich.

„Ja, klar“, sagen sie.

„Dann fang damit an. Das braucht ein junger Mann sowieso am meisten. Er sucht jemanden, mit dem er über seine zerrüttete Familie, seine wackelige Ehe, seine Enttäuschungen an der Arbeit, seine Hoffnungen und Ängste für die Zukunft reden kann, jemanden, dem er einfach sein Herz ausschütten kann. Wenn du ihn fragst, was ihm wirklich wichtig ist, brauchst du dir übers Reden keine Sorgen zu machen. Du hast vermutlich eher Probleme, hin und wieder selber zu Wort zu kommen.“

Kommunikation ist ohne Frage keine Einbahnstraße, sondern sie schließt Reden und Zuhören ein. Von diesen beiden ist Hören viel schwerer zu erlernen. Es ist nachweislich so, daß Menschen vier- bis zehnmal so schnell hören, wie ein Redner sprechen kann – das heißt, daß Zuhörer viel Zeit haben, in der sie abgelenkt werden können. Man muß daran arbeiten, sich auf das zu konzentrieren, was gesagt wird, und neben dem allgemeinen Inhalt der

Nachricht auf die versteckten Botschaften und die Worte zwischen den Zeilen zu hören.

Wenn jemand aber gelernt hat, zuzuhören, dann ist es sehr wahrscheinlich, daß man ihm auch zuhört, wenn er redet. Sie kennen das wahrscheinlich aus eigener Erfahrung. Sind Sie schon einmal in einer Gruppe von Leuten gewesen, in der ein Schwätzer ohne Pause redet, Ihnen seine Meinung zu viel mehr Dingen sagt, als Sie eigentlich wissen wollten? Jedesmal, wenn jemand etwas sagt, hat er eine Antwort parat.

Zur selben Zeit steht jemand daneben, der dies alles still verfolgt. Plötzlich, an einer entscheidenden Stelle, sagt er etwas. Jeder hört ihm zu, weil sie aus Erfahrung wissen, diese Person weiß, worüber sie spricht. Er verschwendet keine Worte und damit auch nicht die Zeit der anderen.

Solch ein Mann ist ein guter Mentor, weil er die Kunst, wirklich zuzuhören, gelernt hat. Ein guter Mentor ist immer ein guter Zuhörer. Wenn Sie mit einem Problem, einer Frage, einem Kommentar oder einer Idee zu ihm kommen, wird er Ihnen wahrscheinlich eher helfen, die Lösung selbst zu finden, als Ihnen seine eigene ausgefeilte Meinung darüber darzulegen. Darauf kommt es letztendlich an. Mentoring heißt nicht, daß der Mentor sich selbst ins rechte Licht rückt. Es geht darum, daß der Schüler lernt, die nächste Hürde zu nehmen, so daß *er* seine Fähigkeiten entwickeln kann.

8. Ein Mentor hat einen konsequenten Lebensstil

Es versteht sich von selbst, daß ein Heuchler ungeeignet ist, andere Männer anzuleiten, ihren Charakter zu verbessern. Niemand respektiert einen Mann, der zwar schöne Reden schwingt, aber nicht danach lebt.

Wir können die Frage des Lebensstils gar nicht ernst genug nehmen, vor allem im Hinblick auf das, was ich schon über das Nachahmen gesagt habe. Wenn Nachahmung die wirksamste Form unbewußten Lernens ist, dann wird das, was Ihr Mentor tut, und die Art, wie er lebt, einen größeren Einfluß auf Sie haben als alles, was er sagt. Sie vergessen vielleicht 90 Prozent dessen, was er Ihnen gesagt hat, aber Sie werden nie vergessen, wie er lebte.

Mein Sohn Bill erlebte eine interessante Begebenheit, die dieses Prinzips illustriert. Er traf während eines Booms des Grundstückmarktes einen Bauunternehmer, der Investitionspartnerschaften vermittelte. Nennen wir ihn Paul. Sein Geschäft expandierte, und Paul nahm so viele wohlhabende Kunden unter Vertrag, daß er kaum mehr mit den Projekten hinterherkam. Er wollte sein Geschäft bewußt nach „biblischen Prinzipien" führen. Dadurch wurde er ein bevorzugtes Objekt christlicher Radiostationen und Zeitschriften. Paul richtete sogar ein Beratungsbüro ein, um andere Geschäfte auf dem Gebiet des Managements zu beraten. Er schien den Schlüssel gefunden zu haben, ein Unternehmen „nach dem Willen Gottes" zu führen. War das nicht an seinem unglaublichen Erfolg sichtbar?

Dann brach der Grundstücksmarkt unerwartet zusammen. Plötzlich wollte niemand mehr Pauls Eigentum kaufen, Verträge platzten, Kreditgeber verlangten ihr Geld zurück, Anklagen wurden erhoben. Eines Tages verschwand Paul von der Bildfläche. Seine Investoren und Partner veranlaßten natürlich eine Untersuchung. Sie entdeckten, daß Paul die Stadt verlassen hatte und es nun ihr Problem war, das finanzielle Chaos, das er zurückließ, zu bewältigen.

Vergleichen Sie das Verhalten Pauls mit dem eines anderen Bekannten von Bill: Frank. Auch er war Bauunternehmer und wollte sein Unternehmen nach biblischen Maßstäben führen. Auch er hatte Verträge mit profitablen Kunden, um seine Geschäfte zu finanzieren. Als der Markt zusammenbrach, befand auch er sich in einer schwierigen Lage und schuldete verschiedenen Leute viel Geld.

Im Gegensatz zu Paul stellte Frank Rückzahlungspläne mit seinen Investoren auf. Als Christ sah er es als seine Pflicht an, sein Bestes zu tun, um seinen Verpflichtungen nachzukommen. Auch wenn ihn das zwang, seine Kinder aus einer Privatschule zu nehmen, in ein kleineres Haus zu ziehen, einen einfacheren Lebensstil zu führen und eine Nebenbeschäftigung anzunehmen. Er war bereit, das alles auf sich zu nehmen. Was auch immer zu tun war und wie lange es auch dauern würde, Frank wollte sein Wort halten.

Paul ist heute in einen anderen Staat gezogen und hat sein Geschäft wiederaufgebaut. Währenddessen lebt Frank in einem kleinen Haus mit dem wenigen Besitz, der ihm geblieben ist. Nachdem der Markt sich langsam wieder erholte, kam er nach und nach aus seinen Schulden heraus.

Welchen dieser beiden Männer würden Sie, wenn es um geschäftliche Integrität ginge, zum Mentor wählen? Wer hat etwas zu der Frage, wie man seine Verpflichtungen einhält, zu sagen? Wer hat das Recht, anderen zu sagen, wie man seinen Glauben in der Arbeitswelt lebt? Die Antwort ist wohl ziemlich eindeutig. Es gibt keinen Ersatz für einen Mann mit konsequent christlichem Charakter. Er muß nicht versuchen, Sie mit Worten zu blenden, sein Leben ist die beste Predigt.

Natürlich werden Sie niemals einen perfekten Menschen finden, also suchen Sie erst gar nicht nach ihm. Das Neue Testament ruft uns nicht dazu auf, perfekte Modelle zu werden, sondern eher Beispiele für *Fortschritte* im Glauben. Paulus ruft Timotheus auf, ein vorbildhaftes Leben zu führen. „Gebrauche diese deine Gaben“, schreibt er, „dann wird jeder erkennen, wie dein Glaube in jeder Hinsicht wächst“ (1. Timotheus 4,15). Sie brauchen also einen Mentor, der echt ist, ehrlich zu seinen Fehlern und Schwächen steht und realistisch seine Stärken einschätzt.

9. Ein Mentor ist imstande, Ihre Bedürfnisse abzuschätzen

Ich sagte bereits weiter oben, daß Sie einen Mentor suchen sollten, von dem Sie annehmen, daß er das hat, was Sie persönlich brauchen (Punkt 1). Da Sie aber vermutlich manche Ihrer Bedürfnisse noch gar nicht richtig wahrgenommen haben, ist es wichtig, jemanden zu finden, der Ihnen helfen kann, diese zu entdecken und auszuwerten. Wir alle haben „blinde Flecken", Bereiche, in denen wir uns nicht auskennen. Darum brauchen wir Leute, die uns in diesen Bereichen zur Seite stehen.

Mein Auto bringe ich immer in dieselbe Werkstatt, und den Mechaniker kenne ich nun schon seit Jahren. Da ich die Vorderseite meines Autos nicht von der Rückseite unterscheiden kann, ist ein Automechaniker in meinen Augen ein Genie. Ich bringe mein Auto zu ihm und sage: „Der Motor macht so ein komisches Geräusch. Ich weiß nicht, ob das was Ernstes ist oder nicht, aber ich dachte, du siehst dir das besser mal an."

Er öffnet die Motorhaube, läßt den Motor an, lauscht hier, lauscht da, holt einen Schraubenzieher, zieht diese oder jene Schraube an, und dann läuft der Motor wieder so ruhig wie am ersten Tag.

„Alles in Ordnung", sagt er, und ich bezahle die Rechnung. Er wäre gerne bereit, mir zu erklären, was an meinem Auto nicht in Ordnung war, aber meist glaube ich ihm unbesehen. Zunächst einmal weiß ich, daß ich ihm vertrauen kann, und außerdem verstünde ich sowieso nicht, worüber er redet. Darum bringe ich ja mein Auto zu ihm und versuche nicht, den Schaden selbst zu beheben.

Stellen Sie sich nun aber vor, daß ich mein Auto in eine mir unbekannte Werkstatt bringe. Ich parke den Wagen und sage: „Ich verliere Öl, ist das normal?"

Dann kriecht der Mechaniker für zweieinhalb Stunden unters Auto und kommt später mit der Rechnung zu mir. „Wir haben das in Ordnung gebracht, Herr Hendricks", sagt er, und mir fällt auf, daß er seinen Kaugummi nicht mehr hat, den er genüßlich kaute, als er mit der Arbeit begann. Wie auch immer, ich zahle meine zweihundert Dollar und fahre heim. Nach einigen Kilometern streikt der Motor, und das Auto bleibt stehen. Später komme ich wieder zu der Werkstatt und frage, was denn losgewesen sei. Der Mechaniker sagt: „Ein Kolben sitzt fest, und der Motor ist hin."

„Warum haben Sie das nicht beim ersten Mal repariert?" frage ich entsetzt.

„Sie haben mir nur gesagt, ich soll dafür sorgen, daß kein Öl mehr raustropft“, antwortet er mir, „und das habe ich getan. Sie haben mich nicht gebeten, nach anderen Problemen zu sehen.“

Ich weiß nicht, wie es Ihnen ginge, aber wenn ich von einer Sache keine Ahnung habe, dann brauche ich einen Fachmann, der nicht nur sieht, daß etwas nicht in Ordnung ist, sondern der auch weiß, was es ist und wie man es repariert. Ich brauche jemanden, der zwischen quälenden Symptomen und der eigentlichen Krankheit unterscheiden kann. Ein guter Mentor hat solche analytischen Fähigkeiten.

Je mehr Zeit ich dann mit meinem Mentor verbringe, desto besser wird er in der Lage sein, Probleme rechtzeitig zu erkennen.

Am Ende meines ersten Semesters am Wheaton College habe ich meine Prüfungen in drei Fächern nicht bestanden. Als ob das noch nicht demütigend genug sei, war eines davon Englisch. Können Sie es glauben, daß ich im Jahr vorher am Gymnasium eine Auszeichnung im Fach Englisch bekommen hatte? Ich war völlig entmutigt, weil ich trotz der größten Anstrengungen und viel Lernerei die Prüfung nicht bestanden hatte.

Schließlich ging ich zu meinem Englischlehrer – einem weisen alten Mann, von dem ich das vernichtende Urteil zu hören erwartete, daß ich die Bedingungen nicht erfülle, die man hier von Studenten erwartet. Er hatte mich drei Monate lang unterrichtet. Zu meiner Überraschung sagte er: „Howard, dein Problem ist, daß du nicht weißt, wie man liest.“

Er gab mir dann ein paar Ratschläge, wie ich richtiges Lesen lernen konnte, die später einen großen Einfluß auf meine weitere Ausbildung hatten.

Ich hätte auch einen Kurs belegen oder einen Nachhilfelehrer engagieren können, um zu lernen, wie man studiert und seine akademischen Fähigkeiten verbessert. Nichts von alledem hätte wahrscheinlich viel gebracht, weil sie sich alle mit etwas anderem beschäftigt hätten als mit dem eigentlichen Problem, nämlich daß ich nicht wußte, wie man liest. Mein Professor hingegen, der mich eine Weile beobachtet hatte, legte seinen Finger genau auf das eine grundlegende Problem und zeigte mir den richtigen Weg, um damit umzugehen. Auf diese Weise half er mir, so erfolgreich zu werden, wie ich es mir nicht einmal erträumt hätte.

10. Ein Mentor hat Ihre Interessen im Sinn

Mittlerweile haben Sie sicher erkannt, daß die Suche nach einem Mentor mit einer gesunden Portion Egoismus zu tun hat. Wir sprechen hier über *Ihr* Leben und *Ihre* Entwicklung. Sie suchen daher jemanden, der *Ihre* Interessen verfolgt.

Leider haben viele sehr begabte Männer ein so großes Ego, daß sie nicht bereit sind, einem anderen zu dienen. Sie versuchen wahrscheinlich eher, sich ihr eigenes Reich zu bauen, als Ihnen die Hilfsmittel dieses Reiches zur Verfügung zu stellen. Versuchen Sie nicht, solche Männer zum Mentor zu wählen. Sie werden wahrscheinlich am meisten geben und am Ende wenig gewinnen.

Suchen Sie statt dessen einen Mann, dessen größte Freude es ist, Ihren Erfolg zu sehen. Wenn Sie erfolgreich sind, dann hat er Erfolg gehabt, und wenn Sie Niederlagen hinnehmen müssen – nun, dann ist er da, um Sie vom Boden aufzuheben, abzustauben und wieder aufs Pferd zu setzen.

Ich sagte vorhin, daß Mentoring mit einem Risiko für den Mentor verbunden ist. Das Risiko hängt allerdings mit dem zusammen, was mit dem Schüler geschieht, nicht mit dem, was mit dem Mentor geschieht. Wenn Ihr Mentor so erfolgsorientiert ist, daß er es Ihnen nicht erlauben kann zu versagen, dann sollten Sie beide die Beziehung noch einmal überdenken. Solch ein Mann versucht offensichtlich, etwas zu beweisen, und benutzt Sie dazu. Mehr zu diesem Thema finden Sie im zweiten Teil dieses Buches.

Wenn Sie nun aber die Möglichkeiten für eine Mentoringbeziehung untersuchen, fragen Sie sich selbst: Wird diesem Mann *meine* Entwicklung am Herzen liegen? Hat er bereits mit jemand anderem bewiesen, daß er Menschen helfen kann, weiterzukommen? Wo liegt in seinen Beziehungen der Schwerpunkt? Besteht zwischen seinen Bedürfnissen und den Bedürfnissen anderer eine dynamische Balance oder muß sich alles um ihn und seine Vorstellungen drehen?

Der perfekte Mentor?

Wenn Sie Männer anhand dieser zehn Kennzeichen einzuschätzen versuchen, müssen Sie realistisch bleiben. Sie werden feststellen, daß beinahe jeder Mann in dem einen oder anderen Punkt Schwächen hat. Mit anderen Worten, Sie werden niemals den perfekten Mentor finden. Selbst wenn Sie glauben, ihn gefunden zu haben, werden Sie früher oder später einige Fehler entdecken. Ziel dieser Liste ist es darum nicht, so viele Männer wie möglich zu disqualifizieren, sondern Sie dazu zu bringen, den besten Mentor für Ihre Bedürfnisse zu finden. Ein Mentor kann einen prägenden Einfluß auf Ihr Leben haben, und daher ist es die Mühe wert, jemanden zu finden, der dafür wirklich qualifiziert ist.

Haben Sie schon ein paar Personen im Blick? Wenn nicht, lassen Sie mich Ihnen zeigen, wo Sie diese finden können.

6. Wie man einen Mentor findet

Als meine Söhne noch klein waren, gingen wir regelmäßig zum Fischen. Oft verliefen diese Ausflüge nach den Worten Jesu: „Viele sind berufen, aber nur wenige sind auserwählt." Denn das Verrückte war: Während wir stundenlang geduldig darauf warteten, daß endlich ein Fisch anbiß, saßen ein paar Meter weiter zwei alte Angler, jeder mit zwei Angelruten, die die Fische gar nicht schnell genug aus dem Wasser ziehen konnten. Einer von ihnen zog einen Fisch an Land, während seine zweite Angelrute schon wieder wie wild hin und her zuckte.

Das passierte so oft, daß ich sie eines Tages fragte, wie sie es nur anstellten, so viele Fische zu fangen.

„Benutzen Sie den richtigen Köder?“ fragten sie mich.

Ich zeigte ihnen meine teuren Köder, und sie grinsten nur. „Damit fangen Sie nie was. Sie müssen Feuerbälle nehmen“, sagten sie und zeigten mir eine Dose mit kleinen, roten, perlförmigen Ködern. „Tun Sie drei davon an den Haken und werfen Sie die Leine aus. Das macht die Fische verrückt.“

Wir fuhren also in die Stadt und kauften Feuerbälle. An diesem Nachmittag fingen wir tatsächlich ein paar Fische.

Am nächsten Tag hatten wir jedoch wieder Pech. Wir verbrachten den Morgen damit, unsere ganze Dose Feuerbälle in den See zu werfen, ohne Erfolg. Kein einziger Fisch biß an! Und weiter unten saßen wieder die beiden Alten und fischten den See leer.

Schließlich ging ich wieder zu ihnen, um sie um Rat zu fragen. „Ich verstehe das nicht“, sagte ich. „Wir nehmen nun die Köder, die Sie uns gezeigt haben, aber wir haben trotzdem kein Glück.“

Wieder grinsten die beiden und zogen ihren Köder hervor. „Heute beißen sie auf Käsemarshmallows“, sagten sie und zeigten uns einige orangefarbene, schwammähnliche Stücke.

Wieder in der Stadt, kauften wir also Käsemarshmallows. An dem Nachmittag fingen wir wieder ein paar Fische.

Am nächsten Tag dann wieder die gleiche Geschichte: Neuer Köder, aber keine Fische an der Angel. Und wie am Tag vorher, zogen die alten Männer Fisch um Fisch an Land. Diesmal wartete ich nicht lange, bis ich zu ihnen ging. „Sie haben ja schon wieder einen ordentlichen Fang gemacht“, sagte ich, als ich näherkam. „Was für einen Köder benutzen Sie denn heute?“ fragte ich und erwartete ein neues Produkt, von dem ich noch nie etwas gehört hatte. Aber sie zeigten nur auf ihre Dose voller Käsemarshmallows.

„Komisch“, sagte ich, „wir benutzten genau den gleichen Köder und haben trotzdem noch keinen einzigen Fisch gefangen.“

„Na ja, Sie fischen ja auch am flachen Ende des Sees“, sagte einer von ihnen. „Sehen Sie meine Leine da draußen? Da ist ein ziemlich tiefes Loch, und Forellen halten sich da gerne auf, wenn es so heiß ist wie heute." Dann drehte er sich um, um noch einen großen Fisch an Land zu ziehen.

Zu dem Zeitpunkt dämmerte es mir, daß Fischen mehr ist, als nur einen Haken ins Wasser zu hängen. *Man muß die Fische kennen.* Je mehr man über den Fisch weiß, den man fangen will, desto wahrscheinlicher ist es, daß einem das auch gelingt.

Ähnliches gilt auch, wenn Sie einen Mentor „fangen" wollen. Sie müssen ihn studieren. Im letzten Kapitel habe ich zehn Kennzeichen beschrieben, nach denen Sie Ausschau halten sollten. In diesem und dem nächsten Kapitel will ich darüber sprechen, wo Sie diese Leute wahrscheinlich finden können und wie Sie ihre Aufmerksamkeit erregen, um eine Mentoringbeziehung aufbauen zu können.

Wo man einen Mentor finden kann

Wo man einen Mentor findet, ist eigentlich ziemlich offensichtlich: Potentielle Mentoren sind überall. Dies kann aber auch trügerisch sein, denn wir tendieren dazu, Leute zu übersehen, die in dieser Hinsicht tatsächlich vielversprechend sind. Nach dem Motto: Das ist doch nur ein ganz normaler Typ. Nichts Besonderes, kein schlechter Kerl, aber doch keiner von den bekannten, namhaften Leuten.

Diese Haltung verrät ein grundlegendes Mißverständnis in bezug auf Mentoren. Wir nehmen meist an, daß Mentoren außergewöhnlich erfolgreich, hervorragend oder in irgendeiner Form ungewöhnlich sein müssen. Die Wahrheit ist, daß die meisten Mentoren ganz und gar nicht außergewöhnlich sind. Sie fallen in der Menge vielleicht nicht auf oder sind schwer zu entdecken – aber sie sind da. Um sie zu bemerken, müssen wir wissen, *was* wir suchen und *wo* wir sie finden können.

Nehmen wir etwa an, Sie sind ein Student. Der offensichtlichste Platz, einen Mentor zu suchen, ist die Universität. Gibt es einen Professor, der Ihre Aufmerksamkeit erregt, jemand, der ziemlich genau dem im fünften Kapitel vorgestellte Muster entspricht?

Wie sieht es in Ihrer Gemeinde aus? Führen Sie sich Ihre Pastoren und Gemeindeleiter vor Augen, um zu sehen, ob diese die Kennzeichen eines Mentors erfüllen.

Und dann Ihr Arbeitsplatz – vielleicht der wichtigste Ort für Beziehungen unter Männern. Denken Sie an Ihre Mitarbeiter, Ihre Vorgesetzten und andere Personen in Ihrem Arbeitsbereich oder Ihrer Firma. Wie sieht es in Ihrem Freundeskreis aus: Gibt es da nicht wenigstens *eine* Person, die in Frage käme?

Nehmen wir an, Sie brauchen wirklich Hilfe in einer familiären Frage oder in Ihrer Ehe. Wo können Sie einen Mentor finden, der Ihnen helfen kann? Der erste Platz ist sicherlich Ihre Gemeinde. (Und vielleicht darf ich so ganz nebenbei sagen, daß es mit und ohne Mentor sehr schwierig für Sie wird, in Ihrem Glauben zu wachsen, wenn Sie nicht aktives Mitglied einer christlichen, an der Bibel orientierten Gemeinde sind. Das ist nicht eine Möglichkeit unter vielen – das ist unabdingbar!)

Vielleicht sind Sie in einer Gemeinde, wo es nicht viele Familien gibt. Wenn das so ist, sollten Sie vielleicht überlegen, ob Sie als Familie nicht besser zu einer Gemeinde gehen, wo mehr Familien sind. Wenn das nicht möglich ist, nehmen Sie wenigstens an einer Familienfreizeit oder einer Bibelkonferenz teil, wo Sie einige Ehepaare treffen können, die etwas älter sind und ihre Kinder schon großgezogen haben.

Eine andere mögliche Quelle sind die Eltern der Freunde Ihrer Kinder. Wir hören heute viel von zerrütteten Familien, aber lassen Sie uns nicht vergessen, daß es noch viele Familien gibt, in denen es die Ehepartner schaffen, gemeinsam zu wachsen. Und selbst wenn Sie nicht wissen, mit wem Ihre Kinder zur Schule gehen, Ihre Frau weiß es bestimmt. Mütter schulpflichtiger Kinder haben normalerweise ein dichtes Netz an Beziehungen. Es ist gut möglich, daß andere Familien mehr über Ihre Familie wissen als Sie selbst! Ich würde das einmal ausprobieren.

Wie steht es mit Nichtchristen?

Ich will für einen Moment auf die Frage eingehen, die Sie vielleicht beschäftigt. Ich habe eine Reihe von „Seen“ vorgeschlagen, in denen Sie nach einem Mentor fischen können. In manchen von ihnen, wie z.B. der Arbeitswelt oder in den Schulen, finden Sie Christen und Nichtchristen. Schlage ich Ihnen etwa vor, einen Nichtchristen zum Mentor zu nehmen?

Lassen Sie uns darüber einmal nachdenken. Im Idealfall suchen Sie Mentoren, die konsequente Christen sind. Sie erinnern sich, das war eines der Kennzeichen eines Mentors, die wir im letzten Kapitel untersucht haben. Unsere Definition eines Mentors – ein Mann, der es sich zur Aufgabe gemacht hat, Ihnen dabei zu helfen, zu wachsen und Ihre Lebensziele zu verwirklichen – schließt nicht zwangsläufig Leute aus, die noch nicht zum Glauben an Jesus gefunden haben.

Es ist ein Fehler anzunehmen, daß nur Christen einen tiefen positiven Einfluß auf Ihr Leben haben können. Manche nichtchristlichen Männer führen ein moralisch einwandfreies Leben, indem sie grundlegenden christlichen Regeln folgen, etwa den Zehn Geboten. Deshalb sind sie durchaus in der Lage, unser Wachstum positiv zu beeinflussen.

Ich habe in der Tat einige der wertvollsten Lektionen in meinem Leben von Nichtchristen gelernt, zum Beispiel von meinem Vater. Er war Berufssoldat, und für ihn war Pünktlichkeit mehr als eine Tugend – es war ein Lebensstil. Er pflegte mir zu sagen: „Junge, wenn du zu spät kommst, schicke ich dir Blumen zum Begräbnis.“ Bis heute komme ich nie zu spät.

Oder nehmen Sie den Mann, den mein Sohn Bill als Teenager traf, als unser Auto in einem Stau eine Panne hatte. Bill schob das Auto zu einer Tankstelle und bat um Hilfe. Der Eigentümer war ein kantiger, grober alter Kerl, der eine dicke Zigarre rauchte, während er einen Blick unter die Motorhaube warf. An den Wänden hingen Kalenderbilder mit halbnackten Mädchen, und es war ziemlich deutlich, daß dies kein Ort des Glaubens war. Der Mann zog und zerrte, spuckte und fluchte, bis er schließlich sagte: „Da haben wir das Problem!“ und dabei ein Zündkabel hochhielt. „Manchmal haben die ‘nen Kurzschluß, und dann läuft der verd... Motor nicht mehr.“

Nachdem das Zündkabel ausgewechselt war, ging Bill in den Laden, um zu bezahlen. Er hatte nur zwei Dollar und ein bißchen Kleingeld dabei. Die Rechnung belief sich auf etwas über fünf Dollar. „Darf ich Ihnen einen Scheck ausstellen?“ fragte Bill.

Der Tankstellenbesitzer nickte, und Bill schrieb den Scheck aus. Nachdem er ihn überreicht hatte, zog er seinen Ausweis hervor, aber der Mann sagte zu ihm: „Den brauche ich nicht. Wenn du mich mit einem Scheck über fünf Dollar betrügst, dann bist du sowieso nur einen Dreck wert!“

Das war ein Grundkurs in Ehrlichkeit, und er kam von einer unerwarteten Seite. Es war aber eine Lektion, die Bill nie vergessen hat. Dieser ungläubige Mann wußte, was *Vertrauen* und *Ehrlichkeit* bedeuten.

Wenn es irgend möglich ist, sollten Sie einen Mentor wählen, der Christ ist, der Sie nach biblischen Grundsätzen unterstützt. Wenn aber ein geeigneter ungläubiger Mann da ist, schließen Sie ihn nicht von vornherein aus, nur weil er kein Christ ist. Er könnte trotzdem Ihren Glauben beleben – und vielleicht regt Ihre Beziehung ihn dazu an, über seine eigenen geistlichen Bedürfnisse nachzudenken.

Machen Sie sich nur immer wieder bewußt, aus welcher Quelle Sie trinken. Wie Paulus schreibt: „Prüft alles sorgfältig, und behaltet nur das Gute! Das Böse aber – ganz gleich in welcher Form – meidet wie die Pest“ (1. Thessalonicher 5,21-22).

Beten Sie für einen Mentor

Ich nenne Ihnen nun drei praktische Vorschläge, um einen Mentor zu finden. *Erstens:* Beten Sie dafür. Vielleicht nehmen Sie das Gebet nicht so ernst, Gott aber wohl. Die Bibel erzählt von einem Mann, der voller Ernst Gott darum bat, daß es nicht mehr regnen sollte. Und dreieinhalb Jahre lang fiel tatsächlich kein Regen.

Dann, als die Menschen endlich überzeugt waren, daß Gott ihr Herr ist, betete er wieder, und der Regen strömte herab (Jakobus 5,17-18).

Bitte denken Sie daran, daß keine Wolke am Horizont zu sehen war, als Elia – so hieß der Mann – um Regen bat. Sechsmal sandte er seinen Diener aus, um zu sehen, ob sich ein Sturm zusammenzog, aber der Mann sah nur blauen Himmel. Erst beim siebten Mal sah der Diener eine Wolke. Und selbst dann war die Wolke so weit entfernt, daß er sie als unerheblich abtat, „nicht größer als eine Hand." Aber Elia wußte, daß sein Gebet erhört worden war (1. Könige 18,41-48).

Wenn Sie um einen Mentor beten, dann müssen Sie Gott vertrauen, auch wenn Sie noch keine Anzeichen am Horizont sehen können. Sie tun damit genau das, was die Bibel sagt: Glauben ohne schon zu sehen (2. Korinther 5,7). Ich kann Ihnen versichern, das Gebet hat eine große Kraft.

Ich habe diese Kraft selber schon erlebt. 1993 sprach ich über das Thema Mentoring auf einer Promise-Keepers-Konferenz. Über 50 000 Männer füllten das Footballstadion der Universität von Colorado. Ich erzählte davon, daß jeder Mann in seinem Leben drei Personen haben sollte: einen Paulus, einen Barnabas und einen Timotheus.

Wie ich schon erwähnt habe, sind dies drei Beziehungen, die ein Mann unbedingt pflegen sollte: Er braucht einen Paulus, einen älteren Mann, der ihm hilft, sein Leben zu gestalten; er braucht einen Barnabas, einen Gleichaltrigen, einen Seelenfreund, dem er Rechenschaft ablegen kann; und er braucht einen Timotheus, einen jüngeren Mann, dem er hilft, sein Leben aufzubauen. Am Ende der Konferenz bat ich alle Anwesenden, ihre Köpfe zu neigen und darum zu bitten, daß Gott sie zu einem Paulus, einem Barnabas und zu einem Timotheus führen möge.

Seit dieser Konferenz habe ich von Männern aus dem ganzen Land Nachrichten wie dieses gehört: „Herr Professor, ich war dabei, als Sie auf der Konferenz gesprochen haben. Ich habe gebetet, daß Gott mich zu einem Paulus, einem Barnabas und einem Timotheus führt. Jetzt habe ich einen Paulus, und ich habe einen

Barnabas, und es sieht so aus, als ob ich auch einen Timotheus hätte. Gott hat mein Gebet erhört!"

Bitten Sie Gott ernsthaft darum, daß er Sie zu einem Mann führt, der den Lauf Ihres Lebens grundlegend beeinflussen kann? „Bittet Gott, und er wird euch geben! Sucht, und ihr werdet finden! Klopft an, dann wird euch die Tür geöffnet! Denn wer bittet, der wird bekommen. Wer sucht, der findet. Und wer anklopft, dem wird geöffnet" (Matthäus 7,7-8).

Machen Sie sich auf die Suche

Mein zweiter Rat ist: „Fahren Sie Ihre Antennen aus!" Mit anderen Worten: Beginnen Sie Ihre Suche nach einem Mentor. Öffnen Sie Ihre Augen, sehen Sie, was es zu entdecken gibt.

Manchmal besuche ich das Wohnheim der unverheirateten jungen Männer am Seminar von Dallas, und wir diskutieren miteinander. Die Unterhaltung beginnt meistens mit einem theologischen Thema, aber sie endet immer bei den Frauen. Einmal sprachen wir über die Qualitäten, die ein Mann an einer Frau schätzt, und ein junger Mann fragte schließlich: „Also, Herr Professor, wie finde ich diese Frau?"

„Hm, gehen Sie mit einem Mädchen aus?" fragte ich ihn.

„Oh, nein! Dazu habe ich keine Zeit!"

Ich sagte: „Ja, wie wollen Sie denn sonst die richtige Frau finden? Meinen Sie, Gott läßt sie an einem Strick aus dem Himmel herab?"

Wenn Sie Fische fangen wollen, müssen Sie dahin gehen, wo die Fische sind. Es gibt Männer, die eine Menge Geld ausgeben, um sich eine Anglerausrüstung zu kaufen, und sie verbringen den ganzen Tag damit, einen See zu durchkämmen, um Fische zu finden. Aber sie öffnen nicht einmal ihr Adreßbuch, um zu sehen, ob jemand darin steht, der ihr Mentor werden könnte. Und dann fragen sie sich, warum Gott ihre Gebete nicht zu erhören scheint.

Beten Sie, aber dann *öffnen Sie bitte Ihre Augen!*

Nehmen Sie Kontakt auf

Fangen Sie schließlich an zu experimentieren. Bringen Sie sich „ins Gespräch". Laden Sie einen Mann zum Abendessen oder auf ein Glas Bier ein. Reden Sie mit ihm. Beten Sie mit ihm. Sehen Sie, ob Ihre Beziehung wächst. Finden Sie heraus, ob Sie sich gut verstehen. Mentoring entwickelt sich aus ganz einfachen Kontakten.

Ein kleiner Hinweis, wie Sie das Miteinander beleben können: Die meisten von uns fühlen sich von Leuten angezogen, die auch uns selbst sympathisch finden und ähnliche Interessen haben. Wir fühlen uns viel sicherer, wenn wir über vertraute Themen sprechen. Es kann helfen, das Eis zu brechen, wenn Sie dort ansetzen.

Das Hobby meines verstorbenen Freundes Jimmy zum Beispiel war der amerikanische Bürgerkrieg. Er kannte alle Daten, alle Schlachten, alle Generäle usw. Er studierte Karten der Truppenbewegungen und besuchte die Schlachtfelder. Er konnte stundenlang faszinierende Geschichten und kaum bekannte Fakten über diesen Krieg erzählen. Er hatte sogar eine Sammlung von Andenken aus dieser Zeit.

Jimmy hatte auch ein großes Herz für junge Männer. Wenn jemand aber eine Freundschaft mit Jimmy beginnen wollte, dann war der beste Ansatzpunkt nicht die eigenen Bedürfnisse und Sorgen – darüber konnte man später immer noch sprechen. Mein Rat war immer, Jimmy Fragen über den Bürgerkrieg zu stellen. Erinnern Sie sich an das, was ich Ihnen im letzten Kapitel gesagt habe? Der Schlüssel zu effektiver Kommunikation ist Zuhören. Wenn ein junger Mann jemandem wie Jimmy zuhört – egal, über welches Thema es geht –, dann erwirbt er sich das Recht, selbst gehört zu werden.

Studieren Sie den „Fisch". Machen Sie sich mit ihm vertraut. Fragen Sie sich: Was interessiert diesen Mann? Wofür begeistert er sich? Gehen Sie dann darauf ein. Natürlich wollen Sie Ihren Mann nicht in eine ungewünschte Beziehung drängen, sondern sich informieren, was ihm wichtig ist. Dinge, die ihm wichtig sind, sollten dann auch Ihnen wichtig sein. Letztendlich wollen Sie ihn doch bitten, sich um das zu kümmern, was Ihnen am Herzen liegt. Beziehungen erwachsen aus gemeinsamen Interessen.

Die Jagd

Kehren wir noch einmal zum Anfang dieses Kapitels zurück. Meine Söhne und ich fanden auf sehr unangenehme Art heraus, daß wir deshalb keine Fische fingen, weil wir nichts über die Fische wußten. Wir hatten viel guten Willen, wir hatten Geduld, aber nichts von alledem half uns weiter, weil die Kunst des Angelns nichts mit Entschlossenheit zu tun hat, sondern mit dem Wissen um das Verhalten und die Freßgewohnheiten der Fische. Auf ähnliche Weise müssen Sie etwas über Mentoren wissen, bevor Sie einen finden können.

Einer der Gründe, warum ich so wenig über Fische wußte, war, daß ich nicht auf dem Land großgeworden bin, ganz im Gegensatz zu einem meiner besten Freunde. Niemand war glücklicher als Trevor, wenn er durch die Wälder zog oder in einem Zelt schlief. Er war in der Wildnis zu Hause; es lag ihm einfach im Blut. Einmal nahm Trevor meinen Sohn Bill mit auf die Jagd und wiederholte damit die Lektion, die wir beim Angeln gelernt hatten: Der Schlüssel zum Erfolg liegt darin, daß man sich auskennt.

In den späten sechziger Jahren war Trevor Arzt bei der Luftwaffe. In einem Sommer besuchten wir ihn, als er in Kalifornien stationiert war. Eines Abends lud Trevor Bill ein, mit Pfeil und Bogen auf die Jagd zu gehen. Bill, der zu der Zeit ungefähr elf war, hatte nur eine Frage: „Wann geht's los?“

Gegen halb fünf Uhr morgens fuhren Trevor und Bill davon. Während sie zu dem Ort fuhren, wo sie jagen wollten, zeigte Trevor Bill verschiedene Plätze, wo er in den letzten Jahren Wild gesichtet hatte. „Da draußen müssen Tausende von Tieren sein“, sagte er. „Wir sehen zu, daß wir eins erwischen.“

Bill sah hinaus in die Dunkelheit und versuchte ein Paar Augen oder den Schimmer eines Tieres zu entdecken. „Ich sehe überhaupt nichts“, sagte er.

„Sie sehen dich", meinte Trevor.

Sie fuhren schweigend weiter, bis Bill fragte: „Wie kommen wir nahe genug an sie heran?"

„Du mußt denken wie das Wild", antwortete Trevor.

Bill dachte noch über die Bedeutung dieses Satzes nach, als Trevor die Straße verließ und Motor und Licht ausschaltete. Er kurbelte das Fenster herunter, und die kühle Morgenluft drang ins Auto. Bill öffnete auch sein Fenster. Nachdem sich seine Augen an die Dunkelheit gewöhnt hatten, konnte er gerade noch eine Gruppe niedriger Bäume erkennen, die auf der sandigen, einsamen Küstenebene wuchsen.

Trevor saß, wie es Bill schien, eine Ewigkeit, ohne ein Wort zu sagen. Er lauschte. Schließlich lehnte er sich zu Bill hinüber und flüsterte: „Es ist neblig draußen. Das ist gut. Ich glaube, da ist ein Tier rechts von dir. Es kommt gleich hier herüber."

Und tatsächlich, fünf Minuten später sah Bill eine Hirschkuh unter den Bäumen hervorkommen, keine zwanzig Meter vom Auto entfernt. Aufgeregt fragte er Trevor: „Was tun wir jetzt?"

„Nichts. Sie ist meilenweit weg, bevor du auch nur die Tür öffnen kannst."

Die Hirschkuh stand still und sah zum Auto herüber. Einen Moment später drehte sie sich um und trottete davon.

Nach zehn Minuten, als die Wälder in der Dämmerung langsam sichtbar wurden, öffnete Trevor langsam die Tür und stieg aus. Bill folgte ihm. Sie nahmen Pfeil und Bogen vom Rücksitz und legten ihre Ausrüstung an. Dann führte Trevor sie auf einem schmalen Pfad durchs Gelände. Nach ungefähr zwei Kilometern hielt er an und hob die Hand. Bill lauschte angestrengt, aber der Nebel hüllte alles in tiefes Schweigen. Trevor studierte den Boden vor ihnen; dann lehnte er sich zu Bill und flüsterte in sein Ohr: „Ich gehe auf diesem Weg weiter. Laß mir fünf Minuten Zeit. Da vorne hinter dem Hügel könnte ein Tier sein. Wenn du vorsichtig bist, kannst du an es herankommen und einen Schuß versuchen. Wenn du es nicht schaffst, läuft es in meine Richtung davon, und dann versuche ich mein Glück. Bist du bereit?"

Bill nickte und fragte sich, wie Trevor wohl wissen konnte, was hinter dem Hügel war. Er ließ den Blick nicht vom Hügel, während Trevor davonschlich.

Bill zählte fünfmal bis sechzig und ging dann auf den Hügelkamm zu. Als er oben ankam, ging er langsamer und setzte vorsichtig Schritt vor Schritt, um über den Hügelrücken zu schleichen. Nachdem er freie Sicht hatte, entdeckte er zuerst nur eine kleine Senke und eine weitere Anhöhe. Er hielt an, um zu lauschen, dann stieg er herab.

Als er fast unten war, sah er ihn. Der Hirsch hatte den Kopf erhoben, und deutlich konnte Bill das Geweih erkennen. Er stand in der Senke auf der anderen Seite des zweiten Kammes. Plötzlich drehte er den Kopf in eine andere Richtung, und Bill bewegte sich vorsichtig. Er duckte sich in eine Mulde, nahm einen Pfeil und legte ihn auf die Sehne. Dann kroch er langsam den Hügel hinauf. Wenn er nahe genug an das Tier herankäme, würde er es sicher treffen. Schließlich richtetet er sich auf, um einen Schuß zu wagen – aber der Hirsch war verschwunden.

Drei Stunden später fuhren Bill und Trevor heim. Sie hatten kein weiteres Wild mehr gesehen.

„Ich war so nahe dran!“ sagte Bill immer wieder, als sie sich im Auto aufwärmten. „Er war genau vor mir!“

„Beim nächsten Mal erwischst du ihn, Billy.“

„Ja, aber wer weiß, wann das sein wird!“

„Na, du mußt nur hierher kommen. Sie warten auf dich.“

„Ja, vielleicht. Aber er war so nahe. Er war genau vor mir. So eine Chance werde ich nie wieder kriegen.“

„Aber ja, die wirst du schon kriegen. Du mußt nur lernen, zu denken wie das Wild.“

Trevor dachte wie das Wild. Das erklärte sein Verhalten bei der Jagd. Die Pausen, das intensive Lauschen, sein Flüstern, das Beobachten der Spuren, des Windes und der Umgebung. Trevors Verhalten wurde durch das Verhalten des Wildes bestimmt. Wer weiß, wenn Bill nicht dabeigewesen wäre, hätte Trevor vielleicht seine Beute nach Hause gebracht. (Ich glaube aber, daß es Trevor viel mehr Spaß gemacht hatte, Bill das Jagen zu lehren als einen Hirsch zu erbeuten.)

Wenn Sie einen Mentor finden wollen, dann müssen Sie lernen, wie ein Mentor zu denken. Mentoren sind keine exotischen Exemplare der Spezies Mensch und nicht schwer zu finden. Wir werden aber sehen, daß sie leicht durch Männer verjagt werden, die unvorsichtig sind oder ihre Gewohnheiten nicht kennen.

7. Erste Schritte

Um einen neuen Arbeitsplatz zu finden, braucht man in der Regel einige Wochen. Da die Suche nach einem Mentor und die Suche nach einem Arbeitsplatz viele Gemeinsamkeiten hat, darf man wohl annehmen, daß man auch einige Wochen braucht, um einen Mentor zu finden. Es kann vielleicht sogar noch länger dauern.

Ich sage Ihnen dies aus zwei Gründen. Zunächst um Ihnen zu helfen, Ihre Erwartungen zu zügeln, und zweitens, um Ihnen zu zeigen, daß Sie Zeit und Mühe in die Sache investieren müssen. *Es passiert nicht einfach so.*

Manche Männer werden wohl am liebsten aufgeben, wenn sie das hören. Wenn es Ihnen auch so geht, dann lassen Sie mich noch eines sagen, bevor Sie aufhören weiterzulesen. Im zweiten Kapitel habe ich fünf Gründe genannt, wie ein Mentor Ihr Leben bereichern kann. Lesen Sie doch bitte noch einmal dieses Kapitel, und denken Sie darüber nach, was Ihnen entgeht, wenn Sie keinen Mentor finden?

Es ist wichtig, am Ball zu bleiben. Nach über 45 Jahren, in denen ich mich mit dem Thema Männer und Mentoring beschäftigt habe, kann ich Ihnen versichern, daß die Männer, die unsere Generation am stärksten geistlich prägen, Männer sind, die sich von anderen christlichen Männer leiten lassen. Es gibt keinen besseren Weg! Wenn Sie in Ihrem Leben etwas erreichen wollen (in Beruf, Familie, Gemeinde), dann müssen Sie jemanden finden, der Ihnen hilft, zu wachsen und Ihre Lebensziele zu verwirklichen.

Wie können Sie einen solchen Helfer gewinnen? Früher oder später müssen Sie auf einen Mann zugehen, um ihn für Ihr Vorhaben zu begeistern. Für manche Männer ist dieser erste Schritt zugleich der schwerste und der Punkt, an dem der Prozeß am häufigsten abgebrochen wird. Lassen Sie uns also sehen, was dazugehört.

Kontaktaufnahme

Ich habe bereits erwähnt, daß es eine Reihe von Orten gibt, an denen Sie nach jemandem Ausschau halten können, der als Mentor in Frage kommt. Nehmen wir also an, Sie haben einen Kandidaten gefunden. Was tun Sie als nächstes? Nun, das hängt von Ihrer Beziehung zu diesem Menschen ab. Ihr nächster Schritt ist vor allem davon bestimmt, wie gut Sie ihn bereits kennen.

Wie Sie in dem Diagramm unten sehen können, gibt es drei Möglichkeiten: 1. Sie kennen den Mann bereits, und er kennt Sie; 2. Sie kennen einander nicht persönlich, nur vom Namen her; 3. Sie haben überhaupt keine Beziehung zueinander. (Ich habe die Möglichkeiten auf einer Linie dargestellt, weil es eine Reihe von Variationen gibt.)

Wie gut kennen Sie Ihren zukünftigen Mentor?

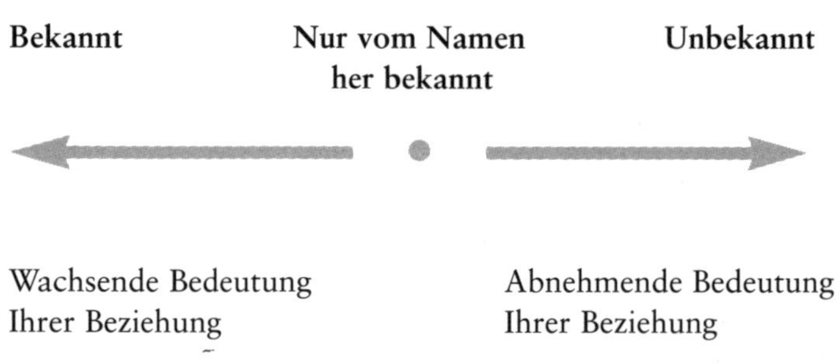

Da viele Faktoren jeden individuellen Fall bestimmen, müssen wir vorsichtig sein. Im allgemeinen ist es aber so: Je besser Sie den Mann bereits kennen, den Sie als Mentor in Betracht ziehen (d.h. je weiter links Sie im Diagramm stehen), um so einfacher wird es, ihn um Hilfe zu bitten. Umgekehrt: Je weniger Sie den Mann kennen (d.h. je weiter rechts Sie stehen), desto mehr müssen Sie Ihre Bitte auf etwas anderes als eine bestehende Beziehung gründen. Lassen Sie uns die drei Möglichkeiten nacheinander untersuchen:

1. Sie kennen den Mann bereits

Wenn Sie den Mann bereits kennen, dann ist es nicht allzu schwer, ihn um Hilfe zu bitten. Das gehört zur Natur von Beziehungen. Natürlich macht es einen Mann noch nicht zum Mentor, wenn Sie ihn um Hilfe bitten. Sie wissen aber zumindest, daß Sie sich wieder an ihn wenden können, wenn Sie das nächste Mal seine Hilfe brauchen. Und er weiß, daß es Ihnen mit dem Wachstum Ihres Lebens ernst ist. Das ist eine Art positiver, leistungsfähiger Wechselbeziehung, die sich zu einer Mentoringbeziehung entwickeln kann.

2. Sie kennen einander nur mit Namen

Lassen Sie uns die Szene verändern, um über die mittlere Position des Diagramms nachzudenken: Sie kennen einander nur mit Namen. Nehmen wir an, Sie haben ein ernstes Problem mit einem Ihrer Kinder vielleicht eine lebensbedrohende Krankheit. Es ist gut möglich, daß Sie mit anderen Eltern sprechen wollen, die eine solche Erfahrung hinter sich haben. Aber mit wem? Sie fragen Ihren Pastor um Rat, und er erwähnt einen Mann, der die selbe Gemeinde besucht und dessen Tochter die gleiche Krankheit hatte wie Ihr Kind.

Sie haben den Mann vielleicht nur einmal im Vorübergehen während eines Vortrages getroffen. Diese Art Bekanntschaft erschwert es Ihnen, ihn einfach so anzurufen und ihn um Hilfe zu bitten als ob Sie alte Freunde wären. Es gibt aber eine Reihe anderer Möglichkeiten. Sie könnten zum Beispiel Ihren Pastor bitten, ihn anzurufen und zu fragen, ob er mit Ihnen sprechen möchte.

Eine andere Möglichkeit wäre es, den Mann selbst anzurufen, ihn an Ihr flüchtiges Treffen zu erinnern, kurz Ihre Lage zu beschreiben und ihn dann zu fragen, ob er etwas weiß, das Ihnen eine Hilfe sein könnte. Auf diese Weise lassen Sie dem Mann die Möglichkeit, selbst zu bestimmen, wie stark er sich engagieren will. Sehr wahrscheinlich wird er aber mit Ihnen über seine eigene Erfahrung mit der Krankheit seiner Tochter sprechen. Zumindest hat er die Chance zu helfen – und normalerweise möchte jeder gerne helfen, so gut er es kann.

Ist das eine Mentoringbeziehung? Es beginnt zwar nicht als eine solche, könnte sich aber dahin entwickeln. Ihr Anknüpfungspunkt wird in diesem Fall eher von dem Problem als von der Beziehung bestimmt. Aus dieser ersten Unterhaltung könnte aber eine tiefere Beziehung erwachsen. Sie würden den Mann wahrscheinlich fragen, ob Sie ihn hin und wieder anrufen dürfen, und damit die Möglichkeit zu weiteren Kontakten schaffen.

3. Sie sind einander fremd

Die dritte Möglichkeit: Sie haben zu der Person, die Sie um Hilfe bitten möchten, keinerlei Beziehung. In diesem Fall werden Sie sich vor allem auf die Begabungen dieses Mannes konzentrieren, zumindest bis eine Beziehung hergestellt ist. Sie können schließlich eine Beziehung nicht gebrauchen, die gar nicht besteht.

Der Pastor einer bekannten Gemeinde erhielt eines Tages eine Karte von einem jungen Mann aus der Gemeinde. Auf der Karte war ein Cartoon, der ein kleines, dummaussehendes Kind zwischen zwei rauhen Cowboys in einem Wildwestsaloon zeigte. Der Junge hat ein Glas Milch verschüttet, und einer der Cowboys sagt zu ihm: „He, du mußt der sein, den sie ‚The Kid‘ nennen.“ Unter den Cartoon hatte der junge Mann mit der Hand geschrieben: „Ja, und ich brauche einen Lehrer." Auf dieser Karte stand weiter: „Mein Wunsch ist es, von Ihnen oder einem anderen Mann aus der Gemeinde unterstützt, beraten und gefördert zu werden."

Dieser junge Mann machte es sehr deutlich, daß er einen Mentor sucht. Und für den Pastor war es selbstverständlich, daß er entweder selbst sein Mentor sein oder einen Mann in der Gemeinde finden würde, der diese Rolle übernehmen könnte. Nehmen Sie einmal an, der junge Mann wäre nicht in der Gemeinde des Pastors gewesen. Nehmen Sie weiter an, Sie erhielten eine solche Karte von einem völlig Unbekannten. Wie würden Sie reagieren? Sie würden wahrscheinlich denken, daß der Mann ein bißchen zu forsch sei, nicht wahr? Sie fänden seinen Wunsch zu wachsen wahrscheinlich gut, aber es wäre nur natürlich zu zögern, Ihre Hilfe anzubieten. Genau das könnte mit Ihrem künftigen Mentor passieren, wenn Sie ihn mit einer sehr persönlichen Bitte überfallen.

Wenn Sie ihn aber auf der anderen Seite auf Dinge ansprechen, mit denen er normalerweise sowieso zu tun hat, dann ist es viel wahrscheinlicher, daß er Ihnen zuhört.

Vor vielen Jahren arbeitete ich für einen Radiosender. Ich erhielt manchmal Post von Menschen, die Interesse am vollzeitlichen Dienst hatten. Da es meine Leidenschaft ist, Menschen für diesen Dienst auszubilden, war ich froh, ihnen schreiben zu können. Ich konnte ihre Fragen beantworten und ihnen zeigen, wie sie erste Schritte auf diesem Weg gehen können. Manche von ihnen konnte ich für das Seminar in Dallas gewinnen, wo sie meine Studenten wurden und wir eine engere Beziehung aufbauen konnten.

Es geht mir darum, daß Sie genau überlegen, wie gut Sie eine Person kennen, bevor Sie sie um Hilfe bitten. Es gibt keinen „richtigen" Weg, dies zu tun; es hängt alles von der Beziehung ab. Jemanden, den Sie gut kennen, können Sie als Freund um Hilfe bitten, aber bei einem Fremden müssen Sie überlegen, wie Sie das Interesse und das Vertrauen dieses Mannes gewinnen und ihn dazu bringen, Ihnen zu geben, was Sie wollen.

Zwanzig Ideen, um eine Mentoringbeziehung zu beginnen

Es gibt unendlich viele Möglichkeiten, diesen ersten Kontakt mit jemandem, den Sie gerne zum Mentor hätten, herzustellen. Kreativität und Aktivität zählen auf diesem Gebiet besonders viel. Natürlich fällt es manchen Leute leichter als anderen, Beziehungen anzuknüpfen, deshalb folgt nun eine Liste mit zwanzig Ideen – um Ihre Kreativität anzukurbeln. Denken Sie daran, es geht darum, die Aufmerksamkeit eines zukünftigen Mentors zu erregen und ihn zu ermutigen, Sie näher kennenzulernen. Wenn eine Beziehung begonnen wurde, müssen Sie sie auch pflegen (mehr dazu im nächsten Kapitel).

1. *Rufen Sie ihn an, und bitten Sie ihn um ein Treffen zu einer bestimmten Fragestellung.* So fallen Sie mit der Tür ins Haus. Manchmal ist das ein guter Beginn, manchmal nicht. Je klarer Ihr Thema oder Ihre Frage definiert ist, *oder* je besser Sie den Mann kennen, desto erfolgreicher werden Sie damit sein.

2. *Nehmen Sie einen Vermittler, um ein Treffen zu arrangieren.* Das ist die „Huckepackmethode“, die auf der Beziehung eines anderen mit dem Betreffenden beruht. Ihr Pastor könnte zum Beispiel ein Essen für Sie und einen anderen Mann arrangieren, mit dem Sie gerne über einen Berufswechsel sprechen möchten.

3. *Bitten Sie um eine Referenz.* In der Geschäftswelt wird das „Networking“ genannt. Indem Sie den Namen eines gemeinsamen Bekannten ins Spiel bringen (XY hat mir vorgeschlagen, Sie anzurufen ...), gewinnen Sie ein gewisses Maß an Vertrauen. Vergewissern Sie sich aber erst, daß Ihr Kandidat von XY tatsächlich eine gute Meinung hat. Seien Sie sich auch darüber im klaren, daß ein Name im besten Fall nur die Tür öffnet. Dann müssen Sie allein weitermachen.

4. *Loben Sie die Fachkenntnisse des Betreffenden und bitten Sie ihn dann, Ihnen dabei behilflich zu sein, die Ihren zu entwickeln.* Wenn Sie dieses Prinzip anwenden wollen, könnten Sie zum Beispiel folgendermaßen vorgehen: „Paul, das war ein echt guter Vortrag, den du gestern in der Männergruppe gehalten hast. Darf

ich dich zum Essen einladen, um einmal zu erfahren, wie du so etwas vorbereitest?" – „Christian, danke für dein Gebet während des Treffens; du scheinst ja eine gute Beziehung zu Gott zu haben. Glaubst du, ich könnte lernen, auch so zu beten?"

5. Treten Sie dem Team oder Projekt des Mannes bei. Indem Sie sich für ihn nützlich machen, erleichtern Sie es ihm, Ihnen nützlich zu sein. Ein Mann namens Peter wollte zum Beispiel Helmut kennenlernen, einen älteren Mann in seiner Gemeinde, den er sehr schätzte. An einem Sonntag sah Peter im Gemeindeblatt, daß Helmut ein Gemeindeprojekt leitete. Sobald der Gottesdienst vorüber war, ging Peter zu Helmut und schrieb sich als Helfer ein. Diese Zusammenarbeit blieb nicht die einzige, und die beiden Männer wurden gute Freunde.

6. Lösen Sie ein Problem für ihn. Mentoren sind so wie wir alle – sie haben lieber Menschen um sich, die Probleme lösen, als solche, die Probleme machen. Das trifft mit Sicherheit auch auf mich zu. Ich hatte einmal einen Studenten, der sich anbot, mein Auto zu polieren, das nicht mehr allzu glänzend aussah. Als er fertig war, sah das Auto aus wie neu. Als er mich ein paar Wochen später zum Essen einlud, war ich gerne bereit, mich mit ihm zu treffen.

7. Erzählen Sie ihm von einer interessanten Gelegenheit, die Sie haben. Mit „interessant" meine ich interessant für ihn. Die Gelegenheit muß seine Aufmerksamkeit verdienen. Bill schätzt zum Beispiel einen Mann sehr, der ein Kommunikationsgenie ist. Bill studierte die Arbeit dieses Mannes, um Hinweise für seine eigene Arbeit im Bereich der Kommunikation zu finden. Kürzlich bat man Bill, der Geschäftsführung eines Museums beizutreten. Raten Sie, wen er sofort anrief und bat, bei diesem Projekt mitzuhelfen? Der Mann war sehr interessiert, und so hat Bill die Chance, viel von ihm zu lernen.

8. Geben Sie ihm Informationen, die ihn interessieren könnten. Dieses Prinzip spielt immer wieder im Arbeitsleben eine wichtige Rolle. Man muß einen Industriezweig genau studieren, um Trends zu erkennen und die Firma zu finden, für die man arbeiten möchte. Dann stellt man sich dem Geschäftsführer vor und erklärt, wie man der Firma helfen kann, noch besser zu funktionieren. Jemand, der so die Initiative ergreift, hat gute Chancen, den Job zu bekommen. In der gleiche Weise kann man vorgehen, um einen Mentor zu gewinnen. Langweilen Sie ihn nicht mit Dingen, die er sowieso schon weiß. Sagen Sie ihm etwas, das für ihn wichtig ist, und er wird Ihnen zuhören.

9. Bitten Sie ihn, etwas zu lesen und zu kommentieren, das Sie geschrieben haben, ein Essay, einen Bericht, einen Artikel, eine Geschichte oder ein Gedicht. Wenn Sie etwas geschrieben haben und Sie denken, daß ihn das interessieren könnte, senden Sie ihm eine Kopie und bitten Sie ihn um Korrektur und eine Rückmeldung. Als Professor passiert mir das natürlich ständig, aber ich habe auch Freunde, die Rechtsanwälte, Grundstücksmakler, Direktoren oder Landwirte sind, die mir erzählen, daß ihnen ein junger Mann etwas zugeschickt hat, weil er ihre Meinung als erfahrene Christen schätzt. Eine andere Möglichkeit ist es, Ihren möglichen Mentoren einzuladen, sich etwas anzusehen, das Sie gestaltet haben, z.B. ein Werkstück oder ein Haus, an dem Sie arbeiten; eine Dekoration, die Sie geschaffen haben; ein Theaterstück, das Sie inszenieren oder in dem Sie mitspielen; ein Projekt, für das Sie die Verantwortung tragen.

10. Reagieren Sie auf etwas, das er getan hat. Das ist die Kehrseite des letzten Vorschlages. Schreiben Sie Ihrem Kandidaten zum Beispiel einen Brief oder eine Karte, die ihm deutlich macht, daß sie an dem interessiert sind, was er tut.

11. Bitten Sie den Mann, Ihnen von seinen Mentoren zu erzählen. Das ist ein besonders guter Ansatz, wenn Sie den Mann bereits kennen. Wenn er Ihnen von den Männern erzählt, die einen tiefen Einfluß auf sein Leben hatten, wird Ihnen Ihr Kandidat ein gutes Stück näherkommen. Er wird sich wahrscheinlich mit Freude an diese Leute erinnern und erkennen, daß Sie persönlich an Mentoring interessiert sind. Seien Sie nicht überrascht, wenn er Sie darauf anspricht.

12. Führen Sie ein Interview mit ihm in Verbindung mit einem Projekt, an dem Sie oder er arbeiten. Das ist vor allem hilfreich, wenn Sie diesen Mann noch nie getroffen haben. Der Rahmen eines Interviews bietet einen Grund für ein Treffen. Das Projekt kann beinahe alles sein: einen Ausschuß in der Gemeinde einrichten; ein Zimmer in Ihrem Haus renovieren; Ihrem Sohn Fußballspielen beibringen; ein Projekt an der Arbeitsstelle planen. Wenn Sie ihn auf ein Projekt ansprechen, vermeiden Sie die Spannung, die sich normalerweise einstellt, wenn man einen Fremden trifft, aber Sie stellen trotzdem den ersten Kontakt her. Später können Sie vielleicht auf dieser Basis eine tiefere Freundschaft aufbauen.

13. *Schicken Sie ihm etwas, das Sie gemacht haben* – ein Buch, ein Foto usw. –, und danken Sie ihm für seine Anregung. Ist das nicht Schmeichelei? Ja, aber jeder Mensch braucht auch Bestätigung. Mit einer ehrlich geschriebenen Nachricht machen Sie Ihrem möglichen Mentoren eine große Freude und erhalten die Chance, den Kontakt weiter zu pflegen.

14. *Ehren Sie ihn öffentlich* in Reden, Aufsätzen, Berichten – sogar in normalen Gesprächen. Lassen Sie die Leute wissen, daß und warum Sie Ihren Kandidaten schätzen. Früher oder später haben Sie vielleicht die Gelegenheit, ihn zu treffen, und dann können Sie ehrlich sagen: „Sie waren eine große Inspiration für mich. Ich sehe Sie als einen Mentor an."

Ein Mann namens Hunter zitierte – wo er nur konnte – mit Vorliebe einen bestimmten christlichen Autor. Er las gerne seine Bücher und hörte Cassetten dieses Mannes, die ihn immer wieder neu inspirierten. Hunter hätte natürlich nie damit gerechnet, daß er diesen Mann je persönlich kennenlernen würde. Dann teilte ihm der Pastor eines Tages mit, daß dieser Autor käme, um in der Gemeinde zu sprechen. Er fragte, ob es möglich wäre, daß er für die Zeit seines Aufenthaltes bei den Hunters wohnen könne? Hunter war überglücklich. Er sagte zu seinem Pastor: „Ich bin sein größter Fan." – „Ich weiß", antwortete der Pastor. „Deshalb frage ich dich ja auch." Der Aufenthalt des Autors in Hunters Haus war der Beginn einer langjährigen Freundschaft.

15. *Ergreifen Sie jede Möglichkeit, mit ihm in Kontakt zu treten.* Das ist besonders gut, wenn Ihr Kandidat in irgendeiner Form lehrt. Wenn er zum Beispiel eine Bibelstunde leitet, gehen Sie hin.

Wenn er Seminare abhält, tragen Sie sich für eines ein. Wenn er ein spezielles Training anbietet, machen Sie mit. Dies sind gute Gelegenheiten, denn solche Veranstaltungen machen es dem Mann möglich, Menschen mit seinen Ideen und seiner Gegenwart zu beeinflussen – einschließlich Ihnen.

16. Wenn er Sie jemals eingeladen hat, zu ihm zu kommen, tun Sie es. Hat schon einmal jemand eine Unterhaltung oder einen Brief an Sie mit den Worten geschlossen: „Wir sollten uns einmal treffen“? Wenn der Mann, den Sie sehen wollen, dies getan hat, dann nehmen Sie ihn beim Wort. Nehmen Sie Kontakt auf, und erinnern Sie ihn an sein Angebot, fragen Sie ihn, wann Sie einmal vorbeikommen können. Lassen Sie ihn wissen, daß Sie sehr daran interessiert sind, ihn zu treffen, und versuchen Sie, einen Termin zu vereinbaren.

17. Gewinnen Sie seine Unterstützung, schon bevor Sie diese brauchen. Man sagt, daß man am besten nach einer Arbeitsstelle sucht, wenn man noch eine hat. Der beste Zeitpunkt, Geld zu leihen ist, wenn Sie Geld zur Verfügung haben. Ein ähnliches Prinzip gibt es, wenn man einen Mentor sucht. So seltsam sich das anhören mag: Der beste Moment, einen zukünftigen Mentor anzusprechen, ist die Zeit, wenn Sie seine Hilfe nicht brauchen. Warum? Sie sind entspannter, und die Situation ist weniger bedrohlich, wenn Sie keinen Gefallen erbitten müssen. In Situationen, in denen Sie weniger unter Streß stehen, sollten Sie den Mann suchen, dessen Hilfe Sie eines Tages brauchen könnten.

18. Halten Sie ihn regelmäßig auf dem laufenden. Mentoringbeziehungen brauchen oft lange, um sich zu entwickeln – bisweilen sogar Jahre. Die Beziehung wächst, wenn der zukünftige Schüler mit dem Mann in Verbindung bleibt, dessen Einfluß er schätzt. Wenn er ihn darüber informiert, was er gerade tut. Ein gelegentlicher Telefonanruf oder eine Weihnachtskarte sagt dem zukünftigen Mentor: „Ich bin noch da. Ich wachse. Ich bin immer noch daran interessiert, mit dir in Verbindung zu bleiben.“ Wenn der richtige Zeitpunkt gekommen ist (siehe Punkt 19), dann kann sich die Beziehung auch entwickeln.

19. Warten Sie auf den richtigen Moment. Haben Sie jemals

daran gedacht, daß eine Reihe Ihrer zukünftigen Mentoren (und Sie brauchen während Ihres Lebens wahrscheinlich mehrere Mentoren) vielleicht schon zu Ihrem Bekanntenkreis gehört? Im Moment können sie Ihnen nicht helfen. Vielleicht sind sie noch nicht bereit, oder auch Sie brauchen noch Zeit. Indem Sie Ihre Beziehungen pflegen, häufen Sie persönliches Kapital an, das zu einem späteren Zeitpunkt wertvoll sein kann. Eines Tages sagen Sie: „Ich brauche auf dem und dem Gebiet unbedingt Hilfe – und ich weiß auch schon, wer mir helfen kann."

20. Beten Sie für einen Mentor. Noch einmal: Wo ernsthaftes Gebet geschieht, werden Kräfte freigesetzt. Letztendlich müssen Sie Gott vertrauen, daß er Ihnen Männer zur Seite stellt, die Ihr Leben beeinflussen können. Natürlich müssen Sie selbst Ausschau halten, aber Sie müssen auch konsequent beten. Bitten Sie Gott, Männer in Ihr Leben zu bringen, die Sie zu höheren Stufen persönlicher und geistlicher Reife führen können.

Was Sie vermeiden sollten

Ich habe verschiedene Wege erwähnt, mit deren Hilfe Sie einen zukünftigen Mentor finden können, um ihn für Ihre Entwicklung zu interessieren. Im nächsten Kapitel werde ich mehr dazu sagen, wie man die Beziehung definieren und pflegen kann, aber ich muß noch vor einer Sache warnen, die Ihre Beziehung wahrscheinlich beendet, bevor sie richtig begonnen hat. Wenn ich an Ihrer Stelle wäre, würde ich die Worte „Mentor" und „Mentoring" vermeiden, *es sei denn, Ihr Kandidat benutzt diese Worte zuerst.* Sie könnten ihn sonst in die Flucht schlagen.

Diese Warnung mag Sie überraschen, da ich in diesem Buch immer wieder von „Mentor" und „Mentoring" spreche. Sehen Sie die Sache aber einmal vom Standpunkt Ihres zukünftigen Mentors. Stellen Sie sich vor, Sie treffen einen Mann, und nach einer kurzer Unterhaltung, fragt er Sie, warum Sie ihn treffen wollten. Sie räuspern sich also und sagen: „Tja, um ehrlich zu sein, ich suche einen Mentor. Möchten Sie mein Mentor sein?"

Sie erhalten wahrscheinlich eine von zwei Reaktionen. Entweder schaut er Sie schräg an und sagt: „Was ist ein Mentor? Ich habe keine Ahnung, wovon Sie reden!" Das wird Sie nicht gerade mit Vertrauen erfüllen.

Es ist aber viel wahrscheinlicher, daß er Sie voller Panik anblickt, blaß wird und abwinkt: „Oh, Mann, da haben Sie aber den Verkehrten erwischt! Ich meine, ich bin doch nicht – ich kann doch nicht – ich – ich habe doch gar keine Ahnung davon. Mentor? Nein, auf gar keinen Fall!" Ich glaube, solch eine Reaktion wäre auch nicht in Ihrem Sinne.

Warum würde jemand, der ansonsten ruhig, kompetent und einfühlsam ist, auf diese Weise reagieren? Die Wahrheit ist, daß sich die meisten Männer nicht als zukünftige Mentoren ansehen. Es hat nichts damit zu tun, ob sie die Fähigkeit dazu haben oder nicht (die meisten haben sie); sie sehen sich selbst nicht als Mentoren an. Das ist eine Tatsache.

Manche hindert dieses Gefühl der Unzulänglichkeit, das unsere Kultur so fördert: „Du bist nicht intelligent genug"; „Du hast keine entsprechende Ausbildung"; „Du bist nicht geistlich genug" (oft in Gemeinden zu hören).

Andere haben Angst, eingebildet zu wirken. In unserer Gesellschaft ist es in Ordnung, wenn mich jemand als seinen Mentor ansieht, aber es ist nicht in Ordnung, wenn ich mich als seinen Mentor ansehe. Das ist natürlich Unsinn, aber trotzdem Realität. Sie müssen es also im Hinterkopf behalten.

Ein weiteres Problem ist, daß viele Männer falsche oder unrealistische Erwartungen von dem haben, was ein Mentor ist oder tut. Sie hören das Wort „Mentor" und denken an einen heiligen Mann oder einen Guru, der Gottes unfehlbares Wort vom Himmel empfängt und auf jede Frage eine Antwort weiß. So wie Mose auf dem Berg Sinai, als die Trompeten ertönten und der Rauch waberte und Gott in Herrlichkeit erschien. Oder sie denken an Mentoring als eine Art Schwerstarbeit, als ob sie jede Ihrer Bewegungen überprüfen und Sie aus jeder Schwierigkeit befreien müßten.

Dieses Buch ist ein Versuch, zu helfen und diese Ansichten zu korrigieren (siehe Teil 2). Sie müssen aber da anfangen, wo Ihr Mann gerade steht. Ich warne Sie deshalb, daß viele Männer erschrecken werden, wenn Sie das Wort „Mentor" hören.

Glücklicherweise müssen Sie das Wort „Mentor" oder „Mentoring" nicht gebrauchen, um die Beziehung aufzubauen, die Sie sich wünschen. Letztendlich ist es egal, wie Sie sie beschreiben oder definieren; es kommt nur darauf an, daß Sie daran arbeiten. Es ist also erst einmal nicht so wichtig, ob der Kontakt mit einem anderen Mann eine „Mentoringbeziehung" ist oder nicht. Konzentrieren Sie sich nur auf die Beziehung.

Sind Sie bereit, von dem Wissen, der Erfahrung und dem Urteil eines anderen Mannes zu lernen? Sind Sie bereit, ihn um Rat zu fragen? Sind Sie bereit, ihm Ihre Seele zu öffnen und ihn sehen und fühlen zu lassen, was in Ihnen vorgeht? Sind Sie bereit, ihn bei der Lösung von Problemen und dem Auffinden von Ressourcen um Hilfe zu bitten? Darum geht es hier.

8. Wachstumsstrategien

In den späten siebziger Jahren war eine Gruppe Psychiater und anderer Wissenschaftler von einem interessanten neuen Computerprogramm fasziniert – DOKTOR. Allem Anschein nach war DOKTOR imstande, anstelle eines Psychiaters ein Gespräch mit einem Patienten zu führen. Der Patient gab sein Problem in den Computer ein, und DOKTOR antwortete mit erstaunlich genauen Beobachtungen und überraschend einfühlsamen Kommentaren.

Die Wissenschaftler feierten es als einen Durchbruch. Sie sagten voraus, daß eines Tages der Computer und nicht mehr der Psychiater eine Therapie durchführe. Keine problematischen Prognosen, keine unangemessenen Gehälter, keine Patienten auf der Couch mehr. (Der Gedanke, daß eine Maschine sie dann alle arbeitslos machen würde, kam niemandem!)

Stellen Sie sich die Überraschung der Wissenschaftler vor, als der Schöpfer von DOKTOR enthüllte, daß sein Programm lediglich die Sprache des Patienten analysierte und mit Texten antwortete, die alle zuvor vorbereitet worden waren. Es gab keine echte Interaktion, die Maschine „verstand" den Patienten nicht. Das Programm konnte einen Psychiater nicht ersetzen (obwohl, wenn ich so richtig darüber nachdenke ...).

Beziehungen mit einem Ziel

Wir müssen die Lektion von DOKTOR im Gedächtnis behalten, wenn wir über Mentoringbeziehungen sprechen. Ich habe den Prozeß beschrieben, durch den Sie einen Mentor finden können. Wir haben aber auch gesehen, daß es dafür kein Patentrezept gibt. So gerne ich Ihnen eine computerkontrollierte, systematisierte und unfehlbare Methode geben würde, muß ich Ihnen doch sagen, daß das einfach nicht möglich ist. Es gibt kein Rezept, das für alle richtig ist. Jede Beziehung ist einzigartig.

Wir haben einiges davon im letzten Kapitel gesehen, als ich darauf hinwies, daß Sie Ihr Verhalten auf die Art der Beziehung abstimmen müssen. Wenn Sie Ihren zukünftigen Mentor gut kennen, ist es leichter, ihn um Rat und Hilfe zu bitten. Wenn Sie ihn aber gar nicht kennen, müssen Sie etwas anderes als die Beziehung finden, um den ersten Kontakt herzustellen.

In diesem Kapitel möchte ich über das Programm sprechen, das Sie mit Ihrem Mentor aufstellen sollten, sobald das Eis gebrochen und so etwas wie ein Band geknüpft worden ist. Mit *Programm* meine ich das Ziel Ihrer Treffen. Ihr Programm setzt sich zusammen aus den Dingen, an denen Sie arbeiten wollen – Ihren Zielen, Ihren Fragen, Ihren Problemen, Ihren Bedürfnissen. Ein Programm festzulegen, ist eine Art Schlüssel, denn es bildet die Grundlage für die Erwartungen aller Beteiligten. Es legt auch fest, was Sie tatsächlich in Ihrer Beziehung tun. „Was wollen wir tun, wenn wir zusammenkommen?" fragt Ihr Mentor vielleicht. (Sie fragen sich das vielleicht auch.) Ein Programm gibt auf diese

Fragen eine Antwort. Um aber ein Programm aufzustellen, das beiden hilft, müssen Sie ein paar Dinge bedenken.

Formelles und informelles Mentoring

Es gibt zwei Arten des Mentorings. Eine ist strukturiert, vereinfacht und formell, die andere ist unstrukturiert, spontan und informell. Wie wir bei den Beziehungen gesehen haben, können wir diese als Extreme eines Spektrums ansehen. Oft finden wir eine Kombination der beiden: formelle Mentoringbeziehungen schließen oft informelle Aktivitäten ein, und informelle Mentoringbeziehungen benutzen manchmal eher formelle Wachstumsstrategien.

Formelle Programme

Formelle Programme für Mentoring sind heute vor allem in der Wirtschaft üblich, und auch im Erziehungsbereich findet man sie immer häufiger. Gemeinden und übergemeindliche Organisationen beginnen ebenfalls, Mentoringprogramme zu entwickeln. Manche Gemeinden wenden schon seit Jahren Prinzipien des Mentoring an, obwohl sie diesen Begriff nicht gebrauchen. (Meistens sprechen sie von „Jüngerschaft". Ich werde an anderer Stelle einige Unterschiede zwischen Mentoring und Jüngerschaft aufzeigen). Im Bereich der *Pädagogik* gibt es zum Beispiel ein Forschungsprogramm der Universität von Yale für verschiedene Grundschulen, an dem sich freiwillig mehrere Dutzend Studenten beteiligen. Die Freiwilligen arbeiten in Teams von drei Personen. Sie gehen zweimal pro Semester in eine Klasse und geben eine einstündige praktische Vorführung in den Wissenschaftsdiziplinen. Sie helfen den Lehrern, die Vorführung in ihren Unterricht einzuplanen, und treffen die Schüler nach der Schule in einem wöchentlichen Wissenschaftsclub.

Oder im *übergemeindlichen Dienst* gibt es ein älteres Programm der Navigatoren, einer christliche Organisation, die es sich zum Ziel gesetzt hat, Jüngerschaft zu fördern. Das Programm hat seinen Namen von Kolosser 2,7, wo Paulus die Gläubigen auffordert, sie sollen „in Christus fest verwurzelt bleiben, und nur er soll das Fundament eures Lebens sein. Haltet fest an dem Glauben, den man euch lehrte, und dankt Gott für alles, was er euch geschenkt hat." Die zehn Lektionen des Programms sind eine Glaubensschulung, die Überzeugungen, Verhaltensweisen und Gewohnheiten vorstellt, die zum Ziel haben, Wachstum der Persönlichkeit und biblisches Verständnis zu fördern.

Es gibt noch viele solcher und ähnlicher formeller Mentoringprogramme, und es ist ermutigend, formale (oder organisierte) Programme wie diese zu sehen; aber es ist manchmal schwierig, sie gut anzuwenden. Das größte Problem ist oft, den Schüler mit dem richtigen Mentor zusammenzubringen.

Informelles Mentoring

Die am weitesten verbreitete Form des Mentoring ist der informelle Ansatz. Dieser wird nur selten „Mentoring" genannt und oft übersehen (oder unterschätzt). Man kann die Prinzipien des Mentoring aber überall erkennen. Zum Beispiel:

- Zwei Männer, die zusammen in einer Gruppe der Gemeinde tätig sind, trinken miteinander Kaffee. Der ältere Mann erklärt dem jüngeren, wie die Gruppe arbeitet, welche Ziele sie hat und wie sich der jüngere Mann am besten einbringen kann. Das ist eine Form informellen Mentorings.
- Ein Mechaniker lädt einen Teenager ein, ihm doch einmal dabei zu helfen, ein Auto zu reparieren. Sie arbeiten einen Tag lang am Motor eines Wagens. Der Mechaniker erklärt dem Teenager, was am Motor nicht in Ordnung ist, während dieser ihm das Werkzeug anreicht und kleinere Arbeiten unter der Aufsicht des Mechanikers verrichtet. Das ist eine Form informellen Mentorings.
- Ein Student wählt ein bestimmtes Fach, vor allem, weil er den

Professor mag, der dieses Fach unterrichtet. Er schreibt sich für alle Vorlesungen und Seminare dieses Professors ein, kommt regelmäßig in dessen Sprechstunde und beteiligt sich an besonderen Projekten, die der Professor vorschlägt. Es wird nicht offiziell verlangt, daß der Student oder der Professor diese Beziehung entwickeln, sie entfaltet sich auf natürliche Weise. Das ist eine Form informellen Mentorings.

Unterschiedliche Erwartungen

Sehen Sie die Unterschiede zwischen formellem und informellem Mentoring? Man kann nicht sagen, daß das eine oder das andere besser ist, aber es gibt unterschiedliche Erwartungen. Als Auszubildender auf einer Baustelle z.B. läßt Ihr Betrieb Sie mit einem erfahrenen Mann zusammenarbeiten. Nach einiger Zeit, je nachdem, wie gut Sie sich mit dem anderen Mann verstehen, sprechen Sie auch über persönliche Dinge, aber diese bleiben vermutlich eher Nebensache.

Treffen Sie sich dagegen mit einem Freund, müssen Sie das selbst planen, weil das kein Außenstehender für Sie tut. Aus diesem Grund hatte ich Sie im dritten Kapitel gebeten, sorgfältig über Ihre Ziele nachzudenken. Ist Ihnen klar, was Sie wollen oder brauchen, dann ist es für einen Mentor viel einfacher, Ihnen zu helfen. Er hat eine Grundlage, von der aus er beginnen kann.

Ich nehme an, daß die meisten Männer, die dieses Buch lesen, eher eine informelle Mentoringbeziehung mit jemandem aufbauen möchten. Wenn das auch bei Ihnen der Fall ist, schlage ich vor, daß Sie Ihre Erwartungen nicht zu hoch schrauben und flexibel bleiben. Offen gesagt, Sie sind wie ein Pionier in einem Gebiet, das erst noch erobert werden muß. Es gibt aber nur wenige Führer, die sich in diesem Gebiet auskennen.

Am Ende des letzten Kapitels hatte ich gesagt, daß es nicht entscheidend ist, ob die Freundschaft mit einem anderen Mann nun exakt den Namen „Mentoring“ verdient oder nicht. Pflegen Sie ihre Beziehung ruhig weiter. Sogar diejenigen, die an einem organisierten Mentoringprogramm teilnehmen, werden Ihnen sagen, daß es nicht auf das Etikett ankommt. Wichtig ist nur, daß etwas Positives geschieht, wenn ein Mann eine freundschaftliche Beziehung mit einem anderen beginnt.

Aktuelle Bedürfnisse kontra langfristige Anliegen

Eine zweite Sache, auf die Sie achten müssen, während Sie Ihr Programm zusammenstellen, ist der Unterschied zwischen unmittelbaren Bedürfnissen und langfristigen, tiefgründigen Anliegen. Es ist der Unterschied zwischen einer Krise und einem chronischen Problem.

Ein Mann kam zu mir und sagte: „Herr Professor, ich brauche Hilfe; bei mir klappt es nicht mit dem Beten." Wir verabredeten uns, einen Monat lang dreimal in der Woche zum Gebet zusammenzukommen. In den nächsten vier Wochen aber verpaßte er sechs Treffen, kam zu sechs anderen zu spät und ging dreimal früher. Schließlich fragte ich ihn: „Du, sag mal, wenn du dein Gebetsleben verbessern willst, solltest du dann nicht unsere Gebetszeiten an die erste Stelle setzen?"

„Was meinst du damit?" fragte er mich. „Das tue ich doch. Schau, ich habe sie hier in meinen Kalender geschrieben, dreimal die Woche: ‚Hendricks zum Gebet.'"

„Naja, schon", sagte ich. „Ich weiß ja, daß es in deinem Kalender steht, aber in deinem Leben spielt es offenbar keine Rolle."

Er sah mich an, als ob ich ihm eine Ohrfeige gegeben hätte. Ich sagte: „Bist du dir bewußt, daß du die Hälfte dieser Treffen verpaßt und bei den anderen früher gegangen bist? Wenn dies ein Seminar wäre, meinst du, du würdest die Prüfung bestehen?"

Dieser Mann hatte Probleme mit dem Beten, weil ein viel größeres Problem existierte, das sein ganzes Leben beeinflußte – er hatte keine Disziplin. Wenn ich dieses Problem nicht angesprochen hätte, könnten wir Jahre damit verbringen, sein Gebetsleben zu verbessern, aber am Ende wären wir keinen einzigen Schritt weitergekommen. Nein, wenn ich ihm wirklich helfen will, weiterzukommen, muß ich zwei Dinge tun: Ich muß ihm helfen, seinen grundlegenden Mangel an Selbstdisziplin zu erkennen, dann kann ich ihm auch helfen, sein Gebetsleben zu verbessern.

Zurück zu den Wurzeln

Ich will diesen Mann nicht herabsetzen, weil er Hilfe beim Beten suchte. Das ist großartig! Ich würde nicht auf Sie herabsehen, weil Sie ein bestimmtes Problem haben und Hilfe suchen; aber vergessen Sie nicht, daß das Programm, das Sie mitbringen, nur die Spitze des Eisberges ist. Es gibt meistens noch mehr Dinge, die mitschwingen – vor allem Fragen der Lebensführung.

Und das macht den Wert des Mentoring aus. Es beginnt mit den Dingen, an denen Sie arbeiten wollen, und führt Sie dann im Idealfall zu den Dingen, an denen Sie arbeiten müssen. Sie fangen vielleicht damit an, daß Sie die Bibel besser verstehen wollen, aber am Ende erkennen Sie vielleicht, daß Sie erst einmal lernen müssen, wie man richtig liest. Am Anfang möchten Sie vielleicht nur Ihre Finanzen in den Griff bekommen, aber am Ende entdecken Sie, daß Sie es nie richtig gelernt haben zu arbeiten.

Solche grundlegenden Fragen kommen meist an die Oberfläche, wenn Sie eine Beziehung mit einem Mentor aufbauen. Wenn er Sie besser kennenlernt, dann wird er Ihnen helfen, grundlegende Fragen anzusprechen, damit Sie nicht nur anstehende Probleme lösen, sondern sich dabei auch selbst verändern – hin zu einer reiferen Persönlichkeit, die Christus ähnlicher wird.

Zu hohe oder zu niedrige Erwartungen

Dieser Unterschied zwischen oberflächlichen und grundlegenden Fragen hat einen entscheidenden Einfluß darauf, wie Sie und Ihr Mentor Ihre gemeinsame Zeit verbringen. Zum einen kann es dazu führen, daß Sie Ihre Erwartungen zurückschrauben. Sie sind vielleicht ein selbstbewußter Typ, der in seiner persönlichen Entwicklung große Fortschritte machen will. Das ist großartig. Denken Sie aber daran, daß Sie dort beginnen müssen, wo Sie sich gerade befinden. Es geht nicht darum, gleich zu Beginn der Beziehung die höchsten Berge zu erklimmen. Beginnen Sie zuerst mit ein paar kleinen Hügeln, um Ihre Fähigkeiten zu testen.

Auf der anderen Seite müssen Sie Ihre Erwartungen möglicherweise etwas höher setzen. Sie beginnen die Beziehung vielleicht mit der Annahme, daß diese nur einen bestimmten Bereich Ihres Lebens beeinflussen wird. Sie glauben, daß Sie nur ein wenig Korrektur erhalten werden, aber tatsächlich brauchen Sie eine grundlegende Veränderung. Dazu ist Mentoring in der Lage, wenn es in der richtigen Weise gebraucht wird. Es kann Ihr Leben auf eine Weise verändern, die Sie sich nie hätten träumen lassen.

Ein Programm aufstellen

Früher oder später wird Sie wahrscheinlich der Mann, den Sie als Ihren Mentor ansehen, fragen: „Wie kann ich dir helfen?“ Oder aber Sie sagen zu ihm: „Du, hier brauche ich deine Hilfe.“ Wie auch immer Sie an diesen Punkt gelangen, Sie müssen ein Programm aufstellen. Sie sprechen über die Dinge, an denen Sie arbeiten wollen, und was Ihr Mentor tun kann, um Ihnen dabei zu helfen.

Wie stellt man ein solches Programm also auf? Denken Sie an die Unterschiede, über die wir gesprochen haben – zwischen formellem und informellem Mentoring und zwischen unmittelbaren und langfristigen Bedürfnissen –, und fragen Sie sich: Was möchte ich von dieser Person? Was will ich von ihr lernen? Wie kann sie mir helfen? Was soll bei unserer Beziehung herauskommen, welches Resultat?

Vergegenwärtigen Sie sich noch einmal die Antworten auf die fünf Fragen, die wir im dritten Kapitel gestellt haben, die man auch folgendermaßen formulieren kann:

1. Was will ich?
2. Welchen Preis will ich dafür zahlen?
3. Wie will ich meine Ziele erreichen?
4. Welche Persönlichkeitsstruktur habe ich?
5. Wie lerne ich?

Mit Hilfe dieser Fragen – besonders der ersten – sollte es Ihnen gelingen, die Bereiche zu finden, an denen Sie arbeiten möchten. Es ist natürlich möglich, daß Sie sogar Probleme haben, Antworten auf diese Fragen zu finden. Ist das der Fall, dann sollte an diesem Punkt die Arbeit mit Ihrem Mentor beginnen. Sagen Sie ihm, daß Sie seine Hilfe brauchen, um diese grundlegenden Fragen zu durchdenken.

Müssen Sie und Ihr Mentor in allen Einzelheiten festlegen, an was Sie arbeiten werden? Das ist vermutlich nicht notwendig. Generell gilt die Regel: Je konkreter Ihr Programm, desto konkreter muß auch Ihr Übereinkommen sein, wie Sie dieses Programm umsetzen wollen, und desto wichtiger werden die beiden letzten Fragen: Welche Persönlichkeitsstruktur habe ich, und wie lerne ich?

Die Vereinbarung

Formelle Mentoringprogramme betonen oft die Notwendigkeit, ein gegenseitig akzeptiertes Programm aufzustellen. Eine Vereinbarung ist ein solches schriftliches Abkommen, das die Erwartungen von Schüler und Mentor festschreibt.

Sie brauchen vielleicht keine Vereinbarung mit Ihrem Mentor aufzusetzen. Das ist in Ihrer Beziehung vielleicht nicht nötig. Ich empfehle Ihnen aber, je klarer Sie definieren, wohin Sie wollen und auf welchem Weg, desto schneller werden Sie in der Regel ans Ziel kommen und desto weniger Probleme werden Sie auf dem Weg dorthin haben.

Einige Vorschläge, wie Sie aktiv werden können

Ich will Sie ermutigen, so phantasievoll wie möglich zu sein, wenn Sie ein Programm für Ihre persönliches Wachstum zusammenstellen. Wer sagt, daß persönliches Wachstum langweilig sein muß? Wenn es das aber ist, dann sollten Sie sich fragen, wieviel Wachstum tatsächlich geschieht. Lassen Sie mich Ihre Phantasie und Kreativität mit ein paar Ideen beflügeln. Diese Projekte und Übungen sind natürlich keine Pflicht – es sind nur Vorschläge, die Ihnen helfen sollen, eigene Ideen zu entwickeln:

1. *Treffen Sie ihn in seiner gewohnten Umgebung.* Besuchen Sie Ihren Mentor an seinem Arbeitsplatz, zu Hause oder dort, wo er seine Freizeit verbringt. Wenn er öfter auf Reisen ist, fragen Sie, ob Sie ihn einmal begleiten können. Erleben Sie ihn einmal in „voller Aktion". Durch Beobachten können Sie vielleicht schon manches von ihm lernen, gerade wenn er in seinem Element ist.
2. *Laden Sie ihn zu sich nach Hause ein.* Zeigen Sie ihm Ihren Arbeitsplatz, Ihr Zuhause, laden Sie ihn zu einem Fußballspiel ein. Lassen Sie sich beobachten. Wenn er ein einfühlsamer Mensch ist, dann wird er Dinge bemerken, die Ihnen nie aufgefallen sind. (Die beiden ersten Aktivitäten dienen dazu, daß Sie sich gegenseitig besser kennenlernen, einige Vorlieben und Einstellungen erfahren. Dies kann Ihnen helfen, ein Fundament für Ihre Freundschaft zu legen, auf dem Sie aufbauen können, wenn Sie mehr Zeit miteinander verbracht haben.)
3. *Übernehmen Sie Verantwortung.* Stellen Sie ein Programm zusammen. Überwachen Sie ein wichtiges Geschäft. Leiten Sie eine Veranstaltung. Ob Ihr Mentor Sie nun in dieser Aktivität betreut oder nicht, lassen Sie ihn zuschauen, und dann besprechen Sie den Ablauf mit ihm, so daß er Ihren Auftritt bewerten kann.
4. *Lassen Sie ihn an einer längerfristigen Sache teilnehmen.* Wenn Sie ein Studium absolvieren, in einer Ausbildung sind, wenn

Sie selbst oder jemand in Ihrer Familie eine schwierige Krankheitszeit durchleidet, Sie umziehen müssen (irgend etwas, das einen längeren Zeitraum in Anspruch nimmt), dann ist das eine gute Gelegenheit, Ihren Mentor daran teilnehmen zu lassen. Bitten Sie ihn, daß er Ihr Verhalten während der Sache bewertet. Fragen Sie ihn zum Beispiel, was er von Ihrer Disziplin, Ihrer Willenskraft, Ihrer Fähigkeit, Probleme zu lösen, Ihrer Reaktion auf Krisen, Ihrer Fähigkeit, Leute und Situationen einzuschätzen, und Ihrem Lernstil hält.

5. *Halten Sie eine Rede oder präsentieren Sie etwas vor einem Publikum.* Danach machen Sie eine kleine „Manöverkritik" zusammen mit Ihrem Mentor.
   Dieser Vorschlag stößt vielleicht bei manchen auf Beifall, löst bei anderen aber Ängste aus. Untersuchungen verschiedener Organisationen, die sich auf Kommunikation spezialisiert haben, zeigen immer wieder, daß die größte Angst vieler Menschen darin besteht, öffentlich sprechen zu müssen.
   Warum schlage ich nun gerade das vor? Weil eines der wertvollsten Dinge, die Sie für Ihr persönliches und geistliches Wachstum tun können, die Entwicklung Ihrer Kommunikationsfähigkeit ist. Ob Sie die Gaben des Lehrens, Predigens oder andere sprachliche Stärken haben oder nicht, ist nicht so entscheidend. Früher oder später kommen Sie in eine Situation, in der Sie vor einer Gruppe sprechen müssen – wenn auch vielleicht nur vor zwei oder drei Personen. Sie müssen vielleicht eine Bibelstelle erklären oder eine wichtige Entscheidung herbeiführen. Ihr Mentor wird Ihnen einen unschätzbaren Dienst erweisen, wenn er Ihr Selbstvertrauen stärkt und Ihnen hilft, Ihre Meinung öffentlich zu äußern.
   Ich werde nie den Studenten vergessen, den ich in meiner Predigtklasse hatte. Er sollte sich zur Erklärung eines Sachverhaltes eine Illustration überlegen und dann vor der Gruppe vortragen. In der nächsten Stunde sank er in seinem Stuhl förmlich zusammen in der Hoffnung, daß ich ihn nicht aufrufen würde. Ich rief ihn aber als ersten nach vorn. „O.K., Junge, du bist dran!"

„Ich?" „Ja, du."
Zögernd bahnte er sich einen Weg nach vorne und begann. Mittendrin hielt er plötzlich inne: „Das war's, ich hab den Schluß vergessen. Kann ich mich setzen?"
„Nein", sagte ich, „du kannst dich nicht setzen. Wollen die anderen, daß er sich setzt?" Alle schüttelten den Kopf. „Tut mir leid, niemand will, daß du dich setzt."
Er fing also noch einmal von vorne an. Schließlich fiel ihm der Rest der Illustration wieder ein. Als er sich schließlich hinsetzte, applaudierte ihm die ganze Klasse, und er strahlte über das ganze Gesicht. Ich fragte ihn: „Hast du das jetzt zum ersten Mal gemacht?" „Ja, das erste Mal." „Große Klasse!" sagte ich. Ich war wirklich stolz auf ihn. Dann fragte ich ihn: „Hat es dir Spaß gemacht?" „Nein", lachte er, „es war scheußlich!" Aber er hat es doch zu Ende gebracht. Als er dann das nächste Mal vor der Gruppe stand, hatte er viel mehr Selbstvertrauen. Heute ist er einer der besten Verkündiger.
Dieser Mann war natürlich in der Ausbildung, er wollte ja Prediger werden. Er konnte also nicht wählen, ob er seine Fähigkeit, öffentlich zu sprechen, entwickeln wollte oder nicht. Das ist bei Ihnen wahrscheinlich nicht der Fall, und öffentlich sprechen zu können, ist natürlich keine Voraussetzung, um von einem Mentor betreut zu werden. Ich will Sie aber doch ermutigen, ein- oder zweimal mit Hilfe Ihres Mentors den Versuch zu machen. Etwas zu tun, vor dem man eigentlich Angst hat, ist die beste Art, um das Angstgefühl zu überwinden. Außerdem könnte diese Erfahrung Ihnen die Tür zu einer völlig anderen Welt öffnen.

6. *Verbringen Sie einen Teil Ihrer Freizeit miteinander.* Gehen Sie zu einem Fußballspiel. Gehen Sie schwimmen oder joggen. Spielen Sie Schach miteinander. Machen Sie einen Ausflug. Besuchen Sie ein Konzert. Veranstalten Sie ein Grillfest mit Ihren Frauen und Familien. Solche Gelegenheiten bieten die beste Möglichkeit, sich richtig kennenzulernen und einander näherzukommen.
7. *Beziehen Sie ihn in eine wichtige Entscheidung mit ein, die Sie*

treffen müssen. Wollen Sie ein Haus oder ein Auto kaufen? Wollen Sie eine Lebensversicherung abschließen? Versuchen Sie, eine gute Schule für Ihre Kinder zu finden? Wechseln Sie die Arbeitsstelle? Übernehmen Sie eine neue Aufgabe in Ihrer Gemeinde? Für Entscheidungen wie diese braucht man Weisheit. Ihr Mentor kann Ihnen mit seiner Weisheit helfen.
Denken Sie daran, daß Entscheidungen immer wertorientiert sind. Sie enthüllen das, was Ihnen wirklich wichtig ist. Wenn Sie also Ihrem Mentor erlauben, mit Ihnen solche Dinge zu überdenken, dann treten Ihre grundlegenden Überzeugungen und Bindungen – positiv oder negativ – ans Licht, und es ergibt sich die Gelegenheit für Einsicht und Wachstum. *Sie* müssen die Entscheidung treffen, aber Ihr Mentor kann Ihnen dabei helfen, eine überlegte Entscheidung zu treffen.

8. *Beten Sie miteinander.* Ich würde gerne annehmen, daß das eigentlich selbstverständlich sein sollte, aber das ist nicht immer der Fall. Männer arbeiten und spielen zusammen, aber sie beten nicht immer miteinander. Ich will Sie herausfordern: Bitten Sie Ihren Mentor, mit Ihnen zu beten. Es sind nicht die Worte, auf die es ankommt, sondern die Anbetung, das Lob Gottes ist entscheidend. Das schöne am Gebet ist, daß es das Innerste des Herzens freilegt. Ich kann Ihnen sagen, daß ich manchmal mehr über einen Mann durch seine Gebete lerne als durch irgendeine andere Sache. Beten Männer miteinander, dann schweißt sie das zusammen.

Jeder kann das

Seien Sie ehrlich – habe ich etwas vorgeschlagen, das Sie nicht tun können? Wahrscheinlich nicht. Die meisten Männer sollten keine Probleme haben, diese Ideen in die Tat umzusetzten. Ich will damit sagen, daß der Prozeß persönlicher Entwicklung nicht hochkompliziert oder schmerzlich sein muß. Es sollte ein Abenteuer sein – buchstäblich das Abenteuer Ihres Lebens! Warum fangen Sie nicht sofort damit an?

9. Achtung, Männer an der Arbeit!

Michael ließ den Kopf hängen, als er mit seinem Schulfreund Simon im Auto saß.

„Los, komm, wir essen 'nen Hamburger", sagte Simon und zeigte auf ein Restaurant ganz in der Nähe.

„Ich habe keinen Hunger", murmelte Michael. Er machte keine Anstalten, die Tür zu öffnen.

„Komm, er ist weg, und damit hat es sich", erwiderte Simon und klang schon etwas ungeduldig.

„Ja, ich weiß." Michael schüttelte den Kopf. „Ich weiß, aber das ist ja das Problem: Er ist weg. Er kommt nicht wieder, und das schlimmste ist, er hat noch nicht einmal ‚Auf Wiedersehen' gesagt!"

Seine Stimme klang bitter, und er starrte aus dem Fenster, als ob sich die Welt mit einem Schlag verändert hätte. „Du verbringst deine ganze Zeit mit jemandem", fuhr er fort, „und dann, eines Tages – puff! – ist er verschwunden."

Michael imitierte die Stimme des andern. „‚Wir sind Brüder, Michael, du und ich, wir sind Brüder im Herrn.' ‚Ich bin immer für dich da, Junge.' ‚Du kannst dich auf mich verlassen.' Ha!"

Michael schüttelte immer noch den Kopf. „Was für eine Gemeinheit!" Schließlich seufzte er und öffnete die Tür. Als er ausstieg, murmelte er: „Na, das ist das letzte Mal, daß ich einem von diesen blödsinnigen Jugendleitern vertraue!"

Warnung: Gefährliche Wegstrecke!

Diese wahre Geschichte ist tragisch – aber leider sehr häufig. Ein enthusiastischer junger Mann voller Energie leitet eine Jugendgruppe in einer Gemeinde. Er verwendet alle seine Zeit und Energie für die Arbeit mit den Jugendlichen, feuert sie an, fordert sie zum Glauben heraus, ermutigt sie in ihren Freundschaften, hilft ihnen mit ihren Problemen – bis sie denken, er ist der Größte.

Unerfahren, wie sie sind, schenken sie ihm ihr Vertrauen. Sie glauben ihm alles, was er sagt. In ihren Augen ist er derjenige, der zeigt, wo's langgeht.

Dann ist er eines Tages plötzlich weg. Vielleicht wurde er versetzt, vielleicht hat er sein Studium beendet, vielleicht heiratet er und zieht an einen anderen Ort. In jedem Fall macht er aber einen katastrophalen Fehler: Er vergißt, seine Beziehungen richtig zu beenden. Er geht und hinterläßt eine riesengroße Lücke in den Herzen seiner Teenager. Für manche von ihnen, wie Michael, sind das schlechte Nachrichten. Sie werden es nie vergessen, daß ihr Vorbild weggegangen ist und sich noch nicht einmal richtig verabschiedet hat. Ich habe das sehr oft beobachtet.

Erfahrungen wie diese lassen Mentoring oft in einem schlechten Licht erscheinen. „Bleib mir mit diesem Beziehungskram vom Leibe", sagte jemand, als ich Männer dazu aufforderte, lebendige Beziehungen zu leben. „Komm, ich hab das alles schon mitgemacht! Ich hab's einmal probiert, und es war nichts. Klingt gut, aber es läuft nicht. Die Leute lassen dich im Stich. Das tue ich mir echt nicht mehr an, also laß mich da raus!"

Wenn ich diese Enttäuschung höre, dann möchte ich am liebsten vor jeder Freundschaft, die neu begonnen wird, ein großes Schild aufstellen: „Achtung, Bauarbeiten!" Sie wissen ja, wie eine Baustelle aussieht, nicht wahr? Ziemlich dreckig, lauter Schmutz und Geröll. Beziehungen können auch so aussehen. Warum? Weil wir alle noch im Bau sind – Sie und Ihr Mentor eingeschlossen. Keiner von uns wird hier auf der Erde ganz perfekt sein. Wenn wir also miteinander umgehen, dann können unsere durch den Rohbau bedingten Mängel für andere ein Problem darstellen. Deswegen gehen wir am besten vorsichtig voran.

Nachdem ich also eben den Nutzen von Mentoringbeziehungen beschrieben habe, lassen Sie mich nun ein paar Warnungen für mögliche Fehlschläge nennen – ein paar Hindernisse, die man überwinden muß, und ein paar Fallgruben, die man vermeiden sollte. Wenn Sie diese problematischen Punkte vorher kennen, haben Sie größere Chancen, mit Ihrem Mentor positive und hilfreiche Erfahrungen zu machen. Haben Sie schon einen Mentor, dann beachten Sie die folgenden Schwierigkeiten, und überlegen Sie, ob die gemachten Vorschläge Ihre Beziehung verbessern könnten.

Unrealistische Erwartungen

Unrealistische Erwartungen kann es auf beiden Seiten geben. Sie können mehr von Ihrem Mentor erwarten, als er Ihnen geben kann, und er könnte mehr von Ihnen erwarten, als Sie zu tun imstande sind.

Wie unrealistische Erwartungen viele Männer vor der Rolle als Mentor zurückschrecken lassen, so können sie auch eine Mentoringbeziehung lahmlegen. Jemand kam zu mir und berichtet, daß er nun ein Jahr lang eine Freundschaft mit einem anderen Mann pflegt. Da sie sich aber mindestens einmal pro Woche treffen und mehrmals miteinander telefonieren, sei ihm die Sache mittlerweile über den Kopf gewachsen. Er hätte nicht gedacht, daß der andere ihn so beim Wort nimmt, als er ihm anbot, immer für ihn dazusein.

Dieser Mann und sein Schüler haben eine unrealistische Sicht der Dinge. Wenn sie ihre Beziehung vor dem endgültigen Zusammenbruch bewahren wollen, dann müssen sie ein paar drastische Veränderungen vornehmen. Sie müssen weniger Zeit miteinander verbringen, sich seltener treffen und ihre Ziele deutlicher definieren. Sie müssen auch erkennen, daß der Sinn des Mentoring nicht darin besteht, daß der Mentor seinem Schüler alles abnimmt, sondern ihm hilft, alleine zu gehen.

Das verrückte an Erwartungen ist, sie sind heimtückisch. Man ist sich nicht bewußt, daß man sie überhaupt hat – bis sie nicht erfüllt werden. Dann fühlt man sich plötzlich ausgenutzt. Trotzdem ist es für Sie wie für Ihren Mentor unmöglich, eine Beziehung aufzubauen, ohne wenigstens einige Erwartungen mitzubringen. Manche sind Ihnen bewußt, und Sie können darüber miteinander sprechen. Wenn Sie das tun, dann ist es möglich, darauf einzugehen und zusammen zu überlegen, ob diese Erwartungen realistisch sind. Andere Erwartungen sind Ihnen aber nicht bewußt, und früher oder später ist einer oder sind beide von Ihnen enttäuscht. Empfinden Sie so Ihrem Mentor gegenüber, dann müssen Sie innehalten und ein paar klärende Fragen stellen:

- Was habe ich erwartet, das nicht eintrat?
- Worauf habe ich diese Erwartungen zu Anfang gegründet? Woher kamen sie?
- Habe ich meinem Mentor je gesagt, was ich möchte? Hat er gesagt, daß er dies tun würde?
- Was erhoffe ich mir allgemein von dieser Beziehung? Ist diese Hoffnung realistisch? Kann mir irgendeine Beziehung geben, was ich möchte, oder erwarte ich zuviel?

Um Enttäuschungen zu vermeiden, ist es gut, soviel wie möglich von vornherein zu klären. Deshalb sprachen wir im vorhergehenden Kapitel davon, daß man ein Programm aufstellen sollte. Wenn Sie beide solch eine Vereinbarung treffen, vor allem was Ziele und Häufigkeit Ihrer Treffen angeht, dann werden Ihre Erwartungen in dieser Beziehung später nicht enttäuscht.

Unerfüllte Erwartungen

Selbst wenn Ihre Erwartungen realistisch sind und Sie sich beide darauf geeinigt haben, müssen Sie früher oder später mit einer Enttäuschung rechnen. Wie perfekt auch immer Ihr Mentor erscheinen mag, irgendwann einmal wird er Sie enttäuschen. Er wird eine Verabredung nicht einhalten, nicht anrufen, obwohl er es versprochen hatte, einen Bericht, den Sie ihm zu lesen gaben, vergessen oder Ihnen bei einer Entscheidung viel weniger zur Seite stehen als Sie gehofft hatten.

Vor ein paar Jahren waren wir mit unserer Familie beim Essen, als das Telefon klingelte. Meine Frau Jeanne nahm den Hörer ab, und ich hörte, daß sie dem Anrufer sagte, daß wir gerade beim Essen seien. Einen Augenblick später kam sie mit einem seltsamen

Gesichtsausdruck an den Tisch: „Es ist Wendell Johnstone. Ich glaube, du gehst besser dran."

Ich nahm den Hörer und meldete mich: „Hallo, Wendell."

„Wie geht's, Howard?" fragte er.

„Prima. Um was geht's?"

„Naja, ich will dir dein Abendessen nicht verderben, aber ich hab ein Problem."

„Wendell, du weißt doch, ich tue alles, um dir zu helfen", sagte ich.

„Na, ich weiß nicht, ob du das im Moment kannst", antwortete er. „Ich bin sitze fast sechzig Kilometer entfernt in einem Saal mit ein paar hundert Leuten, die darauf warten, daß du zu ihnen sprichst."

Ich hatte es schlicht und ergreifend vergessen! Vor Monaten hatte ich Wendell zugesagt, dann nicht mehr in den Kalender gesehen, und nun hatte ich meinen guten Freund im Stich gelassen. Natürlich hatte ich das nicht absichtlich getan, aber aus meiner Sicht war es unverzeihlich. In dem Moment konnte ich aber nichts tun, außer mich zu entschuldigen und mich ziemlich mies zu fühlen. (Glücklicherweise können Wendell und ich heute herzlich über dieses Ungeschick lachen.)

Ihr Mentor ist auch nur ein Mensch (genau wie Sie). Je länger Sie ihn kennen, desto größer ist die Wahrscheinlichkeit, daß Sie auch seine Fehler bemerken. Er geht Verpflichtungen ein, die er nicht erfüllen kann. Er verspricht Ihnen vielleicht Dinge, die er dann nicht hält. Er verletzt vielleicht einige der Prinzipien, die er selbst aufgestellt hat. Lassen Sie sich davon nicht unterkriegen.

Entschuldigen Sie es aber auch nicht. Wenn er das, worauf Sie sich beide geeinigt haben, nicht einhält, dann müssen Sie mutig sein: Sie müssen ihn darauf aufmerksam machen, nicht verärgert, aber geradeheraus.

Das schöne am Mentoring ist, daß Sie jemanden haben, zu dem Sie aufsehen können; aber die Gefahr besteht – und ist letztlich unvermeidlich –, daß die Person, von der Sie so viel halten, Sie enttäuschen wird. Wenn das passiert, gehen Sie in Liebe damit um, und machen Sie dann weiter.

Ein Mentor begeht Fehler

Schließlich kann ein Mentor genauso versagen wie Sie. Was können Sie tun, wenn er sich schuldig macht?

Auf die Frage gibt es keine einfachen Antworten, jeder Fall ist einzigartig. Es gibt aber ein paar generelle Prinzipien. Eins davon ist: Beten Sie. Beten Sie für Ihren Mentor, daß Gott ihn zur Umkehr bringt, beten Sie um Vergebung und Erneuerung in seinem Leben. Beten Sie auch für sich selbst um Weisheit, Einfühlungsvermögen und Erkenntnis. Beten Sie auch um Geduld, daß Gott Sie davor bewahrt, vorschnell zu reagieren, anstatt auf ihn einzugehen. Und beten Sie um Gnade, damit Sie ihm vergeben können.

Manchmal kann es auch hilfreich sein, das Programm, das Sie miteinander entworfen haben, erst einmal auf Eis zu legen. Ich will damit nicht sagen, daß Sie die Beziehung abbrechen sollen, aber wenn Ihr Mentor selbst große Probleme hat, welche Hilfe kann er Ihnen geben?

Mein dritter Rat ist: Lernen Sie aus seinem Versagen. Ich kenne Männer, deren Vorbilder vor ihren Augen versagten, und (Sie staunen vielleicht) das war das Beste, was ihnen je passieren konnte. Sie hatten diese Personen auf ein so hohes Podest gestellt, daß nur ein schlimmer Fall ihre verzerrte Perspektive korrigieren und ihren Blick wieder zurück auf Christus richten konnte. Das war eine harte Lektion, aber sie lernten ein für allemal: Niemand ist unfehlbar.

Vom Versagen eines anderen lernen, heißt, die Aufmerksamkeit auf meine eigene Verletzlichkeit auf diesem Gebiet zu lenken (siehe Galater 6,1). Sie müssen sich aber auch davor hüten, vom Glauben oder dem Mentoring enttäuscht zu werden. Wenn Ihr Mentor einen Fehler begangen hat, dann ist das schlimm, aber sein Fehltritt macht Gottes Wort oder den Wert echter Beziehungen nicht ungültig. Er unterstreicht im Gegenteil die Notwendigkeit, daß Männer eng bei Gott bleiben und anderen Männern gegenüber Rechenschaft ablegen.

Probleme mit der Kontrolle

Mentoring hat mit Einfluß zu tun – ein Mann beeinflußt den anderen. Einfluß ist aber ganz klar mit Macht verbunden. Wenn ich Sie beeinflusse, dann kann ich das nur tun, weil Sie mir die Macht geben, Sie zu beeinflussen. Wenn Sie jemanden zum Mentor nehmen, dann geben Sie ihm die Macht, Ihr Leben mitzubestimmen.

Sehen Sie die Gefahr in diesem Verhältnis? Solange Ihr Mentor Ihre Souveränität als Person respektiert und die christliche Haltung eines dienenden Leiters einnimmt, ist das in Ordnung. Was geschieht aber, wenn er die Kontrolle über Ihr Leben an sich reißt und Sie dazu benutzt, sein eigenes Programm zu verwirklichen? Was passiert, wenn Sie die Verantwortung abgeben und eine Marionette in seiner Hand werden?

Dieses Problem hat Mentoring und den ihm verwandten Begriff der Jüngerschaft für manche in Verruf gebracht. „Ich will nicht, daß jemand anderes mein Leben in die Hand nimmt!“ sagen einige Leute. „Ich habe keine Lust, ein Spielzeug für jemanden wie Jim Jones oder David Koresh* zu werden.“

Das ist vollkommen richtig. Wir wollen bestimmt keine weiteren Tragödien dieser Art. Es gibt nur einen Herrn – Jesus Christus. Er ist die einzige Person, der wir die völlige Kontrolle über unser Leben einräumen sollten. Einem anderen diese Autorität zu geben, ist geistlicher Ehebruch.

Wir können aber nicht der Tatsache ausweichen, daß wir uns von anderen beeinflussen und formen lassen müssen. „Denkt an die Leiter“, sagt der Schreiber des Hebräerbriefes, indem er sich auf die Leiter im Glauben bezieht. „Vergeßt nicht, wie sie Gott bis zu ihrem Lebensende die Treue gehalten haben. Nehmt euch ihren Glauben zum Vorbild ... Hört auf die Leiter eurer Gemeinde und folgt ihrem Rat. Sie müssen einmal Rechenschaft ablegen, denn sie sind für euch verantwortlich. Macht ihnen das nicht zu schwer; sie sollen doch ihre Aufgabe mit Freuden tun und nicht als be-

* Zwei fanatische religiöse Anführer, die ihre Anhänger mit in den Tod rissen.

drückende Last empfinden. Dies würde euch nur selbst schaden" (Hebräer 13,7.17). Das ist eindeutig: Gott will, daß wir uns der geistlichen Autorität christlicher Leiter unterstellen – zu unserem Besten.

Wie können wir das tun, ohne ihnen zuviel Autorität einzuräumen? Die Antwort auf diese Frage ist bereits ein großer Teil des Lernprozesses. Wenn Jungen zu Männern heranwachsen, müssen sie ihre eigenen Grenzen erkennen und lernen, sich zu schützen. Dies geschieht durch Erfahrung – oft in einer harten Schule. Lassen Sie mich aber ein paar Prinzipien nennen, die Ihnen helfen können.

Keine uneingeschränkten Verpflichtungen

Zunächst einmal sollte alle Autorität, die Sie jemand anderem geben, *begrenzt* und *zeitlich eingeschränkt* sein. Vor vielen Jahren ging ich zu einem befreundeten Arzt, da ich Schmerzen in der Seite hatte. Er untersuchte mich und sagte: „Hendricks, du hast eine ganze Steinsammlung in deiner Gallenblase. Das muß operiert werden."

Ich ging also ins Krankenhaus. Bevor die Operation begann, mußte ich ein Dokument unterschreiben, mit dem ich dem Chirurgen die Erlaubnis gab, mich zu operieren. Ich gab damit aber nicht mein Leben aus der Hand. Ich erlaubte lediglich dem Pflegepersonal, mich für zwei oder drei Stunden zu betäuben, um die Operation durchzuführen. Die Erlaubnis war also begrenzt.

Wenn Sie sich der Autorität eines anderen Mannes unterstellen, dann konzentrieren Sie sich in ähnlicher Weise für eine bestimmte Zeit auf einige festgesetzte Ziele. Ich ermutige meine Studenten am Seminar, das gleiche zu tun. Ich selbst könnte ihnen alle möglichen Dinge nennen, an denen sie arbeiten sollten. Ich sehe aber zu, daß sie sich während ihrer Ausbildungszeit nur auf ein paar Hauptgebiete konzentrieren. Nachdem sie ihren Abschluß geschafft haben, bleibt ihnen noch eine Menge Arbeit, aber sie haben hoffentlich auch ein paar wichtige Dinge erreicht.

Aus der Sicht des Außenstehenden

Ein zweites Prinzip können wir aus der Beziehung zwischen Paulus und Timotheus ableiten. Erinnern Sie sich an den Auftrag, den der Apostel seinem jungen Schüler gegeben hatte? „Was du von mir in Gegenwart vieler Zeugen gehört hast, das gib jetzt an zuverlässige Christen weiter, die fähig sind, auch andere im Glauben zu unterweisen" (2. Timotheus 2, 2).

Haben Sie schon einmal die Umstände bemerkt, unter denen Paulus Timotheus diese Anweisung gab? *In Gegenwart vieler Zeugen.* Mit anderen Worten: Paulus und Timotheus trafen sich nicht heimlich, sondern in Gegenwart anderer Leute, die beobachteten, was gesagt und getan wurde.

Andere Leute können unsere beste Verteidigung gegen jemanden sein, der zuviel Kontrolle über unser Leben gewinnt. Das ist einer der Gründe, warum ich empfehle, daß Mentoring zugleich in Gruppen *und* unter vier Augen stattfinden sollte. Es ist viel schwerer für einen zu dominanten Mentor, seinen Willen einer Gruppe aufzuzwingen als einem einzelnen.

Zögern Sie nie zu prüfen, was Ihr Mentor tut oder sagt, indem Sie andere vertrauenswürdige Menschen um Rat fragen. Wenn Sie Zweifel daran haben, daß in Ihrer Beziehung alles in Ordnung ist, dann bitten Sie jemanden, dessen Urteil Sie vertrauen, um Rat.

Lassen Sie mich noch hinzufügen, daß Sie alles, was Sie hören – von Ihrem Mentor oder jemand anderem –, mit den Aussagen der Bibel vergleichen sollten. Was nicht mit den Aussagen der Bibel übereinstimmt, sollten Sie auch nicht annehmen, egal, wie gut es sich auch anhören mag.

Um wessen Leben geht es hier?

Schließlich noch ein letzter Weg, um herauszufinden, ob Ihr Mentor zuviel Kontrolle über Sie ausübt: Stellen Sie sich einmal die Frage, *ob Sie die Kontrolle übernehmen können, wann immer*

Sie das wünschen. Wenn Sie das können, ist alles in Ordnung; wenn nicht, dann sollten Sie die Beziehung neu überdenken.

Als mein Sohn Bill im College war, hatte er einen Freund, der einer christlichen Gruppe angehörte. Diese Gruppe wollte in den Ferien eine evangelistische Veranstaltung organisieren. Als die Ferien näherrückten, fragte Bill seinen Freund, ob er mitmachen würde.

Dieser erzählte ihm, daß er lieber nach Hause fahren würde, da in seiner Familie ein ernsthaftes Problem aufgetaucht sei. Aber der Leiter der Gruppe würde ihn drängen, hierzubleiben und mitzumachen.

„Er (der Leiter) sagt, daß sei so etwas wie ein Test für meinen Glauben“, sagte Bills Freund. „Wenn ich nach Hause gehe, ist es, als sei mir meine Familie wichtiger als Jesus.“

Hier wurde massiv Druck auf einen jungen Mann ausgeübt, der praktisch seine Freiheit verloren hatte. Er konnte nicht mehr seine eigenen Prioritäten setzen und seine eigenen Pläne machen. Sie wurden für ihn gemacht.

Die vielleicht beste Art, solche Probleme zu vermeiden, ist es, sich ein umfassendes Bild von Ihrem zukünftigen Mentor zu machen, *bevor* Sie die Beziehung beginnen. Beobachten Sie, ob er Leute ermutigt, Dinge selbständig zu tun. Kommen seine Schüler voran? Oder treten sie auf der Stelle?

Die Personen, die meiner Erfahrung nach die größten Probleme mit der Einflußnahme haben, sind diejenigen, die keine Verantwortung für ihre eigene Entwicklung übernehmen. Als Paulus zu den Christen in Korinth sagte: „Folgt meinem Beispiel, so wie ich Christus folge“ (1. Korinther 11,1), war er wie ein Scheinwerfer auf dem Weg des Glaubens, so daß die Korinther wußten, wo es lang ging. Manche von uns gehen aber nicht selber, sie wünschen sich jemanden, der sie trägt. Wir wollen weniger folgen als vielmehr geleitet werden. So werden wir aber nie wachsen und weiterkommen.

Nehmen Sie Ihr Leben in die Hand

Einer meiner Lieblingsplätze ist ein Rüstzentrum in Colorado Springs, das von den Navigatoren geleitet wird. An den Osthängen der Rocky Mountains gelegen, von großartigen Felsen aus rötlichem Sandstein umgeben, ist das Zentrum in einem Tal versteckt. Wenn man weiß, wo, kann man auf einem der Felsen ein Adlernest erkennen, mehrere hundert Fuß über dem Boden der Schlucht.

Wenn die Jungen geschlüpft sind, schwebt der männliche Adler den ganzen Tag über dem Gebiet und sucht Futter, während die Mutter die Küken hütet. So geht das Wochen und Monate, bis die jungen Adler eine bestimmte Größe erreicht haben. Eines Tages steckt die Mutter dann ihren Schnabel auf scheinbar grausame Weise unter eines ihrer trägen Kinder und wirft es aus dem Nest.

Das Kleine fällt, während der Vater über ihm schwebt und es anschreit, vielleicht in der Hoffnung, es so zu erschrecken, daß es reagiert – als ob es nicht schon verängstigt genug wäre. Endlich breitet es seine winzigen Flügel aus und beginnt zu schweben, ohne wirklich zu wissen, was es tut. Damit entgeht der kleine Vogel dem Tod, indem er eine Fähigkeit erlangt, die er den Rest seines Lebens braucht.

Manche, die dieses Kapitel lesen, sind auch im freien Fall begriffen. Sie sind auf scheinbar grausame und unfaire Weise aus dem Nest geworfen worden. Das war aber der einzige Weg für sie. Irgendwann müssen sie ihr eigenes Leben leben, und wenn sie nicht die Verantwortung übernehmen und fliegen, prallen sie auf den Felsen – ein Opfer ihrer eigenen Untätigkeit.

Ihr Leben selbst in die Hand zu nehmen, ist so wichtig und unabdingbar für effektives Mentoring, daß ich diesem Thema zum Abschluß des ersten Teils ein letztes Kapitel widmen möchte.

10. Übernehmen Sie Verantwortung

Als unsere Familie noch ziemlich jung war, hatten wir ein kleines Ritual, und unsere Kinder bettelten immer, es so oft wie möglich zu wiederholen. Wir gingen in den Flur und stellten sie nacheinander mit dem Rücken an die Badezimmertür. Dann legten wir ihnen ein Lineal auf den Kopf und machten einen Strich an die Tür. Daneben schrieben wir dann das Datum und ihre Größe. Auf diese Weise entwickelten wir eine Art Wachsttumstabelle. Die Kinder bettelten immer darum, wieder gemessen zu werden.

Eines Tages, als ich auf eine Reise ging, sagte mir Bev, unsere zweitälteste Tochter, daß sie wachsen wollte, während ich fort war. (Wir hatten erst vor kurzem ihre Größe gemessen.)

Als ich dann wieder in Dallas ankam und aus dem Flugzeug stieg, rannte Bev auf mich zu mit der aufregenden Nachricht: „Papa, Papa! Komm schnell nach Hause! Du mußt sehen, wie ich gewachsen bin!"

Sobald ich zu Hause war, holten wir das Lineal hervor und gingen an unsere Tabelle, um sie zu messen. Der Unterschied zwischen der alten und der neuen Linie war nicht mehr als ein oder zwei Millimeter, aber sie sprang auf und ab und rief: „Siehst du, Papa, siehst du! Ich hab's dir ja gesagt! Ich *bin* gewachsen!"

Später am selben Tag unterhielten wir uns im Wohnzimmer. Sie stellte mir eine dieser Fragen, von denen man sich wünscht, daß sie den Kindern bloß nicht einfallen: „Papa, warum wachsen Erwachsene nicht mehr?"

Ich weiß nicht mehr, was ich ihr gesagt habe, aber ich bin sicher, es war etwas Oberflächliches. Als ich dann wieder allein war, ließ Gott mich über diese Frage nachdenken. *Warum* wachsen Erwachsene nicht mehr? Gibt es eine Möglichkeit, sie aufs neue wachsen zu lassen?

Haben diese Fragen etwas mit Mentoring zu tun? Ich hatte ja gesagt, daß ein Mentor jemand ist, der Ihnen hilft zu wachsen und Ihre Lebensziele zu verwirklichen. Ist es daher vielleicht möglich, daß die weitverbreitete Enttäuschung vieler Männer über ihr persönliches und geistliches Wachstum in irgendeiner Weise mit dem

Fehlen von Mentoringbeziehungen zusammenhängt? Ich bin davon überzeugt.

Mentoren – der Schlüssel zum Wachstum

Fühlen Sie sich in Ihrem Wachstum und Ihrer Entwicklung gehemmt? Wenn Sie sich vor eine solche Wachstumstabelle stellen müßten, wäre da ein Abstand zwischen heute und vor sechs Monaten? Vor einem Jahr? Vor fünf Jahren? Vor zehn Jahren oder mehr?

Sind die Fortschritte nur winzig, dann sollten Sie beginnen, nach einem Mentor Ausschau zu halten. Ein Mentor kann eine wichtige Hilfe für Ihr Wachstum sein – geistlich, persönlich und im Beruf. Solch eine Beziehung wird zwar nicht automatisch Ihr Leben verändern, aber sie ist das beste Mittel dazu. Mentoring ist eine der besten Gaben Gottes, um seine Kinder zur Reife zu bringen. Lassen Sie mich zeigen, wie das geschieht.

Der Wachstumsprozeß

Die Bibel sagt, daß es das Ziel eines Christen ist, *Jesus ähnlicher zu werden.* Jesus sagte seinen Jüngern: „Ein Schüler kann nur so viel wissen wie sein Lehrer. Wenn er alles von ihm gelernt hat, wird er doch nur so klug wie der Lehrer sein“ (Lukas 6,40). Mit anderen Worten: Wenn wir Jesus nachfolgen, dann werden wir ihm immer ähnlicher werden.

In gleicher Weise spricht Paulus davon, daß wir dazu bestimmt sind, Jesus ähnlicher zu werden (Römer 8,29). Das Ziel der Kirche sollte es sein, uns dabei zu helfen, daß wir zu „mündigen Christen heranreifen, zu einer Gemeinde, in der Christus mit der ganzen Fülle seiner Gaben wirken kann“ (Epheser 4,13). Unser höchstes Ziel ist es also, Jesus ähnlicher zu werden.

Beachten Sie aber bitte: Jesus ähnlich zu sein, hat mehr als nur „geistliche“ Aspekte, es schließt unser ganzes Leben mit ein. Jesus ist der Herr über *alles* (Kolosser 1,15.17), darum möchte er auch, daß wir ihm in *allen* Bereichen unseres Lebens ähnlicher werden – auf intellektuellem, körperlichem, sozialem, emotionalem und auch auf geistlichem Gebiet. Ist das Ihr Ziel – Jesus in jeder Beziehung ähnlicher zu werden?

Wenn das so ist, dann müssen Sie wissen, daß die Bibel von einem Wachstumsprozeß spricht, den wir durchlaufen müssen, wenn wir Jesus ähnlicher werden wollen. Wir erreichen unser Ziel nicht über Nacht. Wir sollen reifen, unsere gottgegebenen Fähigkeiten ausbauen – *alle,* nicht nur die geistigen.

Dieses Prinzip kam großartig im Leben einer lieben Freundin zur Geltung, die vor kurzem im Alter von 86 Jahren heimgegangen ist. Als ich sie zum letzten Mal sah, kam sie auf einer Weihnachtsfeier zu mir und sagte: „Nun, Hendricks, ich habe dich lange nicht gesehen. Welches sind die fünf besten Bücher, die du kürzlich gelesen hast?"

Unnötig zu erwähnen, daß sie eine Meisterin darin war, einen auf Trab zu halten. Sie lebte nach dem Motto: „Wir können doch hier nicht so rumsitzen und uns langweilen! Laßt uns diskutieren, und wenn wir nichts haben, über das wir diskutieren können, dann laßt uns streiten!"

Sie starb im Haus ihrer Tochter. Als ich hinfuhr, um die Familie zu besuchen, sagte mir die Tochter, daß sich meine Freundin noch am Abend ihres Todes an den Schreibtisch gesetzt und ihre Ziele für die nächsten zehn Jahre aufgeschrieben hatte.

Ich finde das einfach toll! Diese Frau hatte erkannt, daß es im Leben immer um Wachstum geht. Sobald Sie aufhören zu wachsen, fangen Sie an zu sterben. Sie hörte niemals auf zu wachsen. Sie kam erst zum Stillstand, als ihr Körper nicht mehr mitmachte.

Petrus' letzte Weisung an seine Leser lautete: „Ich wünsche euch vielmehr, daß ihr in euerm Leben immer mehr die unverdiente Liebe und Gnade unseres Herrn und Retters Jesus Christus erfahrt und ihn immer besser kennenlernt" (2. Petrus 3,18). Die Frage ist also: Wollen Sie sich verändern und wachsen?

Wachstumsstadien

Wenn Sie dazu bereit sind, dann müssen Sie wissen, daß die Bibel auf dem Weg, Jesus ähnlicher zu werden, von Stadien des Wachstums spricht. Der erste Brief des Johannes (2,12-14) zählt drei Kategorien von Gläubigen auf: Kinder, junge Männer und Väter. Diese Beschreibungen entsprechen den drei Stadien des biologischen Wachstums: Kindheit, Jugend und Erwachsensein.

Jede dieser Perioden ist durch bestimmte Phasen der Entwicklung geprägt. Ein Kind ist zum Beispiel damit beschäftigt, grundlegende Fähigkeiten zu erwerben, wie Sprechen und Laufen. Ein Jugendlicher strebt nach Unabhängigkeit. Er will sich mit der Welt auseinandersetzen und eigene Entscheidungen treffen. Ein Erwachsener bemüht sich darum, einen Sinn im Leben zu finden, im Beruf oder in der Familie. Der Apostel Johannes geht also davon aus, daß ein Christ auf ähnliche Weise solche Entwicklungsphasen durchläuft, in denen er sich auf ganz bestimmte Dinge konzentriert.

Ich lade Sie ein, die Zusammenfassung des Johannes zu lesen und sich dann selbst zu fragen: „In welchem Stadium bin ich?“

Ich nehme an, daß die meisten christlichen Männer sich heutzutage entweder im Stadium der Kindheit oder der Jugend befinden. Nur wenige erreichen jemals, geistlich gesprochen, das Erwachsenenalter. Warum ist das so? Ein Grund liegt sicher in dem grundlegenden Mißverständnis, wie Wachstum eigentlich vor sich geht.

Mentoring – eine vergessene Kunst

Zur Zeit des Neuen Testaments und der Urgemeinde wurden Jungen zu Männern durch die Beziehungen, die sie mit älteren Männern hatten. Sie können das Mentoring, Lehren, Erziehen oder wie auch immer nennen – die Lektionen des Lebens wurden durch Lebensbeziehungen erlernt. Dies scheint durch die ganze Bibel hindurch das Modell für persönliches Wachstum zu sein (siehe: Mentoringbeziehungen in der Bibel, S. 167-168).

Diese Mentoringbeziehungen gab es nicht nur im Umfeld der Christen, sondern überall in der damaligen Gesellschaft. Bis vor ungefähr hundert Jahren konnte man dieses Modell auch noch bei uns finden. Mit der industriellen Revolution begann sich auch die Art des Lehrens und Lernens zu verändern.

Lehren geschieht heute durch Unterricht, und Prüfen bedeutet, daß ein Schüler soviel Information wie möglich in seinem Kopf speichert, um sie dann während der Prüfung auf ein Stück Papier zu bringen.

Ich werde nie den Studenten vergessen, den ich auf dem Weg zu seiner Prüfung traf. Ich wollte ein Gespräch beginnen, aber er sagte: „Fassen Sie mich nicht an, Herr Professor! Sonst vergesse ich noch alles, was ich gelernt habe!"

Das ist keine Erziehung. Trotzdem verwechseln wir oft Bibelkenntnis mit Spiritualität.

Als ich am Wheaton College war, arbeitete ich als Jugendleiter in einer Gemeinde. Wir hatten in einer Klasse einen Jungen, der 600 Bibelverse auswendiggelernt hatte, Wort für Wort! Er war unglaublich. Sie konnten ihm jede beliebige Stelle nennen, und er zitierte den Vers.

Eines Tages erfuhr ich, daß jemand Geld aus einer Sammelkasse gestohlen hatte. Ich ernannte mich selbst zur Untersuchungskommission, und – Sie haben es schon erraten – unser 600-Verse-Freund war der Schuldige. Ich ertappte ihn auf frischer Tat.

Ich nahm ihn also mit in mein Büro und sprach mit ihm über seine Tat. Ich zitierte sogar einen Vers aus der Bibel, um meine Worte zu unterstreichen – er sagte mir aber nur, daß ich den Vers falsch zitiert hätte.

Schließlich fragte ich ihn: „Siehst du irgendeinen Zusammenhang zwischen diesem Bibelwort und deiner Tat?"

„Nein", sagte er. „Naja, vielleicht."

„Und was, meinst du, ist die Verbindung?"

„Ich wurde erwischt."

Dieser Junge ist ein deutliches Beispiel für unser System geistlicher Erziehung. Wir meinen, wenn jemand die Bibel auswendigkennt, dann ist er ein geistlicher Riese. Aus Gottes Sicht geht es aber nicht um Wissen – es geht um aktiven Gehorsam. Das Wissen in Ihrem Kopf zählt nicht, sondern nur, wieviel sich davon in Ihrem Leben wiederfindet. Hebräer 5,13-14 unterscheidet zwischen Kleinkindern, die mit der Lehre der Rechtschaffenheit nicht vertraut sind, und dem Erwachsenen, der „im *ständigen Gebrauch* des Wortes Gottes seine Urteilsfähigkeit geschult hat, der“ deswegen „auch zwischen Gut und Böse unterscheiden“ kann (Hervorhebung durch den Autor).

Gott ist nicht beeindruckt von der Menge meines (intellektuellen) Wissens über sein Wort; er will wissen, wie ähnlich ich Christus bin. Auf geistlichem Gebiet ist das Gegenteil von Unwissen nicht Wissen, sondern Gehorsam. Nach der Auffassung des Neuen Testaments bedeutet „es zu wissen und nicht zu tun“, es überhaupt nicht „zu wissen“.

Hier könnte uns Mentoring helfen. Es wird mir immer deutlicher, daß wir tatsächlich nicht mehr Bücher, Kassetten, Sendungen, Predigten und ähnliches brauchen, die uns lehren wollen, wie man ein christliches Leben zu führen hat. Was wir tatsächlich brauchen, sind Beziehungen mit Menschen, die Jesus (aus eigener Erfahrung) kennen und uns helfen können, ihn besser kennenzulernen. Es ist nicht genug, jemanden mit der Aufforderung „Folge Jesus nach“ zu bedrängen. Wir brauchen Mentoren, die wie Paulus sagen können: „Folgt mir, wie ich Christus folge.“ Vorbilder, die uns zeigen, was Leben in Christus wirklich bedeutet.

Ihre Verantwortung

Verlagert das nun alle Verantwortung auf die Mentoren, die uns von einem Wachstumsstadium zum nächsten bringen müssen? Nein, gewiß nicht. Es legt Ihnen und mir eine Last auf, uns auf die Suche nach Leuten zu machen, die uns helfen können, die nächste Stufe zu erklimmen.

Ich hatte weiter oben ja schon davon gesprochen, daß die Suche nach einem Mentor der Suche nach einer Arbeitsstelle in manchem gleicht. Im Hinblick auf diese Gemeinsamkeiten ist folgendes Zitat hilfreich:

„Viele Arbeitslose sitzen zu Hause und warten darauf, daß Gott seine Liebe zu ihnen dadurch beweist, daß er ihnen eine Arbeit an die Haustür schickt. So funktioniert das aber nicht ... Sie müssen die Initiative selbst ergreifen und sich auf die Suche nach einer Arbeitsstelle machen oder den Arbeitsplatz wechseln, um mehr Erfolg zu haben. Niemand anders auf der Welt ist so sehr daran interessiert wie sie. Niemand sonst wird soviel Zeit darauf verwenden wie sie. Niemand sonst wird so hartnäckig sein wie sie. Niemand sonst weiß so gut wie sie, welche Art Arbeit sie suchen."*

Tauschen Sie hier und da ein Wort aus, und das Zitat würde die Suche nach einem Mentor beschreiben. Es könnte genausogut die Verantwortung gemeint sein, die jeder Mensch für sein geistliches Wachstum trägt. Niemand anderes *wird* das für Sie tun. Niemand anderes *kann* das für Sie tun. Niemand anderes *sollte* es für Sie tun.

Sie sind also an der Reihe. Lassen Sie mich mit vier Dingen schließen, die Sie tun können, um die Herausforderung anzunehmen:

1. Finden Sie einen Mentor

Jeder Mann braucht einen Paulus und einen Barnabas, einen älteren Mann und einen Gleichaltrigen. Sie müssen es mit dem Alter nicht so genau nehmen. Suchen Sie einfach nach Männern, von denen Sie meinen, daß Sie Ihnen helfen können zu wachsen und Ihre Lebensziele zu verwirklichen.

* Richard Nelson Bolles, What Color Is Your Parachute? 1988 (Berkeley, Calif.: Ten Speed, 1988), 42-43.

2. Machen Sie Mentoring zu Ihrem Lebensstil

Ich hoffe, daß es Ihnen mittlerweile klargeworden ist, daß es nicht darum geht, einen einzigen Mentor für den Rest Ihres Lebens zu finden. Das wäre sehr ungewöhnlich. Selbst wenn Sie eine so lange Beziehung finden würden, brauchten Sie doch mehrere Mentoren während Ihres Lebens. Die verschiedenen Entwicklungsstadien Ihres Lebens machen unterschiedliche Blickwinkel notwendig. Die erhalten Sie nur durch Beziehungen zu unterschiedlichen Männern. Darum müssen Sie immer auf der Suche nach solchen Männern sein. Dies sollte Ihr Lebensstil werden.

3. Finden Sie einen Mentor für Ihre Kinder

Wenn Sie Vater sind, dann können Sie Ihren Kindern einen unschätzbaren Dienst erweisen, indem Sie nach möglichen Mentoren für sie suchen. Als Eltern spielen Sie natürlich die wichtigste Rolle in der Entwicklung Ihrer Kinder, aber Sie können nicht alles tun.

Es ist also klug, nach Lehrern, Trainern, Jugendleitern oder anderen Personen Ausschau zu halten, die bereit sind, Ihren Sohn oder Ihre Tochter zu begleiten. Auf diese Weise erleben Ihre Kinder nicht das gleiche wie Sie. Sie werden dann nicht einmal sagen müssen: „Niemand hat mein Leben bereichert."

4. Werden Sie selbst Mentor

Zusätzlich zu einem Paulus und einem Barnabas braucht jeder Mann einen Timotheus, einen jüngeren Mann, dessen Leben er bereichern kann. Was auch immer Gott Ihnen gegeben hat, Sie müssen es mit jemandem teilen, der es braucht. Wir haben Beispiele für dieses Prinzip an vielen Stellen in diesem ganzen Buch gesehen:

- Paulus betreute den jungen Christen Timotheus; Timotheus wurde ein Apostel und gab die frohe Botschaft weiter an andere Menschen.
- Ein Mann namens Jürgen wurde mein Freund, als ich ein Junge war; ein Ziel meines Lebens ist es seitdem, Jesus meinen Studenten großzumachen.
- Ein Mann hatte Eugene Langs Collegeausbildung bezahlt; Eugene Lang wiederum bot den Schülern einer öffentlichen Schule in New York an, ihre weitere Ausbildung zu bezahlen.
- Mein Sohn Bill wird Ihnen sagen, daß viele Männer großen Einfluß auf ihn ausgeübt haben; heute trifft er sich oft mit anderen, um weiterzugeben, was er gelernt hat (und weiterhin lernt).

Sie können einen Unterschied machen

Wenn Sie einen Moment innehalten und darüber nachdenken, werden Sie sehen, daß es nicht viel braucht, um das Leben eines anderen Menschen zu verändern. Denken Sie nur an die Leute, die in Ihrem Leben wichtig waren. Brauchten diese Leute eine besondere Fähigkeit oder ein besonderes Wissen? Manchmal vielleicht, aber meistens nicht. Es kam darauf an, daß sie da waren, daß sie sich um Sie kümmerten und Ihnen zeigten, daß Sie ihnen wichtig waren.

Können Sie das tun? Können Sie jemandem eine Stunde Ihrer Zeit schenken? Können Sie ihm aus Ihrem eigenen Leben erzählen, von den Situationen, mit denen Sie konfrontiert waren? Können Sie ihn ermutigen, nicht aufzugeben, wenn es schwierig wird, und ihm zur Seite stehen, wenn er kämpfen muß? Können Sie mit ihm und für ihn beten?

Diese Dinge sind nicht kompliziert. Wenn wir nur ein paar gute Männer finden könnten, die es einmal versuchen wollten! Ich bitte Sie, einer dieser Männer zu werden. Wenn Sie wollen, dann kommen Sie mit mir hinüber zum zweiten Teil, wo wir Mentoring einmal von der Seite des Mentors beleuchten wollen.

Teil 2
Für Männer, die als Mentoren dienen wollen

11. Mentoren gesucht

Große geschichtliche Ereignisse haben oft eine kleine, unscheinbare Ursache. 1986 wartete das Spaceshuttle Challenger auf das Zeichen zum Start. Es war eine eiskalte Nacht auf der Startpiste in Cape Kennedy, Florida. Bei Sonnenaufgang begann der Start. 71 Sekunden später explodierte das Shuttle und brachte das Weltraumprogramm der Vereinigten Staaten zu einem plötzlichen Stillstand. Inspektoren fanden schließlich heraus, daß ein winziger Gummiring den Schaden verursacht hatte. Er war durch den unerwarteten Kälteeinbruch brüchig geworden und hatte seine Elastizität verloren.

Wenn wir uns an das erste Jahrhundert nach Christus erinnern, fallen uns normalerweise die großen Ereignisse ein, die in Jerusalem die Wende der Zeitrechnung einleiteten. Das Kommen des Sohnes Gottes auf Erden in der Person Jesu Christi, seine dreijähriger Wirkungszeit, seine Kreuzigung und Auferstehung und damit der Beginn der weltweiten Christenheit.

Der Mann hinter Paulus

Neben diesem einschneidenden Ereignis gab es noch eine weitere bedeutsame Begebenheit zweihundert Meilen nordwestlich von Jerusalem auf der Mittelmeerinsel Zypern. Auf Zypern lebte ein Mann namens Joseph, und dieser Mann verdient unsere Aufmerksamkeit. Wir wissen nicht, wie Joseph zum Glauben an Jesus kam; vielleicht gehörte er zu den 3000 Besuchern Jerusalems, die beim Passafest die Predigt des Petrus hörten

(Apostelgeschichte 2). Als Zeichen seiner Hingabe an Jesus verkaufte Joseph einen Teil seines Besitzes auf Zypern und brachte den Erlös nach Jerusalem, wo er ihn in der Urgemeinde zur Verfügung stellte. Wie es damals üblich war, gaben ihm die Verantwortlichen der Gemeinde einen neuen (christlichen) Namen: „Sohn der Ermutigung" oder „Barnabas" (Apostelgeschichte 4,36-37).

Wieso behaupte ich nun, daß Barnabas – der eher eine Nebenrolle in der Bibel spielte – den Lauf der Geschichte verändert habe? Die Antwort lautet: Weil Barnabas dem Paulus nach dessen dramatischer Erfahrung auf dem Weg nach Damaskus zur Hilfe kam und ihn unterstützte. Wer weiß, was ohne Barnabas mit Paulus geschehen wäre – oder der jungen Kirche? Keiner der Leiter in Jerusalem wollte irgend etwas mit ihm zu tun haben. Was sie anbetraf, so war er nach wie vor ihr größter Feind, egal, was da auf dem Weg nach Damaskus passiert war. „Endlich nahm Barnabas sich seiner an. Er brachte ihn zu den Aposteln ...", so berichtet es die Apostelgeschichte (9,26-27). Er verteidigte Paulus und erreichte, daß man ihm zu der Gemeinschaft der Gläubigen Zutritt gewährte.

Der Einfluß des Barnabas endet hier jedoch noch nicht. Später reisten er und Paulus zusammen, um das Evangelium bekanntzumachen, und Barnabas half Paulus, selbst ein Leiter zu werden: „Barnabas und Paulus" (13,7) werden zu „Paulus und seine Gefährten" (13,13). Später gab es noch einen handfesten Konflikt zwischen Paulus und Barnabas wegen des jungen Johannes Markus (Apostelgeschichte 15,36-38). Nur weil er „Sohn der Ermutigung" genannt wurde, war Barnabas noch lange kein Mann, der Konflikten aus dem Weg ging.

Während uns Paulus als *der* Botschafter Christi im Neuen Testament begegnet, dürfen wir nicht vergessen, daß Barnabas hinter Paulus stand. Paulus scheint sich direkt auf Barnabas zu beziehen, wenn er an Timotheus schreibt: „Was du von mir in Gegenwart vieler Zeugen gehört hast, das gibt jetzt an zuverlässige Christen weiter, die fähig sind, auch andere im Glauben zu unterweisen" (2. Timotheus 2,2).

Indem er sich um Paulus kümmerte, multiplizierte Barnabas seinen Einsatz (siehe Diagramm Barnabas: Einsatz, der sich vervielfältigt, S. 133). Seitdem ist die Welt nicht mehr dieselbe. Ein Beweis dafür, daß Sie durch Ihren Einfluß auf das Leben eines anderen Menschen einen Prozeß in Gang setzen, der sich im Idealfall ohne Ende fortsetzt.

Wo sind die Leiter?

Brauchen wir heute einen solchen Einsatz, der sich vervielfältigt? Ganz bestimmt, denn die Welt benötigt Leiter:

- Wir brauchen Leiter in unseren Familien. In vielen unserer Familien muß man die Frage stellen: „Wo ist Papa?“ Es gibt nur wenige Fragen, die wir uns mehr stellen sollten, als diese. Wenn Sie sich heute viele Familien ansehen, dann ist der Vater im täglichen Leben oft nicht zu finden. Wo aber ist er? An der Arbeit? Unterwegs? Auf dem Fußballplatz? Wo auch immer er sich befindet, es wachsen zu viele Kinder ohne ihren Vater auf. Es ist, als ob der Vater seine Rolle als Elternteil abgegeben hätte. Eine Untersuchung kam zu dem Ergebnis, daß Kinder im Alter von sechs Jahren durchschnittlich schon mehr Zeit mit Fernsehen, Video und Kino zugebracht hatten, als sie voraussichtlich jemals in ihrem gesamten Leben mit ihrem Vater sprechen werden.* Mit anderen Worten: Die Medien erziehen die nächste Generation!
  Erschrecken Sie diese Ergebnisse auch so sehr wie mich? Der Zerfall der Familie kann sehr schnell auch den Zerfall der ganzen Gesellschaft nach sich ziehen.
- *Wir brauchen Leiter in unseren Gemeinden.* Hätten Sie gedacht, daß heute nur noch ein kleiner Prozentsatz der Pastoren überzeugt ist, die Gabe der Leitung zu haben? Viele Gemein-

* Michael Medved: „Hollywood Vs. Religion“, Video produziert von Chatham Hill Foundation, Dallas/Texas 1994; erhältlich bei World Inc.

den haben große Probleme, ihre Mitgliederzahlen zu halten. Und viele Gemeinden verzeichnen statt Wachstum einen zunehmenden Schrumpfungsprozeß. Kein Wunder, daß es immer weniger bekennende Christen in unserer Gesellschaft gibt. Wie Charles Colson, der Präsident der Prison Fellowship, einem Journalisten sagte: „Wenn wir ein Wirtschaftsunternehmen wären, müßten wir Bankrott anmelden."
- *Wir brauchen Leiter in unserer Gesellschaft.* In Politik, Wirtschaft, Erziehung, Wissenschaft und Justiz fehlen überall wirkliche Leiter. Viele selbsternannten Leiter haben durch ihr Verhalten sämtliches Vertrauen eingebüßt.

Wir müssen also feststellen: Wirkliche Leiter und Vorbilder sind Mangelware. Ich werde nie den kleinen Jungen vergessen, den ich beim Frisör traf. „He, Junge, wem möchtest du einmal nacheifern, wenn du groß bist?" fragte ich ihn.

Er sah mir in die Augen und sagte: „Ich habe noch niemanden getroffen, dem ich nacheifern wollte."

Hören Sie hier den Hilfeschrei eines möglichen Timotheus? Niemand, zu dem man aufsehen könnte. Niemand, dem man folgen könnte. Niemand, der wie Paulus an Timotheus die Wahrheit weitergibt, die zum Leben in Christus führt. Ich kann mir keine größere Tragödie vorstellen! Wenn wir aber einen Timotheus hervorbringen wollen, dann brauchen wir zuerst einen Paulus. Und wenn wir einen Paulus haben wollen, dann müssen wir erst einen Barnabas finden. Könnte es Gottes Auftrag für Sie sein, die Rolle eines Mentors zu übernehmen?

Ein einflußreicher Mann

Ich höre oft, wie sich ältere Männer über die jüngere Generation beklagen. Ich frage sie dann meist: „Was tust *du,* um einen jungen Menschen auf positive, christliche Weise zu beeinflussen?" Man kann nicht jeden verändern, aber man kann jemanden beeinflussen. *Sie* könnten ein einflußreicher Mann sein.

Das ist wie die Geschichte von dem Mann, der am Strand entlangging und sah, wie Tausende schöner Seesterne von der Flut auf den Strand gespült wurden und dort vertrockneten. Der Mann bückte sich, hob einen Seestern auf und warf ihn zurück ins Meer. So setzte er seinen Spaziergang fort, indem er alle paar Meter einen Seestern aufhob.

Ein anderer Mann kam hinzu und fragte ihn: „Warum tun Sie das?"

„Ich versuche, die Seesterne zu retten", antwortete der Mann.

Der andere lachte nur und wies auf die Tausende von Seesternen, die auf dem Strand lagen. „Warum strengen Sie sich so an?" fragte er zynisch. „Was macht das schon für einen Unterschied."

Aber während er noch sprach, warf der andere wieder einen Seestern in die Brandung. Er sah zu, wie dieser in den Wellen verschwand, und sagte: „Für den da macht es eine ganze Menge aus."

Es gibt wahrscheinlich nur wenig, was Sie oder ich tun können, um dafür zu sorgen, daß auch heutzutage wieder große Männer in Erscheinung treten; aber Gott hat uns ja auch nicht befohlen, die ganze Welt zu retten. Dafür ist er selbst verantwortlich. Wir müssen aber alles tun, damit unser eigenes Leben unter seine Herrschaft kommt, und dann dafür sorgen, daß die Leute, denen wir begegnen, das gleiche tun. Das kann dann schon eine Menge bewirken – vielleicht nicht bei jedem, aber wenigstens bei einigen.

Warum sind Sie kein Mentor?

Warum passiert es aber nicht? Warum wird das Bedürfnis nach Beziehungen zwischen älteren und jüngeren Männern heutzutage zum größten Teil nicht erfüllt? Wenn ich Sie fragen würde: „Was hält Sie davon ab, einem anderen Mann als Mentor zu dienen?", was würden Sie antworten? Ich sage Ihnen, welches die vier häufigsten Antworten sind, die Männer auf diese Frage geben:

„Mir ist das egal"

Die meisten potentiellen Mentoren sind ganz einfach nicht daran interessiert. Sie sehen kein großes Bedürfnis oder die Notwendigkeit. Zu diesen kommen noch alle die Männer, die sowieso alle Aufrufe ignorieren.

Ich kann auch beinahe verstehen, warum das so ist. In einer Welt mit so vielen Problemen und Nöten, so vielen verzweifelten Hilferufen kann ein Mensch schnell eine „Mitleidsblockade" errichten. Man steht vor einer Krise und gähnt nur: „Was ist da schon neu dran?" Man gibt der Gleichgültigkeit immer mehr Raum.

Das kann man überall beobachten. Das sitzt ein älterer Mann in seinem Büro, umgeben von jüngeren Mitarbeitern, die jede seiner Bewegungen verfolgen. Er ist sich dessen nicht bewußt, aber für sie ist er ein Vorbild. Wenn Sie ihn aber fragen würden: „Du, Jim, hast du schon mal daran gedacht, ein paar von deinen Kollegen zum Essen einzuladen, um sie und ihre Sorgen besser kennenzulernen und zu sehen, was wirklich in ihnen vorgeht?", dann wird er Sie mit diesem Blick anschauen, der sagt: „Warum sollte ich? Ich kann die Welt doch sowieso nicht retten."

Dann ist da der Skeptiker, der sagt: „Ich sehe nicht, was das schon ausmacht, wenn ich mich mit einem jungen Mann treffe" (und interessanterweise kann man feststellen, daß dieser Mann mit den meisten Menschen nur soviel Umgang hat, wie unbedingt nötig ist). „Überhaupt", sagt er weiter, „ich bin ziemlich beschäftigt. Ich muß mich um meine eigenen Angelegenheiten kümmern. Nutze ich so etwa effektiv meine Zeit?" Wenn er ein- oder zweimal schlechte Erfahrungen mit jemandem gemacht hat, der sich nicht wie gewünscht entwickelte, dann fügt er vielleicht hinzu: „Warum sollte ich meine Zeit an jemanden verschwenden, der eh ein Verlierer ist?"

Wenn Sie zu dieser Kategorie Männer gehören, dann lassen Sie mich ehrlich sein: Ich habe nicht die Absicht, Sie zu etwas zu überreden, an dem Sie im Grunde nicht interessiert sind. Zugleich entschuldige ich mich aber auch nicht für den Versuch, die Reste an

Motivation, die Sie noch haben, wachzurütteln. Es steht viel auf dem Spiel, wenn es um Mentoring geht, und der Nutzen – für Sie, für andere Männer und die Gesellschaft überhaupt – ist so groß, daß es mir schier den Atem verschlägt, wenn ich nur davon rede. Nicht etwa, weil ich ein paar Bücher über Mentoring gelesen habe oder jemand zu mir kam und sagte: „Hendricks, da solltest du mitmachen." Nein, Mentoring ist die Geschichte meines Lebens. Ich bin das Produkt des guten Einflusses einer Reihe von Menschen, die mein Leben bereichert haben, seit ich mich vor sechzig Jahren für Jesus entschieden habe. Ich danke Gott, daß sie mich nie angesehen und gesagt haben: „Der ist mir doch egal." Wenn sie das getan hätten, wäre ich wohl heute wie der Junge beim Frisör.

Letztendlich kommt Nächstenliebe nur aus einer Quelle – dem Herzen Gottes. Darum sage ich, wenn Sie ernst machen wollen mit dem Glauben, dann müssen Sie auch Jesu Interesse an den Menschen widerspiegeln.

„Ich fühle mich überfordert"

Der zweite Grund, warum Männer nicht Mentoren werden, ist zugleich der am weitesten verbreitete: Sie haben wirkliche Zweifel, ob sie der Aufgabe gewachsen sind.

Das entdeckte auch Pete Hammond zusammen mit meinem Sohn Bill. Sie hielten einen Vortrag vor einer Gruppe von jungen Männern im Alter von ungefähr zwanzig Jahren. Pete forderte die Gruppe auf, sich ältere Männer als Leiter und Mentoren zu suchen.

Ein Mann konfrontierte Pete aber mit einem erstaunlichen Problem: „Ich habe lange Zeit versucht, solch einen älteren Mann zu finden", sagte er einigermaßen verzweifelt, „aber es passiert einfach nichts! Jedesmal, wenn ich es versuche, finden sie eine Entschuldigung, warum sie mir nicht helfen können. Sie sagen uns: ‚Such dir einen Mentor', aber ich frage mich: Wo sind die Mentoren?"

„Ich will Ihnen ein Geheimnis verraten“, antwortete ihm Pete. „Ihr jungen Männer macht uns Älteren manchmal ganz schön Angst“, sagte er und lachte.

Die Gruppe sah ihn etwas ungläubig an.

„Ehrlich!“ sagte Pete. „Seht euch doch an! Ihr seid jung. Ihr seid stark. Ihr seid gesund. Ihr seid männlich. Ihr seht gut aus. Ihr seid gut angezogen. Ihr habt soviel Energie und all diese Möglichkeiten. Ein älterer Mann schaut sich das alles an und denkt: ‚Mit den Kerlen kann ich doch nie und nimmer mithalten! Was habe ich denen schon zu bieten?‘ Irgendwie müßt ihr den Mann davon überzeugen, daß euch seine Hilfe wirklich viel bedeutet.“

Erkennen Sie sich in dieser Szene wieder? Vielleicht fühlen Sie sich außerstande, als Leiter oder Vorbild zu dienen. Vielleicht lesen Sie dieses Buch nur, weil ein junger Mann es Ihnen gegeben hat und Sie bittet, sein „Mentor“ zu sein.

Sie waren natürlich zu höflich, um einfach abzulehnen. Und nun stehen Sie da. Und obwohl Sie das niemals offen zugeben würden (vor allem nicht ihm gegenüber), haben Sie einfach Angst. Sie sehen, daß dieser junge Mann etwas von Ihnen erwartet, und Sie sind sich sicher, daß Sie diese Erwartungen nie im Leben erfüllen können.

Wenn das so ist, dann kann ich Ihnen versichern, daß Sie nicht alleine sind. Die meisten Männer in unserem Kulturkreis sehen sich selbst nicht als Mentoren an. Sie sind sicher, daß sie dazu nicht in der Lage sind: „Ich weiß doch zuwenig“; „Ich habe doch keine Ausbildung“; „Ich kann nicht lehren“; „Ich bin nicht so geschickt, was Beziehungen betrifft.“

Ich habe alle diese Entschuldigungen schon oft gehört, aber ich bin mir sicher, daß die meisten auf Mißverständnissen und unrealistischen Erwartungen bezüglich des Mentoring beruhen. Nehmen Sie zum Beispiel das Vorurteil, daß die jüngere Generation automatisch ablehnt, was ältere Leute sagen. Das ist ein Überbleibsel des großen Generationskonfliktes der sechziger Jahre.

Es ist vielmehr so, daß ein älterer Mann beinahe immer im

Vorteil ist, wenn er mit einem jüngeren Mann zu tun hat. Betrachten Sie doch einmal die Arbeitswelt: Viele jüngere Männer schauen zu älteren Männern auf – mit viel Respekt. Natürlich werden Sie auch Beispiele für Respektlosigkeit finden, und manchmal hören Sie, wie ein junger Mann einen älteren Kollegen als „der Alte“ abtut. Solche Bemerkungen jedoch enthüllen viel von der Unsicherheit des jungen Mannes.

Manche von uns machen sich älter, als sie eigentlich sind! Unser Körper hat vielleicht den Punkt erreicht, wo alles, was sich bewegt, weh tut, und wenn es nicht weh tut, dann bewegt es sich wahrscheinlich nicht mehr. Deshalb nehmen wir einfach an, daß die Junglöwen unser Gebrüll nicht mehr fürchten, und wir ziehen uns zurück in unsere Höhle.

Gott gebe uns das Durchhaltevermögen Kalebs, der im Alter von 85 Jahren noch die Eroberung Kanaans leitete! „Heute bin ich 85 Jahre alt und noch genauso stark wie damals als Kundschafter“, sagte Kaleb stolz zu den Israeliten. „Ich habe die gleiche Kraft und kann immer noch kämpfen und Kriegszüge unternehmen. Teile mir das Bergland zu, das der Herr mir damals versprochen hat!“ Ja, er stand vor starken Kriegern und befestigten Städten, aber „vielleicht wird der Herr mir helfen, sie zu vertreiben, wie er es zugesagt hat“ (Josua 14,11-12).

Um Sie her sind junge Männer mit Riesen konfrontiert. Sie brauchen einen Meister im Glauben, der ihnen hilft, das ihnen von Gott gegebene Gebiet zu erobern.

Und Sie sagen: „Ich habe ihnen nichts zu bieten!“ Darf ich diese Aussage in Frage stellen? Je älter Sie sind, desto wahrscheinlicher ist es, daß Sie die folgenden Eigenschaften haben:

- *Erfahrung.* Sie wissen, wie es in der Welt zugeht. Sie haben hoffentlich das erworben, was Paulus Weisheit nennt, das heißt „die Fähigkeit zu leben“.
- *Wissen.* Sicherlich in Ihrem Fachgebiet, aber bestimmt auch im Umgang mit der Bibel oder anderer Literatur. Es sind meist ältere Männer, die fragen können: „Hast du dieses oder jenes Buch gelesen? Da findest du die Antwort auf deine Fragen.“

- *Zugang zu Menschen,* einschließlich anderer reifer Christen, Beziehungen, Informationen, Autoritäten.
- *Geld.* Jesus fordert uns auf, unseren Reichtum zu gebrauchen, um den Himmel zu füllen (Lukas 16,9). Darum müssen wir uns fragen, wieviel wir in Menschen investieren. Es kann eine großartige Sache sein, einen jungen Mann zum Essen einzuladen, um sich mit ihm zu unterhalten. Ist Ihnen jemals der Gedanke gekommen, daß das nie geschehen wird, wenn Sie nicht die Rechnung bezahlen? Er kann sich das nämlich vielleicht nicht leisten.
- *Mittel.* Über die Jahre haben Sie vielleicht mehr Hilfsmittel zusammengetragen, als Sie meinen – in den meisten Fällen sicher mehr als Ihr möglicher Schüler. Mit „Mitteln" meine ich solch nützliche Besitztümer wie Häuser, Autos, Büros, Werkzeuge, Bibliotheken und auch Geld. Diesen Besitz zu gebrauchen, um einem anderen Mann wachsen zu helfen, ist einer der besten Wege, den ich kenne, um ein treuer Verwalter dessen zu sein, was Gott Ihnen geschenkt hat.
- *Freundschaft.* Wenn Sie nichts anderes zu bieten haben, dann können Sie Freundschaft geben. Der Weg von der Kindheit zum Erwachsensein kann sehr einsam sein. Darum hören wir so oft desillusionierte junge Männer sagen: „Ich wollte nur jemanden, der einfach da war."
- *Zeit.* Je älter Sie werden, desto beschäftigter sind Sie – aber desto mehr Kontrolle haben Sie in der Regel auch über Ihre Zeit. Das ist vor allem der Fall, wenn Sie beinahe oder ganz in Rente sind. (Vergessen Sie bitte niemals, daß Rente ein kulturelles, aber kein biblisches Prinzip ist. Sie gehen vielleicht von Ihrer Firma in Rente, da haben Sie wahrscheinlich keine andere Wahl; aber Sie gehen niemals in Ihrem christlichen Alltag in Rente. Bis zu Ihrem Todestag sollte jemand von Ihrem Leben profitieren können.)
- *Sie selbst.* Gott hat Sie als einen einzigartigen, wertvollen Menschen geschaffen. Ihre eigene Person ist tatsächlich Ihr wertvollster Besitz. Darum übersehen Sie sich nicht. Gott hat Sie geschaffen mit Ihrem besonderen Charakter, Ihrem Stil.

> Niemand ist exakt so wie Sie. Niemand kann genau das leisten, was Sie können. Sind Sie bereit, in Gesellschaft eines jüngeren Menschen nur „Sie selbst" zu sein?

Ich könnte diese Liste beliebig verlängern. Glauben Sie nicht den Einflüsterungen, daß Sie nichts zu bieten hätten. Das stimmt nicht! Wenn Sie Christ sind, dann haben Sie anderen Leuten immer etwas zu geben. Wie finden Sie heraus, was das ist? Sie werden es nie finden, wenn Sie nicht mit anderen Menschen Gemeinschaft haben.

Ein letzter Punkt, der vielleicht ein Auslöser für ihr Gefühl der Unzulänglichkeit ist, ist Ihre eigene Familie. Sie haben vielleicht bei einem Ihrer eigenen Kinder versagt – scheinbar oder tatsächlich –, so daß Sie nun meinen, Sie seien nicht geeignet, einem anderen jungen Menschen zu helfen. Ist das so, dann überlegen Sie bitte, ob die schmerzhafte Lektion, die Sie gelernt haben, nicht sogar das Wichtigste ist, was Sie zu bieten haben.

Stellen Sie sich vor, wir könnten mit einigen der „Väter des Versagens" in der Bibel sprechen, mit Manoach, dem Vater Simsons (Richter 13,2); mit Eli, dem Vater von Hofni und Pinhas (1. Samuel 2,12-17.22-25.34); mit Samuel, dem Vater der korrupten Richter Joel und Abija (8,1-3); oder mit David, dem Vater des unmoralischen Amnon und des rebellischen Absalom (2. Samuel 13,1-14;15,1-16). Denken Sie nicht, daß einige von ihnen uns vieles lehren könnten? Das gleiche könnte doch auch auf Sie zutreffen.

Ich will Ihre echten Gefühle von Angst und Unzulänglichkeit nicht herabsetzen, aber wir haben heutzutage vor allem deshalb so wenige Mentoren, weil viele Männer, die gute Mentoren wären, Angst haben, sich selbst in dieser Rolle zu sehen. Vielleicht sind auch die Begriffe „Mentor" und „Mentoring" ein Problem? Nennen Sie es, wie auch immer Sie wollen. Das Ziel ist, eine Beziehung zu schaffen, die das Leben eines anderen Mannes bereichert.

„Mich hat noch keiner gefragt“

Ein dritter Grund, warum manche Männer beim Thema Mentoring als Zuschauer am Rande stehen, liegt darin, daß niemand sie je darum gebeten hat. Manche sind vielleicht noch jung und sich ihrer Verantwortung nicht bewußt. Andere warten vielleicht darauf, daß jemand anderes die Initiative ergreift und sie bittet, sein Mentor zu werden.

Wenn das bei Ihnen so ist – wenn Sie nichts tun, weil Sie keiner gefragt hat –, dann lassen Sie dieses Buch Ihre persönliche Einladung sein.

Der wichtigste Grund für Mentoring ist natürlich der, daß Gott Sie dazu beruft. In Sprüche 13,20 heißt es: „Wenn du mit vernünftigen Menschen Umgang pflegst, wirst du selbst vernünftig. Wenn du dich mit Dummköpfen einläßt, schadest du dir nur.“

Oder denken Sie an Jesu letzten Auftrag: Er hat gesagt: Geht und baut Menschen auf, macht Jünger – Schüler –, die mir nachfolgen (Matthäus 28,19). Jesus beschreibt hier, wie sich der Einsatz für andere vervielfältigen kann.

„Ich weiß nicht, wie“

Von all den genannten Gründen, warum jemand sich als Mentor nicht geeignet fühlen könnte, ist die Begründung: „Ich weiß nicht, wie“ am einfachsten zu widerlegen: Mentoring kann man lernen.

Zuerst müssen Sie allerdings ein paar Märchen vergessen, die Sie vielleicht gehört haben. Eines der bekanntesten lautet, daß der Mentor ständig nur gibt. Das stimmt nicht. Im nächsten Kapitel werde ich Ihnen zeigen, daß Mentoren durch die Beziehung mit ihrem Schüler mindestens genausoviel gewinnen.

Ein anderes Märchen ist, daß alles vom Mentor abhängt. Das stimmt auch nicht. Ein Mentor ist wie jemand, der einen Drachen steigen läßt. Der Drachen fliegt, und der Wind trägt ihn. Der Mann braucht nur das Seil mit dem richtigen Verhältnis von Zug und Nachgeben zu steuern. Wenn er das Seil zu fest anzieht, übt er Druck auf den Drachen aus, der diesen vielleicht zerreißt. Wenn er zuviel nachgibt und der Wind nachläßt, dann fällt der Drachen zu Boden.

Mentoring ist also eine Kunst, aber keine schwere. Fast jeder Mann kann sie erlernen. Mentoring ereignet sich ständig, aber wir erkennen nicht, um was es sich handelt. Wenn uns bewußt wäre, was da passiert, könnten wir einen viel größeren Einfluß auf andere ausüben und viel für uns selbst gewinnen.

Wollen Sie es einmal versuchen?

Barnabas – Einsatz, der sich vervielfältigt

Barnabas hatte durch seine Mentoringbeziehung zu Paulus einen prägenden Einfluß auf zahlreiche Städte und unzählige Menschen in der ganzen antiken Welt. Sein Erbe zeigt, daß der Einfluß eines Mentors nicht alleine das Leben seines Schülers verändert, sondern auch das Leben vieler, die dieser Schüler erreicht.

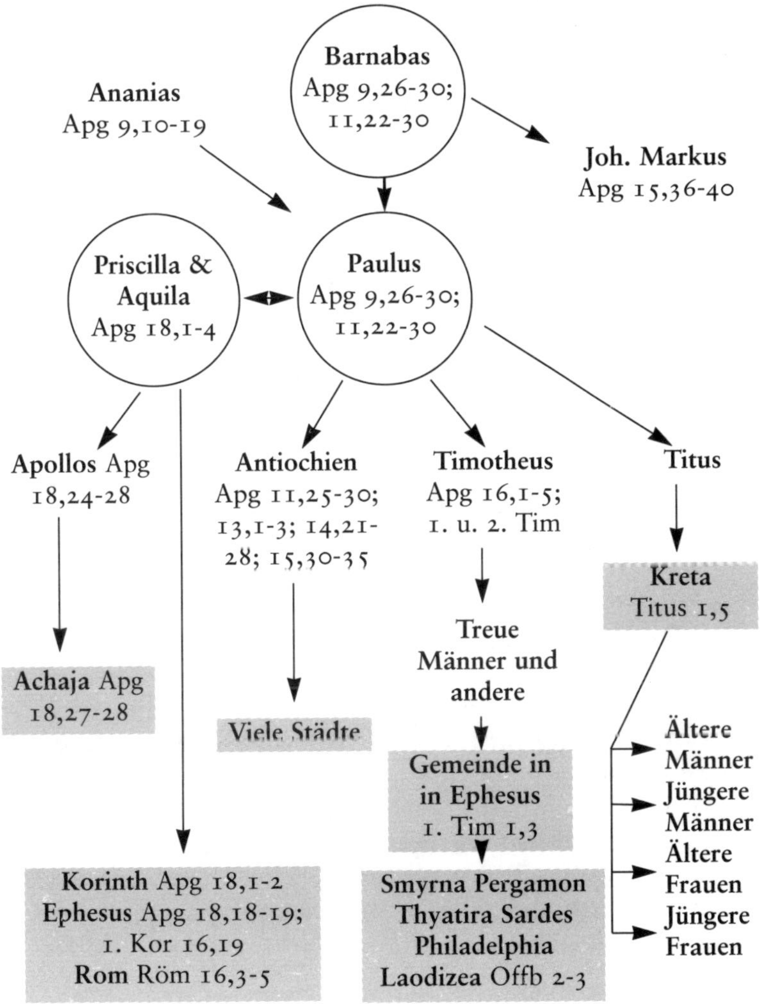

12. Warum Mentor werden?

Leute, die sich schon einmal als Kandidaten zur einer Wahl gestellt haben, erzählten mir, daß nur eines schlimmer ist als die Wahl zu verlieren, nämlich die Wahl zu gewinnen, denn dann müssen sie regieren. Moses, der große Führer im Alten Testament, entdeckte diese Wahrheit nach dem dramatischen Auszug der Israeliten aus Ägypten.

Zwei Monate nach dem Durchschreiten des Roten Meeres kam das Volk am Berg Horeb an (wahrscheinlich im Süden der Sinaihalbinsel). Horeb war für Mose ein bekannter Ort. Dort hatte sich der Herr im brennenden Busch offenbart und Mose berufen, sein Volk aus der Sklaverei zu befreien. Sie sollten zu diesem Berg kommen, um ihn anzubeten (2. Mose 3,1-12).

Während das Volk lagerte und auf das Erscheinen des Herrn wartete, hielt Mose Gericht über eine Reihe von Rechtsstreitigkeiten, die während der Wanderung entstanden waren. Es muß eine kaum zu bewältigende Zahl gewesen sein, denn sobald die Sonne aufging, standen die Menschen Schlange, damit Mose ihre Zwistigkeiten schlichtete. Den ganzen Tag über hielt er Gericht. Lange nachdem die Sonne untergegangen war, saß er immer noch dort.

Jitro kommt zur Hilfe

Wer weiß, wie lange dieser Streß gedauert hätte! Glücklicherweise kam sein Schwiegervater Jitro zu Besuch. Er schaute seinem Schwiegersohn einen ganzen Tag lang zu, wie der zu Gericht saß. Als sie dann bei einem späten Abendessen zusammensaßen, fragte Jitro den müden Mose: „Du hast soviel Arbeit mit den Leuten! Du sitzt den ganzen Tag da, um Streitfälle zu schlichten, und die Leute stehen um dich herum, vom Morgen bis zum Abend. Warum tust du das alles allein?“ Mose antwortete seinem Schwiegervater: „Die Leute kommen zu mir, um Weisung von

Gott zu erhalten. Wenn sie einen Rechtsstreit haben, fragen sie mich um Rat, und ich muß zwischen ihnen schlichten. Ich teile ihnen Gottes Weisungen und Entscheidungen mit" (2. Mose 18,14-16).

Erkennen Sie, was da passierte? Im ganzen Volk Israel war Mose der einzige, der Recht sprechen konnte. Ich lebe in einer Stadt mit einer Million Einwohner. Stellen Sie sich vor, ich wäre der einzige Richter in der ganzen Stadt!

Kein Wunder also, daß Moses Schwiegervater sagte: „So wie du es machst, ist es nicht gut!" (Ich glaube, daß Mose zu dem Zeitpunkt den gleichen Gedanken hatte.) „Die Aufgabe ist für dich allein viel zu groß. Du reibst dich nur auf, und auch die Leute sind überfordert" (18,18).

Jitro tat mehr, als nur den Finger auf Moses Problem zu legen (wie das vielleicht mancher Schwiegervater heute gerne macht); er gab ihm ein paar praktische Ratschläge zur Lösung des Problems: „Hör zu! Ich gebe die einen guten Rat, und Gott möge dir helfen ..." Jitro beschrieb dann das Prinzip des Delegierens und ermutigte Mose, ihm unterstellte Leiter zu ernennen, die weniger wichtige Fälle richten konnten, während Mose sich nur mit den schwierigen Angelegenheiten befaßte. „Wenn mein Rat Gottes Willen entspricht und du dich daran hältst, wirst du deine Aufgabe bewältigen; die Leute können in Frieden nach Hause gehen, weil ihre Streitfälle geschlichtet sind" (2. Mose 18,19.23).

Für uns ist die Lösung des Problems eigentlich selbstverständlich; aber damaligem Denken war Delegieren völlig fremd. Mose hörte aber trotzdem auf den Rat seines Schwiegervaters, und der Fortgang der Geschichte zeigt, daß Jitros Vorschlag das Fundament des israelitischen Gerichtssystems wurde.

Dieses Gespräch zwischen Jitro und Mose ist eine klassische Studie zum Thema Mentoring. Ich frage mich aber, was Jitro wohl bewog, einzuschreiten und seinem Schwiegersohn zu helfen. War das nur eine uneigennützige Antwort auf ein offensichtliches Bedürfnis?

Vielleicht. Wenn wir aber zwischen den Zeilen lesen und Jitros kulturellen Hintergrund beachten, können wir wohl noch einige weitere Motive erkennen. Zum einen war es Jitro vielleicht ein noch größeres Anliegen als Mose selbst, daß dieser Erfolg hatte. Um das zu verstehen, müssen Sie daran denken, daß Jitro ein midianitischer Priester war (2. Mose 18,1). Dieser Stamm bestand – wie auch die Israeliten – aus Nachkommen Abrahams; aber sie beteten auch andere Götter an. Jitro hingegen scheint Gott gehorsam gewesen zu sein (18,11-12), und er wußte, daß der Erfolg von Moses Unternehmung viel dazu beitragen würde, diesem Glauben Bedeutung zu verleihen.

Jitro hatte außerdem ein persönliches Interesse daran, daß das Volk den Zug durch die Wüste zum Gelobten Land überlebte. Als Bewohner des Sinai kannte er die Gefahren, die vor ihnen lagen, besser als jeder andere. Er wußte auch, daß Mose, der vierzig Jahre lang Jitros Herden in diesem Gebiet gehütet hatte, der beste Mann war, um sie durch dieses Land zu führen. Es war aber unabdingbar, daß dieser Leiter gesund blieb und sich nicht selbst und das Volk aufrieb, denn sonst würde der Zug in einer Katastrophe enden.

Beide Männer gewinnen

Warum war es Jitro wichtig, was mit den Israeliten geschah? Ich glaube, daß seine Motive über menschliches Mitleid hinausgingen. Das spielte natürlich auch eine Rolle, aber in Jitros Welt bestand der Wert eines Mannes in der Anzahl der Nachkommen, die er hinterließ, besonders natürlich männlicher Nachkommen. Mose war als sein Schwiegersohn also ein zusätzliches Glied seines Erbes.

Sehen Sie, wie dieser Vorfall zwischen Jitro und Mose die Motivation eines Mentors beleuchtet? Auf den ersten Blick sieht es so aus, als ob nur Mose von Jitros Rat profitierte, aber wenn Sie einen Moment innehalten und darüber nachdenken, dann sehen Sie, daß auch Jitro viel zu gewinnen hatte.

Das gleiche Prinzip gilt auch für Sie. Im letzten Kapitel habe ich Sie dazu ermutigt, über die Möglichkeit nachzudenken, das Leben eines jungen Mannes zu beeinflussen. Und vielleicht haben Sie dabei gedacht: „Prima, Hendricks, das fehlte mir gerade noch! Noch eine Verpflichtung mehr, die ich auf meine Liste der 386 Dinge setzen kann, für die ich keine Zeit habe! Warum sollte ich mich für jemand anderen einsetzen, wenn ich kaum genug Zeit für mich selbst habe? Kommt denn überhaupt auch für mich etwas dabei raus?"

Die Antwort darauf lautet klar und deutlich: Ja, es kommt auch für Sie etwas dabei heraus – vielleicht sogar mehr als für den jungen Mann –, und es ist keine Schande, das zu sagen. Es kommt nur sehr selten vor, daß jemand aus völlig uneigennützigen Motiven heraus Mentor wird. Natürlich muß Ihnen der Schüler am Herzen liegen; wenn Sie jemandem nicht ehrlich zugetan sind, dann wird es Ihnen sehr schwerfallen, ihm zu dienen.

Mentoring ist ein bißchen wie Eltern sein, weil auch in dieser Beziehung ein gewisser Lohn enthalten ist. Für einen Außenstehenden kann es so aussehen, als ob Eltern die ganze Zeit nur Opfer bringen. Sie scheinen ständig nur zu geben, aber wer selbst ein Kind großgezogen hat, der weiß, daß das nicht stimmt. Es gibt keine größere Freude als die, daß ein kleines Kind Sie umarmt und die magischen Worte sagt: „Ich habe dich lieb, Papa." Das sind unvergleichliche Momente.

Auf ähnliche Weise könnte man denken, daß Mentoring für den Mentor *nur* geben bedeutet und der Schüler *nur* profitiert. Ich kann Ihnen versichern, daß es in Wahrheit eher umgekehrt ist. Mentoring kann durchaus zu einer sehr erfüllenden Aufgabe werden. Und es ist völlig in Ordnung, diese Befriedigung zu erstreben.

Vom Gewinn des Mentors

Lassen Sie mich im folgenden fünf Vorteile erklären: (1) eine enge Beziehung zu einem anderen Mann, (2) persönliche Erneuerung, (3) Selbstbestätigung, (4) größeres Selbstbewußtsein und (5) das Bewußtsein, etwas Gutes mit Ihrem Leben angefangen zu haben.

Eine enge Beziehung zu einem anderen Mann

Ein guter Bekannter stellte einmal die Frage: „Wer kommt zu Ihrer Beerdigung, ohne auf die Uhr zu schauen?"

Eine Frage wie diese zeigt die Bedeutung von Freundschaft – nicht wahr? Es tut mir weh, daran zu denken, wie viele Männer nur eine Reihe Bekannter haben und wie wenige echte Freunde. Ist das auch bei Ihnen der Fall? Das muß nicht so sein. Einer der besten Beiträge der Promise Keepers Bewegung ist der Aufruf an Männer, echte Beziehungen mit anderen Männern einzugehen. Mentoring ist einer der Wege, um dieses Ziel zu erreichen – vor allem Mentoring unter Gleichaltrigen (siehe S. 23-24).

Ein sehr gutes Beispiel für Mentoring unter Gleichaltrigen ist die Freundschaft zwischen David und Jonatan. Menschlich gesehen hatte diese Freundschaft keine Chance. Jonatan war der designierte Nachfolger seines Vaters Saul, des Königs von Israel. Aber Gott verwarf Saul und wählte David. Eigentlich hätten Jonatan und David Rivalen sein müssen, aber statt dessen wurden sie unzertrennliche Freunde. Die Bibel spricht sogar davon, daß Jonatan David mehr liebte als sein eigenes Leben (1. Samuel 18,1).

Was für eine ermutigende Geschichte für uns Männer heute! Ein Vorbild für Männer, dem nachzueifern sich lohnt. Ein hoffnungsvolles Zeichen dafür, daß Männer den Wert lebendiger Beziehungen wiederentdecken, sind die vielen kleinen Männergruppen, die in den letzten Jahre entstanden sind.

All dies sind Beispiele für Mentoring unter Gleichaltrigen – Männer in etwa demselben Alter und mit einem ähnlichen Grad an Reife, die sich zusammentun, um einander zu unterstützen und miteinander zu wachsen. Beziehungen wie diese – verbindlich, ehrlich, langfristig – machen große Freude und sind von großem Nutzen. Es ist nicht immer leicht, sie aufrechtzuerhalten, aber wer dazugehört, wird Ihnen sagen, daß sie die Mühe wert sind.

Aber nicht nur Mentoring unter Gleichaltrigen schafft neue Freundschaften. Einen jüngeren Mann zu betreuen, bedeutet, selber Zuneigung und Nähe zu erfahren – vor allem, wenn es in der Beziehung mehr um Entwicklung als um Kontrolle geht.

Zum einen bleiben Sie durch das Mentoring mit einem jüngeren Mann in Kontakt mit der nachfolgenden Generation. Das ist das großartige für mich, wenn ich mit meinen Studenten zusammen bin (die irgendwie immer jünger werden). Durch sie bin ich auf dem laufenden. Es ist leicht für jemanden, der über siebzig ist, zu meinen, daß er alles gesehen und getan hat und alles weiß, was es zu wissen gibt. Wenn Sie nur fünf Minuten mit einem Zwanzigjährigen verbringen, merken Sie, daß das nicht stimmt.

Und so, wie Sie Ihrem Schüler erklären können, wie die Welt *gewesen* ist, so kann er Ihnen helfen zu verstehen, wie die Welt *werden* wird. Er kann eine gewaltige Informationsquelle sein, Sie mit aktuellen Themen, Fragen, Problemen, Entwicklungen und Trends auf dem laufenden halten. Wer kann es sich leisten, nicht ein zusätzliches Paar Augen und Ohren zu haben, die in einer Informationsgesellschaft nach nützlichen und wichtigen Daten für ihn Ausschau halten?

Ein jüngerer Mann bietet oft auch eine gute Möglichkeit, neue Ideen einmal auszuprobieren. Als Bill ein Teenager war, arbeitete er im Sommer oft in einem christlichen Rüst- und Konferenzzentrum. Der damalige Direktor liebte Jugendliche, und er hatte einen großen Traum: Er wollte ein Jugendcamp auf einem Stück Land am See bauen mit Sportmöglichkeiten wie Wasserski, Rudern und Segeln. In solch einer Umgebung könnten die Jugendlichen jede Menge Spaß haben, während die Leiter ihnen helfen, Jesus kennenzulernen.

Als begeisterter Wassersportler war Bill für die Idee sofort begeistert, aber als der Direktor ihn eines Tages zu sich ins Büro rief, ihm die Pläne zeigte und ihn nach seiner Meinung fragte, stieg er noch viel mehr in Bills Ansehen. Bill war überwältigt, daß der Direktor gerade ihn fragte, was er von dem Land, der Idee und der geplanten Umsetzung hielt. Aber wer könnte ein Sommerlager für Teenager besser beurteilen als ein Teenager?

Ein weiterer Vorteil, der bei der Betreuung eines jüngeren Menschen entsteht, wird oft übersehen: Verantwortung. Wir denken an Verantwortung oft nur im Zusammenhang mit Mentoring unter Gleichaltrigen, aber haben Sie schon einmal über die

Verantwortung nachgedacht, die man trägt, wenn man einem jungen Mann Rede und Antwort steht und zu einem Vorbild wird?

Das hat mehr Folgen, als Sie denken. Ich habe gehört, wie Männer zugaben, daß sie ihren Lebensstil grundlegend änderten, weil andere zu ihnen aufsahen.

Paulus hatte genau das im Sinn, als er sagte, daß er bewußt wie ein Sportler seinen Körper trainiert: „Denn ich will nicht andere zum Kampf des Glaubens auffordern und selbst untauglich sein oder vorzeitig ausscheiden" (1. Korinther 9,27). Das ist erstaunlich: Paulus fühlte sich nicht nur Christus gegenüber verantwortlich, sondern auch den anderen Christen gegenüber. Trifft das auch für Sie zu?

Persönliche Erneuerung

Im selben Abschnitt des ersten Korintherbriefes vergleicht Paulus das Leben eines Christen mit einem Rennen: kein Hundertmeterlauf, sondern ein Marathon. Ich kann aus persönlicher Erfahrung sagen, daß es genau das ist – ein lebenslanges Rennen.

Leider ist es für viele von uns so, daß wir um so weniger Energie haben, den Lauf zu Ende zu bringen, je länger wir laufen. Manche von uns geben auf den letzten Metern auf. Das ist vor allem eine Versuchung für Männer, die das sogenannte „Rentenalter" erreicht haben. Zur Pensionierung gibt man einem Mann eine goldene Uhr und viel Freizeit, um sie anzuschauen.

Als Ergebnis stellen sich viele Männer über fünfundfünfzig selbst ins Abseits. Sie geben in genau dem Moment auf, in dem Sie sich besonders für Jesus einsetzen sollten. Das ist einer der Gründe, warum mir Mentoring so wichtig ist. Es hilft jungen Männern, zu reifen, und verjüngt ältere Männer. Warum? Weil wir am meisten wachsen, wenn wir anderen helfen zu wachsen.

Das weiß niemand besser als ältere Menschen, die mit Kindern und Jugendlichen arbeiten. Ein 78 Jahre alter Witwer, der jede Woche mehrere Stunden mit Kindern einer Grundschule arbeitete, sagte: „Ich hätte den Schmerz über den Tod meiner Frau niemals überlebt, wenn ich nicht ‚meine Kinder' in der Schule gehabt hätte. Die Stunden mit ihnen gaben mir Kraft, weiterzumachen – weil sie mich brauchten."

Darum brauchen wir auch mehr Kontakt zwischen den Generationen in unseren Gemeinden. Irgendwann haben wir einmal beschlossen, alle in verschiedene Altersgruppen einzuteilen. Das hat einige Vorteile, aber der große Nachteil ist, daß so die Generationen voneinander isoliert werden. In einer Kultur, wo die Großfamilie zur Kleinfamilie oder zum Alleinerziehenden reduziert worden ist, könnten Gemeinden einen tiefen Einfluß haben, wenn sie sich diesem Trend entgegenstellen würden.

Selbstbestätigung

Wir haben Jitro betrachtet und angenommen, daß er Mose vielleicht geholfen hat, weil er Erben hinterlassen wollte. Es ist interessant, dann die Worte in Psalm 90 zu lesen, die Mose zugeschrieben werden: „Unser Leben dauert siebzig, vielleicht sogar achtzig Jahre. Doch worauf wir stolz sind, ist nur Mühe, viel Lärm um nichts! Wie schnell eilen die Jahre vorüber! Wie rasch fliegen sie davon!" (Psalm 90,10).

Unser Leben fliegt förmlich an uns vorbei. Wie sollten wir darauf reagieren? „Mach uns bewußt, wie kurz unser Leben ist, damit wir endlich zur Besinnung kommen!" betete Mose, aber er sagte auch: „Zeige uns, wie machtvoll du eingreifst; auch unsere Kinder sollen deine mächtigen Taten sehen! Herr, unser Gott! Zeige uns deine Güte! Laß unsere Mühe nicht vergeblich sein! Ja, laß unsere Arbeit Früchte tragen!" (90,12.16-17).

Hören wir da ein Echo Jitros in Moses Gebet? Wir finden sicher die Bestätigung für die Tatsache, daß fast jeder Mensch ein angeborenes Verlangen hat, der nächsten Generation ein Erbe zu hinterlassen. Dieses Verlangen wächst, je älter man wird. Mentoring ist eine Art, dieses Verlangen zu stillen.

Als Lehrer kann ich Ihnen sagen, daß nichts so sehr den Wunsch befriedigt, etwas zu erreichen, wie der Beitrag zur

Entwicklung eines anderen Menschen. Einen Menschen, mit seinen noch verborgenen Talenten und seiner geringen Erfahrung an die Hand zu nehmen und mit ihm zu arbeiten, um ihn zu formen, seine Fähigkeiten zu entwickeln und ihn dann erfolgreich arbeiten zu sehen, das ist ein Privileg, das ich für nichts in der Welt eintauschen würde.

Meine größte Freude als Lehrer ist es zu sehen, wie meine Studenten auf dem Gebiet, in das Gott sie berufen hat, gute Arbeit leisten. Wenn sie Erfolg haben, dann hatte ich Erfolg. Wenn sie neue Erkenntnisse gewinnen, dann fühle ich mich als Teil des Teams. Wenn sie Lob und Anerkennung erhalten, dann bin ich stolz, denn ich weiß, daß ich einen Anteil daran hatte, sie auf den richtigen Weg zu bringen.

Manchmal frage ich mich aber, ob wir als Gesellschaft die Entwicklung von Menschen anerkennen. Ich höre oft von Geschäftsleuten den Satz: „Unsere Angestellten sind unser wichtigstes Kapital." Wenn das wahr ist, dann muß man fragen dürfen, was getan wird, um dieses Kapital zu vergrößern. Welche Pläne wurden entwickelt, welches Budget bereitgestellt, um die Stärken dieser Leute zu erkennen und zu entwickeln und sie dort einzusetzen, wo sie am effektivsten arbeiten?

Wenn diese Fragen für die Arbeitswelt zutreffen, sind sie dann nicht noch wichtiger für unsere Gemeinden? Ein Pastor sollte sich überlegen, ob seine Gemeinde ein Konsument menschlicher Ressourcen ist oder diese hervorbringt. Setzen Sie Ihre Mitarbeiter nur insoweit ein, als sie den Zielen und Programmen Ihrer Gemeinde dienen, oder fragen Sie nach den Gaben und Möglichkeiten, die Gott Ihren Leuten gegeben hat (siehe Eph. 4)?

Menschen zu helfen, daß sie ihr Leben entfalten können, ist keine Last, es ist ein Segen – eine der erfüllendsten Aufgaben, die ich kenne. Beim Mentoring geht es genau darum: um die Entwicklung von Menschen. David erkannte diese Wahrheit, als er schrieb: „Von Jugend auf bist du mein Lehrer gewesen, und bis heute erzähle ich von deinen Wundertaten. Laß mich auch jetzt nicht im Stich, o Gott, jetzt, wo ich alt und grau geworden bin! Gib mir noch so viel Zeit, daß ich auch meinen Kindern und Enkeln noch erzählen kann, wie groß und mächtig du bist" (Psalm 71,17-18). Das ist ein Gebet, das jeder Mentor sprechen könnte.

Größeres Selbstbewußtsein

Früher achtete man einen Mann um so mehr, je älter er war. Das ist heute nicht mehr oft der Fall. Ich treffe immer mehr ältere Männer, die ihr Selbstbewußtsein verloren haben; sie fühlen sich vom Leben überrollt. Paradoxerweise haben sie aber genausoviel zu bieten wie früher – auch wenn sie das selbst kaum glauben können.

Der Psychologe Erik Erikson nannte dies die Spannung zwischen Zeugungsfähigkeit und (Selbst-)Versunkenheit oder Stagnation. Entweder zeugt ein Mann neue Beziehungen, neue Ideen, neue Produkte und neues Wachstum, oder er stirbt. Er steigt hinab in einen Sumpf selbstvergessener Isolation, während sich die Welt weiterdreht. Das Gegenmittel, so Erikson – und das ist ähnlich wie Davids Gebet in Psalm 71 –, ist Nächstenliebe, sich in Beziehungen, vor allem in der Sorge für die nächste Generation, einzubringen. Diese Fürsorge hält den Mann am Leben und verhindert Stagnation.

Das gilt auch für Sie, egal, wie alt Sie sind. Nichts hebt das Selbstbewußtsein so sehr wie das Wissen, daß wir jemandem wichtig sind und daß jemand dem, was wir tun und sagen, Aufmerksamkeit schenkt. In einer Mentoringbeziehung hängt Ihr Schüler vielleicht an jedem Wort, das Sie sagen, und beobachtet jede Ihrer Bewegungen. Das kann manchmal peinlich sein, aber es ist auch schön.

Das Bewußtsein, etwas Gutes mit Ihrem Leben angefangen zu haben

Zwei Linien durchziehen das Leben eines jeden Mannes: eine Lebenslinie und eine Sinnlinie. Die Lebenslinie markiert biologischen Fortschritt; die Sinnlinie markiert geistliches Wachstum.

Wenn die Sinnlinie sinkt, ist es nur eine Frage der Zeit, wann die Lebenslinie das gleiche tut. Was für eine Tragödie, daß man bei so vielen Männer auf den Grabstein schreiben könnte: „Hier ruht Hans, gestorben im Alter von 45 Jahren, beerdigt im Alter von 69 Jahren."

Ich kenne wenigstens zwei Gründe, warum ein Mann in so jungen Jahren keinen Sinn mehr in seinem Leben sieht. Eines ist die Erfahrung des Scheiterns. Ein junger Mann in den Dreißigern arbeitet an seiner Karriere, gründet eine Familie, baut ein Haus und freut sich seines Lebens. Dann plötzlich ist er vierzig, und seine Welt bricht auseinander. Was kann er tun? Wenn es bei ihm so ist wie bei vielen Männern, daß er keine Unterstützung durch Mentoren oder Freunde hat, dann kann es schnell abwärts gehen. Ehebruch, Scheitern der Karriere oder etwas anderes könnte dafür sorgen, daß sein ganzes Leben scheitern, seine Beziehungen, seine Träume und sein Selbstbewußtsein zerbrechen.

Für manche Männer ist ihr Leben an solch einem Punkt vorbei. Sie haben den Eindruck, daß ihr Scheitern so deutlich war, daß sie keine Chance mehr haben. Das Beste, was sie noch tun können, ist leise zur Ziellinie zu humpeln.

Wenn das auf Ihr Leben zutrifft, dann kann ich Ihnen sagen, daß ein Dienst als Mentor Ihrem Leben neue Hoffnung geben kann. Natürlich müssen Sie Ihr Leben erst wieder in den Griff bekommen, bevor Sie einem anderen Mann helfen können; aber glauben Sie bitte nicht, daß ein Scheitern Sie automatisch daran hindert, Einfluß auf einen anderen Menschen zu haben. Es ist eine wunderbare Beruhigung zu wissen, daß ein anderer die Gelegenheit hat, aus Ihren Fehlern zu lernen. Die besten Lehrer sind tatsächlich oft diejenigen, die selber Schmerz erfahren haben und andere vor der Gefahr warnen können.

Nicht nur Versagen, auch großer Erfolg kann einem Mann den Sinn seines Lebens rauben. Ich kenne viele Männer, die Schlagzeilen machen, Reichtum erwerben – aber nicht das haben, was bei Gott zählt.

Erinnern Sie sich an Davids Gebet? „Laß mich auch jetzt nicht im Stich, o Gott, jetzt, wo ich alt und grau geworden bin! Gib mir noch so viel Zeit, daß ich auch meinen Kindern und Enkeln noch erzählen kann, wie groß und mächtig du bist!" (Psalm 71,18). David war nicht so sehr von seiner Macht, seinem Königreich, seinem Reichtum oder seinen Talenten beeindruckt. Eine einzige Frage war David wirklich wichtig: „Was denkt Gott von mir?" Das bestimmte sein Ziel.

David war sicher kein perfekter Mann, aber er hatte ein Ziel. Er wußte, warum er auf der Erde war. Kein Wunder, daß er als ein Mann nach dem Herzen Gottes beschrieben wird (1. Samuel 13,14; Apostelgeschichte 13,22).

Ein Mann sollte sich nicht auf Erfolg konzentrieren, sondern darauf, etwas Bedeutendes zu tun. Mentoring ist dabei eine Hilfe, weil es dazu zwingt, nicht über das Erlangen materieller Ressourcen, sondern über das Freiwerden geistlicher Ressourcen im Leben eines anderen Menschen nachzudenken. Das ist ein großer Unterschied – für heute und für die Ewigkeit.

Eine zwingende Frage

Die zwingende Frage, die sich jeder christliche Mann stellen muß, lautet: Was kann ich heute tun, um die nächste Generation für Jesus Christus zu gewinnen? Nie stand mehr auf dem Spiel. Die Gemeinde wie die Gesellschaft stehen vor einer unerwarteten Krise der Führungskräfte, und doch scheint alles darauf hinzuweisen, daß Leiter nur durch unterschiedliche Formen des Mentoring hervorgebracht werden können.

Es ist doch so: Wir können die Welt nicht festhalten, wir können sie nur an andere weitergeben. Es ist wie mit einem Vater, der seinem Sohn zeigt, wie man mit einem Fußball umgeht. Es wird viel Zeit und Training nötig sein, bis er den Ball richtig trifft. Aber der Sohn gewinnt schon eine Ahnung davon, wie es funktioniert.

Eines Tages ist er soweit, daß er den Ball hart und präzise aufs Tor schießen kann. Ob Ihr Sohn sein Spiel gewinnt, sehen Sie vielleicht nicht mehr, aber ein Stück von Ihnen ist in seinem Können. Das ist Ihr Lohn dafür, daß Sie die Welt in guten Händen gelassen haben.

13. Die Aufgabe eines Mentors

Vor Jahren reiste ich tief in den brasilianischen Regenwald, um Missionare im Amazonasgebiet zu besuchen. Es war eine beeindruckende Reise, wenn auch körperlich anstrengend. Es war lange, bevor man Straßen durch den Regenwald gebaut hatte, und wir brauchten mehrere Tage mit dem Paddelboot, um unser Ziel tief im Dschungel zu erreichen.

Als ich von diesem fernen Ort wieder aufbrach, wurde ich von den eingeborenen Indianern beschenkt. Unter anderem erhielt ich eine lange, spitz zulaufende Stange aus papierdünnen Streifen, die wie Rinde aussahen und mit Bindfaden spiralförmig umwunden waren, der durch eine Art Klebstoff oder Pech zusammengehalten wurde. Am dickeren Ende dieser dunkelbraunen Stange war eine Verdickung aus dunklem Holz angebracht, so groß wie eine Faust mit einem kleinen Loch in der Mitte.

Einige Tage später, als ich zu Hause aus dem Flugzeug stieg, sah ich, wie das Gepäck ausgeladen wurde. Plötzlich hielten die Arbeiter inne und sprachen miteinander. Der Mann im Flugzeug reichte meine Stange hinaus. Ich konnte sehen, wie die Männer sich ansahen, lachten und die Köpfe schüttelten, offensichtlich neugierig, was das Ding wohl sein sollte. Einer von ihnen hielt es hoch und schaute durch das Loch. Ein anderer tat so, als ob es eine übergroße Billardstange sei. Ich bekam Angst, daß sie die Stange beschädigen könnten, aber schließlich legten sie das Ding auf den Gepäckwagen und fuhren in ihrer Arbeit fort.

Zu Hause rätselten meine Kinder genauso wie die Gepäckträger am Flughafen. Ich sagte: „Das ist ein Blasrohr."

„Ein Blasrohr, was ist das?" kam prompt die Gegenfrage.

Wie man ein Blasrohr benutzt

„Damit jagen die Indianer Affen“, sagte ich. „Kommt, ich zeig’s euch.“ Wir gingen in die Garage. Ich zog einen Köcher mit sehr dünnen Stöcken hervor, ungefähr 25 Zentimeter lang, mit einer scharfen Spitze an einem Ende. Das waren die Pfeile.

„Die Indianer tauchen diese Pfeile in Gift, das von einem Frosch stammt“, erklärte ich. „Dann nehmen sie das Blasrohr, um auf den Affen zu schießen. Das Gift lähmt den Affen, und er fällt vom Baum. Schaut!“

Ich schob den Pfeil in das Loch am Ende des Blasrohres, wo das Mundstück war, und hob die Waffe zum Mund. Ich zielte auf eine Zielscheibe an der Wand und blies, so fest ich konnte. Der Pfeil schoß am anderen Ende heraus und bohrte sich in die Scheibe. Nach einem Moment überraschter Stille riefen meine Kinder: „Noch mal! Noch mal!“

An dieser Stelle im Buch sind Sie vielleicht in einer ähnlichen Situation wie die Gepäckträger und meine Kinder. Ich habe über „Mentoring“ gesprochen und Sie ermutigt, „Mentoringbeziehungen“ zu beginnen. Aber Sie denken vielleicht: „Mentoring, was ist das eigentlich?“ Sie haben vielleicht noch keine Vorstellung davon, wie sich solch ein Prozeß auswirkt, obwohl ich Ihnen auf allgemeine Weise erklärt habe, was das Ziel des Mentoring ist.

Die Gepäckträger am Flughafen hatten genau die richtige Ausrüstung in Händen, um Affen zu jagen, aber das wußten sie nicht. Sie hatten in ihrem Leben noch nie ein Blasrohr gesehen, und selbst wenn ich ihnen gesagt hätte, was es ist, hätten sie doch nicht gewußt, wie sie es benutzen sollten.

Mentor sein

Genauso haben Sie vielleicht die richtige Ausrüstung, die richtigen Fähigkeiten, um jemanden zu betreuen; aber das heißt noch nicht, daß Sie sich dessen auch bewußt sind. Und selbst wenn das der

Fall ist, wissen Sie vielleicht nicht, wie Sie dies alles einsetzen können, um das Leben eines anderen Mannes zu beeinflussen.

Nachdem ich Sie also dazu aufgerufen habe, als Mentor zu dienen, will ich Ihnen nun zeigen, *wie* Sie das tun können. In diesem Kapitel will ich erklären, was ich genau meine, wenn ich von Mentoren rede. In den restlichen Kapiteln gebe ich Ihnen dann ein Muster und einiges Handwerkszeug, um Mentoringbeziehungen aufzubauen und zu erhalten.

Lassen Sie mich mit einer Definition beginnen. Das ist leichter gesagt als getan, denn der Begriff „Mentor" ist im Grunde kein „reiner" Begriff, sondern eine Metapher, ein Bild, das jemanden beschreibt, der in einer bestimmten Art von Beziehung steht.

Der erste Mentor

Ursprünglich ist Mentor – wie eingangs erwähnt – eine Figur der *Odyssee,* einem Epos des griechischen Dichters Homer. Mentor ist der Hüter und Lehrer von Telemachos, dem Sohn Odysseus'. Während Odysseus vor Troja kämpft und seine Irrfahrten überstehen muß, erzieht Mentor Telemachos zu einem Mann.

Ich überlasse es Ihnen, Homers Odyssee einmal zu lesen. Es geht mir vor allem darum zu zeigen, daß hier der Ursprung unseres metaphorischen Begriffs *Mentor* zu finden ist. Wie alle bildhaften Darstellungen kann Mentor für verschiedene Menschen unterschiedliche Dinge bedeuten: Meister, Leiter, Beispiel, Vaterfigur, Lehrer, Trainer, Tutor, Führer, Ratgeber usw. Es gibt viele Möglichkeiten.

Mentoring wird durch die Beziehung bestimmt

Da das der Fall ist, dürfen wir einen Mentor nicht formal definieren, sondern müssen ihn nach dem Charakter seiner Beziehungen mit anderen Personen und den Zielen, die diese Beziehungen haben, definieren. Weiter vorn habe ich einen Mentor ganz allgemein als eine Person beschrieben, die Ihnen hilft, kontinuierlich zu wachsen und Ihre Lebensziele zu verwirklichen. Beachten Sie bitte, daß die Beziehung durch die Hingabe des Mentors bestimmt ist, und ihr Ziel ist die Entwicklung – das Wachstum eines Menschen. Ist das zu abstrakt? Lassen Sie mich praktisch werden. Ein Mentor dient seinem Schüler auf verschiedene Arten:

- *Er ist eine Informationsquelle.* Er weiß Dinge – vor allem über das Leben –, die der Schüler nicht weiß.
- *Er gibt Weisheit.* In der Bibel bedeutet Weisheit, „die Fähigkeit (Kunst) zu leben". Es hat jemand mal so ausgedrückt: Weisheit bedeutet zu wissen, was man als nächstes tut. Der Mentor trägt dafür Sorge, daß das Leben sinnvoll und wirksam ist.
- *Er vermittelt bestimmte Fähigkeiten und wirkungsvolle Verhaltensweisen.* Es gibt meist auch einen praktischen Bereich in der Mentoringbeziehung. Der Schüler lernt bestimmte Dinge, die er vorher noch nicht konnte.
- *Er gibt Rückmeldung.* Der Mentor ist mehr als nur ein Spiegel – er ist ein Kommentator. Er hat sich einen Standpunkt gebildet. Er sieht, was wirklich wichtig ist.
- *Er trainiert.* In unserer Kultur kommt ein Trainer wahrscheinlich einem Mentor am nächsten. Die Arbeit des Trainers ist es, einen Sportler so vorzubereiten, daß er einen Wettkampf gewinnt. Die Arbeit eines Mentors ist es, einen Schüler vorzubereiten, so daß er im Leben gewinnen kann.
- *Er ist eine Testperson.* Der Mentor gibt dem Schüler die Möglichkeit, Ideen und Einfälle zu testen, bevor sie zu Programmen und Einstellungen werden.
- *Man kann zu ihm kommen.* Wenn wir persönliche Probleme und Krisen durchleben, brauchen wir Menschen, denen wir vertrauen und die wir respektieren. Ein Mentor schenkt uns dieses Vertrauen.
- *Er hilft dabei, Pläne zu entwerfen.* Ob Sie ein Programm für geistliches Wachstum oder Ihre Karriere planen, eine Ausbildung anstreben oder heiraten wollen, ein Mentor bedeutet eine zusätzliche Meinung und praktischen Rat.

- *Er weckt Neugierde.* Mentoren öffnen eher neue Türen als sie zu verschließen. Sie zeigen uns neue Möglichkeiten, Chancen – das Unbekannte. Sie fragen gerne: „Hast du schon mal bemerkt, daß …“

Wir könnten diese Liste leicht verlängern. Sie ist als Anregung zu verstehen, nicht als komplette Zusammenstellung. Nicht jeder Mentor übernimmt alle diese Funktionen, aber jeder Mentor tut wenigstens einige dieser Dinge.

Was ist also ein Mentor? Die Frage sollte vielleicht besser lauten: Wann wird ein Mann zum Mentor? Es kommt nicht so sehr darauf an, ob Sie sich selbst in dieser Rolle sehen können. Die Frage ist, ob jemand anderes Sie in dieser Rolle sieht. Der Blickwinkel des Schülers bestimmt zum überwiegenden Teil die Beziehung.

Thomas und Richard

Lassen Sie mich ein Beispiel erzählen. Thomas, 28 Jahre alt und Schreiner von Beruf, lebt mit seiner Frau Julie und zwei kleinen Kindern in einem kleinen Haus, das sie gekauft haben. In derselben Straße wohnt Richard, ein Teenager, der bei seiner Mutter lebt. Seine Eltern sind geschieden.

An einem Samstag spielt Thomas Basketball in seiner Auffahrt. Über seiner Garage hat er einen Basketballkorb angebracht. Als er sich umdreht, sieht er Richard vorbeigehen. Richard zögert einen Moment, aber sobald Thomas ihn bemerkt, geht Richard weiter.

Doch Thomas ruft ihm nach: „He, hast du Lust zu spielen?“

Richard antwortet sofort: „Klar!“

Sie spielen sich also den Ball zu, werfen einige Körbe und bemerken nicht, wie der Nachmittag vergeht.

Schließlich hören sie auf, und Thomas holt etwas zu trinken. Sie sitzen auf der Treppe und sprechen noch eine ganze Zeitlang über ihre Lieblingsteams und über Sport im allgemeinen. Schließlich sagt Richard, daß er gehen muß, und verabschiedet sich.

Ein paar Tage später sind sie wieder in der Auffahrt und spielen zusammen. So geht es über Wochen, immer verbunden mit einem langen Gespräch nach dem Spiel. Eine Zeitlang sind die Gespräche auf Sport, Wetter und andere allgemeine Themen beschränkt, aber nach und nach kommen sie auf wichtigere Themen zu sprechen. Thomas fragt Richard nach der Schule und seinen Freunden. Richard spricht hin und wieder über sein Zuhause. Thomas erzählt Richard von seiner Arbeit. Als Richard Julie kennenlernt, fragt er Thomas eines Tages auch über Mädchen aus.

Auf diese Weise vertieft sich ihre Beziehung immer mehr. Nach einer Weile erzählt Thomas seinem neuen Freund, daß er und Julie Christen sind und was das für ihn bedeutet. Kurz darauf ist Richard bereit, sein Leben in die Hände Jesu zu legen. Thomas stellt ihn einigen Jugendlichen in seiner Gemeinde vor, und Richard engagiert sich in der Jugendgruppe.

Ein paar Jahre vergehen, und Richard beendet die Schule. Jetzt spricht er mit Thomas darüber, was er mit seinem Leben anfangen könnte. Thomas erzählt von seinen eigenen Erfahrungen und vermittelt Richard eine Lehrstelle.

Er bekommt eine Stelle bei einer expandierenden Firma, wird bald befördert und in eine andere Stadt versetzt. Zu ungefähr der gleichen Zeit verkaufen Thomas und Julie ihr Haus und ziehen um. Thomas und Richard schreiben sich noch einige Postkarten, aber bald verlieren sie den Kontakt. Die Beziehung hat alle ihre praktischen Ziele erfüllt.

Das interessante an der Sache ist folgendes: Wenn ich Thomas zwanzig Jahre später bei einem Seminar über Mentoring fragen würde: „Gibt es da Leute, die du auf besondere Weise beeinflußt hast?“, würde er sich wohl den Kopf kratzen und sagen: „Also, da war so ein Typ in unserem Bauteam. Dem habe ich den Glauben nahegebracht, und ich glaube, ich habe ihm auch geholfen, seine Ehe zu retten. Und dann war da Günther in meiner Gemeinde. Wir haben oft zusammen gebetet. Und da war noch ein Junge – seinen Namen habe ich vergessen –, der zu mir aufgesehen hat. Er wollte genauso sein wie ich, wenn er einmal groß ist. Ich glaube, ich habe ihn beeindruckt. Sonst kann ich mich an niemanden erinnern. Außer den zwei oder drei Leuten, von denen ich gesprochen habe, kann ich wirklich nicht sagen, daß ich für jemanden ein ‚Mentor' war. Ich würde das aber schon gerne tun. Deshalb bin ich hier, damit ich's lerne."

Der Einfluß eines Mentors

In der Zwischenzeit könnte ich Richard treffen, der fast vierzig ist, und ihm die Frage stellen, mit der ich dieses Buch begonnen habe: „Wer hat Ihnen geholfen, der Mensch zu werden, der Sie heute sind?"

Und ohne zu zögern würde Richard sagen: „Das war Thomas. Ich werde ihn nie vergessen. Er wohnte in derselben Straße wie ich, und wir haben über alles gesprochen. Ich meine, es gab nichts, das ich ihn nicht fragen konnte. Er hat mich nicht angepredigt oder so. Er hat einfach zugehört und mir einen Rat gegeben, über den ich dann nachgedacht habe. Er war der überzeugendste Christ, den ich je kennengelernt habe, und er hat mir Jesus großgemacht. Als sich niemand um mich kümmerte, hat er mir das Evangelium erklärt, mich zur Gemeinde gebracht und mir gezeigt, wie man die Bibel liest und betet. Er hat mir auch gezeigt, was ein echter Vater und Ehemann ist.

Ich weiß nicht, wo er jetzt ist, aber es vergeht kein Tag, an dem ich nicht sage: ‚Danke, Herr, für Thomas!' Ich bin mir nicht sicher, ob ich richtig verstanden habe, was Sie mit ‚Mentor' meinen, aber wenn Sie von jemandem sprechen, der mein Leben völlig verändert hat, dann war das in meinem Fall bestimmt Thomas."

Dieselbe Beziehung und zwei völlig unterschiedliche Perspektiven, aber Richards Sichtweise ist ausschlaggebend.

Ich kann Ihnen übrigens versichern, daß sich ähnliche Szenen immer und immer wiederholen. Junge Männer schauen zu älteren Männern auf eine Weise auf, die sich die älteren Männer kaum vorstellen können. Wenn die älteren Männer eine Vorstellung davon hätten, welchen Einfluß sie tatsächlich haben, ganz zu schweigen von dem Einfluß, den sie haben könnten, dann würden sich

Beziehungen zwischen Männern in unserem Land völlig verändern. Bücher wie dieses wären kaum nötig, weil Männer solche Beziehungen schon längst hätten.

Es ist wichtig zu definieren, was ein Mentor ist, aber ich möchte Sie warnen, sich an Worte und Konzepte zu klammern. Thomas und Richard hatten keine Ahnung, daß sie eine Mentoringbeziehung eingegangen waren, aber sie erlebten ihren Segen. Ich will Mentoring vor allem deshalb definieren, um Ihnen zu helfen, anderen Männern bewußt auf diese Weise zur Seite zu stehen.

Wie steht es mit Ihnen?

Irgendwo gibt es einen Richard, der braucht, was Sie zu geben haben. Im nächsten Kapitel will ich Ihnen helfen, ihn zu finden. Zuerst fragen Sie sich aber vielleicht, ob Sie tatsächlich in der Lage sind, einem anderen Mann als Mentor zu dienen. Im folgenden habe ich eine kurze Liste mit Fragen zusammengestellt, anhand derer Sie sehen können, ob Sie geeignet sind:

1. Haben Sie Geduld? Haben Sie eine langfristige Sicht der Dinge?
2. Was ist Ihr Spezialgebiet? Welche Begabungen haben Sie, und auf welchem Gebiet sind Sie Experte?
3. Wie stark sind Ihre zwischenmenschlichen Beziehungen? Haben Sie generell gesunde Beziehungen?
4. Sind Sie auf Fortschritt aus, das heißt sind Sie imstande, einer Person über längere Zeit zur Seite zu stehen, während sie sich weiterentwickelt?
5. Sind Sie bereit, Risiken einzugehen?
6. Sind Sie bereit, Verantwortung zu übernehmen, um jemandem beim Wachsen zu helfen?
7. Kann man sich Ihr Leben zum Vorbild nehmen? Wäre es in Gottes Sinn, wenn sich jemand Ihr Verhalten, Ihre Einstellungen, Werte, Sprache und Eigenarten zum Vorbild nimmt?

8. Sind Sie bereit, für jemanden Zeit aufzubringen?
9. Gibt es Schuld oder ungeklärte Verhältnisse in Ihrem Leben, die vielleicht Ihrer Beziehung zu einer anderen Personen schaden könnten?
10. Haben Sie sich mit der Frage, inwieweit Jesus der Herr über Ihr Leben ist, auseinandergesetzt? Sind Sie grundsätzlich bereit, ihn in jedem Bereich Ihres Lebens Einlaß zu gewähren?

Ihre Antworten auf diese Fragen allein qualifizieren Sie noch nicht zum perfekten Mentor, aber sie geben Ihnen die Richtung an. Sie können Ihnen helfen, besser einzuschätzen, was Sie zu bieten haben und wo Sie vorsichtig sein sollten.

Eine Warnung: Wenn Sie diese Fragen beantworten, lassen Sie Ihre Ideale aus dem Spiel. Sie können so viel von sich verlangen, daß Sie sich automatisch disqualifizieren. Nehmen Sie zum Beispiel die dritte Frage: „Wie stark sind Ihre zwischenmenschlichen Beziehungen?“ Sie denken vielleicht: „Oh weh! Ich habe schon Probleme, meiner Frau guten Morgen zu sagen! Und ich habe keine Ausbildung als Psychologe. Ich kann die Gedanken anderer Leute nicht lesen. Ich könnte nie ein Mentor werden.“ In Wirklichkeit haben Sie vielleicht die Gabe, gute Gespräche führen zu können.

Sie sollten natürlich hohe Ideale anstreben, Gott fordert uns dazu auf, aber er weiß auch, daß niemand von uns vollkommen ist und wir außer Stärken auch unsere Grenzen haben. Diese Schwachpunkte müssen uns nicht notwendigerweise daran hindern, als Mentoren zu dienen. Die meisten Männer sind tatsächlich in der Lage, einen viel positiveren Einfluß auszuüben, als sie denken.

14. Wie man einen Schüler findet

Früher war es im Geschäftsleben einfacher, die Kunden für ein bestimmtes Produkt zu interessieren, das man verkaufen wollte. Heute sind die Leute in der Regel nicht mehr daran interessiert, was Sie zu verkaufen haben – egal, wie gut es ist –, sondern sie orientieren sich hauptsächlich an ihren eigenen Bedürfnissen. Die einzige Frage, die sie zu einem Produkt stellen, lautet: „Brauche ich das?" Ansonsten heißt es: „Lassen Sie mich in Ruhe!"

Ich fürchte, daß ein Teil dieser Einstellung sich in den Bereich der persönlichen Entwicklung eingeschlichen hat, und das betrifft nun auch das Mentoring. Sie können als Mentor nicht einfach Ihr „Firmenschild" heraushängen und erwarten, daß ein künftiger Schüler an ihrer Tür klingelt. Statt dessen müssen Sie, im übertragenen Sinne, an seiner Tür schellen, sonst findet Ihr gutes Produkt keine Abnehmer.

Aktive Suche

Für viele Männer ist die Suche nach einem Schüler ein bißchen wie die sprichwörtliche Suche nach der Nadel im Heuhaufen. Es ist tatsächlich noch schlimmer: Es ist wie die Suche nach der Nadel in einem Heuhaufen voller Nadeln, denn es gibt kaum einen Mann, der keinen Mentor braucht. Wie beurteilen Sie dann Ihre Kandidaten?

Sollten Sie vielleicht den erstbesten jungen Mann, der Ihnen über den Weg läuft, festhalten, seine Hand schütteln und sagen: „Du hast Glück! Weißt du was? Ich bin von jetzt an dein Mentor!" Dieses Vorgehen würde ich Ihnen nicht unbedingt empfehlen.

Andererseits würde ich Ihnen auch nicht empfehlen, darauf zu warten, daß er einfach so in Ihrem Leben auftaucht. Wie ich schon sagte, Sie könnten den Rest Ihres Lebens mit Warten verbringen. Es stimmt zwar, das unzählige junge Männer sich nach Leitung durch einen älteren Mann sehnen, aber die meisten von ihnen würden niemals darum bitten.

Sie müssen also aktiv nach einem jüngeren Mann suchen, um mit ihm zu arbeiten. Mit „jüngerem Mann" meine ich einen Mann, der jünger ist als Sie. In der Regel suchen Schüler einen Mentor, der zwischen sechs und fünfzehn Jahren älter ist als sie. Ein Teenager fühlt sich zu einem Zwanzig- oder Dreißigjährigen hingezogen, ein Dreißigjähriger sucht nach einem vierzig oder fünfzig Jahre alten Mentor. Ein 55 Jahre alter Mann wird auf einen Sechzig- oder Siebzigjährigen hören. Natürlich muß das nicht immer so sein. Jugendliche können auch viel von Sechzig- oder Siebzigjährigen lernen, und gleichaltrige Mentoren beeinflussen einander. In diesem Kapitel geht es mir jedoch um Mentoringbeziehungen, in denen ein deutlicher Altersunterschied besteht.

Es ist nicht so schwierig, einen jüngeren Mann als Schüler zu finden, wie es sich vielleicht anhören mag. Wahrscheinlich wird es aber nicht einfach so „passieren". Denken Sie daran, daß Barnabas absichtlich zu Paulus ging und ihn zur Gemeinde brachte (Apostelgeschichte 9,27). Ebenso forderte Paulus Timotheus bewußt auf, mit ihm zu reisen (16,1-3).

Ich möchte Sie dazu ermutigen, bewußt nach potentiellen Schülern Ausschau zu halten, wenn Sie an die jungen Männer in Ihrer Umgebung denken – an Ihre Arbeitsstelle, in Ihrer Gemeinde, in Ihrer Nachbarschaft und Ihrem Wohnort. Fragen Sie sich selbst: Wer könnte brauchen, was ich zu bieten habe?

Was heißt „potentiell"?

Bedenken Sie bitte, daß wir hier nicht danach fragen, wer ein bestimmtes Potential hat, denn *jeder* hat Potential. Das ist Teil des Geschaffen-Seins als Gottes Ebenbild. Gott hat ein Ziel mit jedem von uns. Wir können darum niemals jemanden ansehen und sagen: „Na, vergiß den mal. Das ist ein hoffnungsloser Fall. Der hat doch nichts zu bieten.“ Wer von uns hat schon – menschlich gesehen – etwas zu bieten?

Wenn Sie das Potential einer Person als Entscheidungskriterium zu Grunde legen, werden sich bei einer solch kurzsichtigen Vorgehensweise Erfolg und Mißerfolg die Waage halten. Nehmen Sie zum Beispiel an, Sie treffen jemanden, der vielleicht ein heller Kopf ist, aber Ihnen trotzdem unbeständig erscheint, noch dazu ein schlechtes Urteilsvermögen hat, unzuverlässig und grob ist und gerne mal einen über den Durst trinkt. Einer seiner Freunde sagt, daß er im Leben immer nur die Abkürzungen genommen habe. Sie würden wahrscheinlich sehr schnell den Gedanken von sich weisen, diesen Mann zu betreuen, aber dabei würden Sie einen jungen Winston Churchill vorbeigehen lassen.

Oder nehmen Sie an, Sie treffen einen Teenager, der kein besonders guter Schüler ist, nicht viel spricht, auf den man sich nicht verlassen kann, der in der Schule aufsässig ist und hin und wieder die Beherrschung verliert (und sogar einen Stuhl nach seinem Lehrer wirft). Wie würden Sie das „Potential“ dieses jungen Mannes einschätzen? Die meisten von uns würden sagen, daß er wahrscheinlich keine Chance hat. Das dachten jedenfalls die Lehrer von Albert Einstein.

Will ich damit vielleicht sagen, daß jeder junge Mann, dem Sie begegnen, ein potentieller Churchill oder Einstein ist? Nein, ich möchte etwas viel Wichtigeres zeigen: Jeder junge Mann, den Sie treffen, verdankt seine Existenz Gott, dem Schöpfer. Nehmen Sie das nicht zu leicht! Es bedeutet, daß Gott ihm genau das gegeben hat, was er braucht, um die einzigartige Person zu werden, die Gott beabsichtigte. Ihre Aufgabe als Mentor ist es, einem jungen Mann zu helfen, daß er den Willen Gottes erfüllen kann.

Was sagt uns das nun über die fünf Qualitäten aus Kapitel vier, die Mentoren meist in einem zukünftigen Schüler suchen: Zielorientiertheit, der Wunsch, seine Fähigkeiten zu verbessern, Initiative, Lernbereitschaft und persönliche Verantwortung für seine eigene Entwicklung? Diese sind sicher unabdingbar, wenn es um persönliches und geistliches Wachstum geht. Im Idealfall würde ich gerne alle fünf in einem Kandidaten finden, aber ich würde einen Mann nicht ausschließen, nur weil er einige dieser Charakteristika nicht besitzt oder einige wenig ausgeprägt sind. Ich muß mir dessen bewußt sein, daß er vielleicht heute nur wenig der Person gleicht, die er in zwanzig oder dreißig Jahren sein wird. Vielleicht stelle ich mir seine Zukunft im Geiste vor, aber ich muß meine Aufmerksamkeit auf die Gegenwart richten: Mit was kann ich heute arbeiten, und worauf kann ich aufbauen?

Wer könnte das gebrauchen, was ich zu bieten habe?

Die grundlegende Frage, die ich mir bei der Suche nach einem zukünftigen Schüler stellen sollte, lautet: *Wer könnte das gebrauchen, was ich zu bieten habe?*

Erinnern Sie sich an die Beziehung zwischen Thomas und Richard, die ich im letzten Kapitel beschrieben habe? Richard suchte im Prinzip nach einem Menschen mit Zeit und offenen Ohren. Thomas konnte ihm das geben – und tat es auch. Thomas war sich seines prägenden Einflusses auf Richard gar nicht bewußt. Nehmen wir aber einmal an, Thomas habe dieses Buch gelesen und dann nach jemandem gesucht, mit dem er arbeiten kann. Die Beziehung hätte vermutlich genauso angefangen wie zuvor, aber während sie sich entwickelte, hätte sich Thomas vielleicht gesagt: „Dieser Junge braucht Zeit und jemanden, der ihm zuhört; das kann ich ihm geben. Richard könnte ein möglicher Kandidat sein."

In der Zwischenzeit hätte Thomas vielleicht einen anderen Teenager übergangen, der andere Dinge brauchte – Dinge, die Thomas ihm nicht bieten konnte. Ein Jugendlicher in Thomas' Gemeinde suchte vielleicht Antworten auf tiefe, intellektuelle und philosophische Fragen über das Christentum. Das war nicht die Stärke von Thomas. Ein anderer Jugendlicher brauchte vielleicht einen Ort, wo er wohnen konnte, ein zweites Zuhause. Aber das war unmöglich für Thomas und seine wachsende Familie, die kaum genug Platz in ihrem kleinen Haus hatten.

Merken Sie, daß die Person, mit der Sie eine Beziehung aufbauen sollten, jemand ist, der am meisten von dem profitieren kann, was Sie zu bieten haben? Darum ist es so wichtig, daß Sie wissen, was Sie geben können und was nicht. Darum sollten Sie nun einen Moment innehalten und eine Bestandsaufnahme machen. Sie müssen sich selbst gut kennen, Ihre Gaben, Ihre Mittel und Ihre Grenzen.

Sie müssen auch im Gebet um Klarheit bitten, mit wem Sie nach Gottes Willen Ihre Zeit verbringen sollten. Sind Sie sich dessen bewußt, daß Jesus eine ganze Nacht im Gebet verbrachte, bevor er seine zwölf Jünger auswählte (Lukas 6,12-13)? Paulus schreibt Timotheus, daß er Tag und Nacht im Gebet an ihn denkt (2. Timotheus 1,3).

Nehmen wir also an, daß Sie an dem Punkt angelangt sind, an dem Sie nach einem möglichen Schüler Ausschau halten. Woher wissen Sie, daß er braucht, was Sie zu bieten haben? Es folgen nun eine Reihe von Fragen: Sechs Fragen, die Sie dem Kandidaten stellen können, und sechs Fragen über den Kandidaten, die Sie sich selbst stellen sollten.

Fragen an Ihren Kandidaten

Diese Fragen sind dazu gedacht, Informationen zu sammeln. Sie haben mit vielen unbekannten Faktoren zu tun und müssen darum einige grundlegende Dinge herausfinden, die es Ihnen ermöglichen, fundierte Entscheidungen zu treffen. Sie müssen diese Fragen nicht wörtlich so stellen, wie ich sie hier aufgeschrieben habe. Gebrauchen Sie Ihre eigenen Worte. Vielleicht können Sie auch einige Informationen auf andere Weise bekommen. Ich empfehle Ihnen auf jeden Fall, diese Fragen nicht wie bei einem Verhör auf einen jungen Mann abzufeuern. Es kann Wochen oder sogar Monate dauern, bis Sie einige Antworten aus ihm herausgeholt haben, und manche Dinge werden Sie vielleicht nie erfahren. Er hat schließlich das Recht zu schweigen.

1. *„Was würdest du gerne mit deinem Leben anfangen?“* Das ist oft ein guter Ausgangspunkt, weil die Frage weit gefaßt und relativ harmlos ist, aber Hinweise auf die allgemeine Einstellung des jungen Mannes gibt. Wie auch immer Sie die Frage stellen, versuchen Sie, seine Pläne, Ziele und Träume zu entdecken und herauszufinden, was ihn begeistert. Was will er in seinem Leben erreichen? Welche Erwartungen hat er? Was möchte er einmal werden?
2. *„Du scheinst dich sehr für dies oder jenes zu interessieren. Erzähl doch mal mehr davon. Was interessiert dich sonst noch?“* Sie versuchen so, die Interessen des jungen Mannes herauszufinden. Er wird Ihnen vielleicht von einem Buch erzählen, das er gerade liest; einem Spiel, das er gespielt hat; einem Abenteuer, an dem er beteiligt war; einem Projekt, an dem er arbeitet. Achten Sie besonders auf die Dinge, für die er sich *begeistert* – die Themen und Situationen, die seine Lebensgeister wecken, die ihn wirklich aufrütteln, für die er sich Zeit und Aufmerksamkeit nimmt. Begeisterung ist ein Hinweis auf seine Motivation und natürliche Neigung.
3. *„Worin bist du besonders gut?“* Jeder Mensch hat bestimmte Fähigkeiten und Begabungen. Diese können sehr deutlich sichtbar sein, aber sie sind vielleicht nicht immer schon voll entwickelt. Forschen Sie nach, um zu sehen, ob er noch ungenutzte Kapazitäten hat, von denen niemand etwas weiß. Das klassische Beispiel ist das Kind, das in der Theorie schlecht abschneidet, aber mit den Händen ein Genie ist. Oder nehmen Sie den jungen Mann, der nicht gut mit Menschen umgehen kann, aber ein sagenhaftes Gedächtnis und einen Blick für Details hat. Sie müssen aufmerksam sein, um versteckte aber wichtige Fähigkeiten wie diese zu entdecken.
4. *„Erzähl mir ein bißchen von dir.“* Sie können diese Frage wahrscheinlich auch auf subtilere Weise stellen, aber Sie sollten so mehr über die Vergangenheit des jungen Mannes herausfinden. Woher kommt er? Was waren bisher die Höhepunkte (und Tiefpunkte) in seinem Leben? Welche Personen und Ereignisse waren für ihn wichtig? Welche Schicksals-

schläge hat er erfahren? Welche Faktoren scheinen dafür verantwortlich zu sein, wer er heute ist? Leute fallen nicht einfach vom Himmel; jeder hat seine eigene Geschichte. Indem Sie die Ihres möglichen Schülers herausfinden, erhalten Sie unschätzbare Informationen darüber, welche Rolle Sie in seinem Leben spielen könnten.

5. *„Erzähl mir von deiner Familie."* Die Eltern und Geschwister sind alle sehr wichtige Personen in seinem Leben. Von Ihrer Perspektive als potentieller Mentor aus ist die Beziehung zu seinem Vater vielleicht die bedeutsamste. Sie gibt viele Hinweise auf seine Einstellung zu Themen wie Autorität, Gott, Frauen und was es heißt, ein Mann zu sein. Achten Sie also darauf, wie sich seine Geschwister entwickelt haben. Das kann Ihnen manchmal viel darüber sagen, wo er herkommt. Ein anderer ausschlaggebender Faktor, der oft übersehen wird, ist sein Erbe und seine Herkunft. Heute denken wir, wenn wir von „Familie" sprechen, an die Kleinfamilie, aber in der Bibel besteht die „Familie" nicht nur aus Mutter, Vater und den Kindern, sondern auch aus der weiteren Verwandtschaft – Großeltern, Tanten, Onkeln und anderen Verwandten. Es scheint, daß vor allem im Alten Testament die Familie eines Mannes eine bedeutsame Rolle spielt, wenn es darum geht, ihn zu der Person zu machen, die er ist.
6. *„Glaubst du an Gott?"* Irgendwann möchten Sie auch wissen, wie der Mann im Blick auf den Glauben steht. Glaubt er überhaupt an Gott? Wenn ja, hat er sein Leben Jesus Christus anvertraut? Wenn nicht, dann ist das noch kein Grund, ihn als Schüler abzulehnen – im Gegenteil, Ihre Beziehung ist vielleicht eine gute Gelegenheit, ihn für Jesus zu gewinnen (siehe S. 67-68). Wenn er bereits Christ ist, dann müssen Sie einschätzen, wie weit er schon im Glauben gewachsen ist.

Fragen über Ihren Kandidaten

Die folgenden Fragen sind Reaktionen auf die Informationen, die Sie gesammelt haben, Fragen, die Sie sich selbst stellen müssen. Wenn Sie sich die Zeit genommen haben, Ihren Kandidaten kennenzulernen, haben Sie viele Informationen zu verarbeiten, aber Sie müssen immer noch herausfinden, ob Sie ihm helfen können.

1. *„Inwiefern ähnelt mir der junge Mann?“* Je mehr Sie mit jemandem gemeinsam haben, desto einfacher ist es, eine Beziehung aufzubauen, und desto wahrscheinlicher ist es, daß Sie sein Leben beeinflussen können. Nicht, daß Sie jemandem, der anders ist als Sie, nicht helfen könnten, aber Sie werden oft sehen, daß die Unterschiede es schwieriger machen, miteinander zu kommunizieren und eine Beziehung aufzubauen. Sehen Sie also Aspekte von sich selbst in dieser Person? Haben Sie viel gemeinsam? Oder haben Sie nichts gemeinsam? Finden Sie es leicht, Zeit mit ihm zu verbringen, oder ist es schwer? Haben Sie einander etwas zu sagen?
2. *„Was sind meiner Meinung nach seine Bedürfnisse?“* Sie könnten eine Liste von Bedürfnissen zusammenstellen und sie dann nach ihrer Dringlichkeit ordnen. Was sind zum Beispiel seine drei größten Bedürfnisse; die drei Dinge, die ihn am meisten davon abhalten, Fortschritte zu machen? Sie könnten diese Frage auch auf eine andere Art stellen, indem Sie einen Schritt zurücktreten und das Gesamtbild betrachten. Dann fragen Sie: „Was braucht dieser Mann *wirklich?*“ Thomas zum Beispiel sagte sich offenbar, daß Richard *wirklich* Zeit und Aufmerksamkeit brauchte. Richard hatte offensichtlich noch andere Bedürfnisse: Er brauchte unter anderem einen Vater, ein stabiles Zuhause und vielleicht Hilfe in der Schule, aber Thomas hätte mit einem Blick auf den großen Zusammenhang zwei einfache aber strategische Dinge herausgefiltert, um die er sich kümmern konnte.
3. *„Reagiere ich auf das Bedürfnis oder die Situation dieser Person?“* Irgendwann müssen Sie sich mit Ihrer eigenen Reaktion auf diesen Menschen auseinandersetzen. Sie müssen

ehrlich sein. Berührt er Sie? Sind Sie motiviert, etwas für ihn zu tun? *Wollen* Sie mit ihm arbeiten? Versuchen Sie nicht, Gefühle und Motive zu fabrizieren, die nicht da sind. Achten Sie nur auf das, was wirklich vorhanden ist, denn das ist eine Weise, auf die Gott zu Ihnen reden kann, Ihnen zeigen kann, ob Sie sich stärker engagieren sollen oder nicht.

4. *„Will er meine Hilfe?"* Mentoring hat nichts damit zu tun, Kühlschränke an Eskimos zu verkaufen. Denken Sie an die Frage: Wer könnte das gebrauchen, was ich zu bieten habe? Sie müssen sich nicht jemandem aufdrängen, der Sie nicht wirklich will. Sie müssen also nach Hinweisen suchen, daß dieser junge Mann Sie bewußt aufsucht, Ihr Angebot annimmt oder Sie um Hilfe bittet. Wenn er das tut, dann ist das ein gutes Zeichen. Sie können ihm vielleicht helfen. Wenn nicht, dann ist das auch in Ordnung. Es gibt wahrscheinlich jemand anderen, dem Sie helfen können.
5. *„Ist dies der richtige Zeitpunkt, diesem Mann zu helfen?"* Der richtige Zeitpunkt ist wichtig. Manchmal kommt ein qualifizierter Mentor zu früh, um dem jungen Mann wirklich helfen zu können, manchmal kommt er auch zu spät. Wenn Sie Ihren Kandidaten beurteilen, müssen Sie überlegen, ob der Moment gut gewählt ist. Dies ist ein weiterer Grund, regelmäßig dafür zu beten und Gott zu bitten, Ihre Augen für Männer zu öffnen, für deren Dienst er Sie vorbereitet hat.
6. *„Wenn ich alles, was ich über diesen Mann weiß, zusammenfasse, welche Geschichte kommt dabei heraus?"* Jeder Mensch hat seine eigene Geschichte. Geschichten haben einen Anfang, einen Mittelteil und ein Ende. Sie kommen irgendwann im Mittelteil in das Leben dieses jungen Mannes. Was ist bis dahin geschehen? Wie stellen Sie sich auf der Grundlage dessen, was Sie erfahren haben, das Ende vor? Geschichten haben Handelnde und eine Entwicklung. Wer sind die wichtigen Personen im Leben Ihres Kandidaten? Was war bisher das Thema? Gibt es einen zentralen Konflikt? Können Sie sehen, wie Sie selbst in die Geschichte passen?

Zeit für Entscheidungen

Während Sie alle diese Fragen beantworten, fragen Sie sich vielleicht: „Was soll ich damit nun anfangen? Was kommt dabei heraus? Wohin führt dies alles?" Die Antwortet lautet: Es bringt Sie zu einer Entscheidung. Früher oder später müssen Sie sich entscheiden, ob diese Beziehung sich vertiefen soll, und wenn ja, auf welche Weise. Kurz, Sie müssen entscheiden, wieviel Sie dieser Person von sich selbst geben wollen.

Es gibt im Prinzip vier Möglichkeiten:

Erstens: Sie entscheiden, daß diese Beziehung keine Zukunft hat. Wenn das so ist, seien Sie nicht beschämt und haben Sie keine Angst, das zuzugeben. Sie erweisen dem anderen einen Dienst, wenn Sie sagen: „Nein, ich kann dir wirklich nicht helfen." Sie helfen ihm nicht, wenn Sie ihn mit falschen Hoffnungen und unter Vorwänden mit sich schleppen.

Als zweite Möglichkeit könnten Sie beschließen, abzuwarten oder mit Vorsicht weiterzugehen. Die Frage des Zeitpunktes könnte dies beeinflussen. Wenn Sie Ihre Zeitplanung machen, merken Sie vielleicht, daß Ihre Hilfe in sechs Monaten, einem Jahr oder drei Jahren besser angebracht wäre. In diesem Fall erhalten Sie die Beziehung aufrecht, bis der Zeitpunkt gekommen ist, um sich stärker zu engagieren.

Drittens könnten Sie entscheiden, die Beziehung weiter fortzusetzen, aber nur wenn Sie einige Vorsichtsmaßnahmen treffen und Grenzen ziehen. So arbeite ich manchmal mit Studenten am Seminar. Ein Student hat vielleicht die Neigung, die Aufmerksamkeit der Leute zu stark in Anspruch zu nehmen. Wenn ich ihn ließe, würde er mich stundenlang festhalten. Ich will gerne mit ihm arbeiten, aber ich kann ihm nicht soviel Zeit geben. Darum sage ich ihm: „Ich kann dir einmal im Monat eineinhalb Stunden geben. In den eineinhalb Stunden bin ich nur für dich da, aber länger geht es nicht." Dann bitte ich meine Sekretärin, mir zu helfen, in diesem Rahmen zu bleiben. Wenn die eineinhalb Stunden vorüber sind, sagt sie mir, daß es Zeit für den nächsten Termin ist, und ich bringe den Studenten zur Tür. Das ist ein gutes Arrangement für uns beide.

Die letzte Möglichkeit – und darauf hatten Sie gehofft – ist die Erkenntnis, daß die Beziehung sich gut entwickelt. Sie denken, daß Sie wirklich einen großen Einfluß auf das Leben dieses Menschen haben können. Wenn das passiert, danken Sie Gott, und beten Sie dafür, daß er Ihnen die Weisheit gibt, ein guter Mentor zu sein. In den nächsten Kapiteln will ich Ihnen ein paar praktische Ratschläge geben, wie Sie und Ihr Schüler die Beziehung fruchtbar gestalten können.

Am Ende dieses Kapitels möchte ich Sie bitten, einen Moment innezuhalten und eine Liste potentieller Kandidaten für eine Mentoringbeziehung zusammenzustellen. Wen könnte Gott in Ihren Einflußbereich bringen? Fallen Ihnen Namen oder Gesichter ein? Sagen Sie nicht zu schnell ja oder nein.

Die ideale Mentoringbeziehung ist vielleicht die „natürliche" – die Situationen, in denen der Mentor ganz natürlich, beinahe ohne Anstrengung, seine Hilfe anbietet und der Schüler, beinahe instinktiv, das Angebot annimmt. Ein Beispiel dafür haben wir mit Thomas und Richard gesehen. Nichts war erzwungen, niemand wurde bedrängt. Die Beziehung entwickelte sich einfach mit der Zeit und beeinflußte schließlich Richards ganzes Leben.

Wenn Sie also einen Schüler suchen, versuchen Sie, Situationen zu finden, in denen sich die Beziehung so natürlich wie möglich ergibt. Mentoring sollte ein Tanz sein, kein Drill. Und letztendlich sollte es Freude machen und keinen Kummer.

15. Du kannst es!

Manchmal treffe ich Leute, die gegen das Konzept des Mentoring sind, weil sie das Wort „Mentor" nicht in der Bibel finden: „Sie bringen uns da doch nur die neuste Mode aus der Geschäftswelt", sagen sie. „Sie kleben ein weltliches Etikett auf das biblische Konzept der Jüngerschaft."

Tue ich das? Ich gebe zu, daß das Wort „Mentor" nicht in der Bibel vorkommt, aber es stimmt nicht, daß Mentoring ein neuer Modetrend ist. Wie wir gesehen haben, stammt der Begriff „Mentor" ursprünglich aus Homers *Odyssee,* die ungefähr 800 v.Chr. entstand. Und die Rolle, die Mentor übernommen hatte – nämlich den jungen Telemachos zu erziehen, während sein Vater im Krieg war –, ist die Art, wie Kinder in fast allen Gesellschaften durch die Geschichte hindurch erzogen worden sind.

Ein altes Vorbild

Mentoring war auch die vorrangige Erziehungsweise zur Zeit der Bibel. Ich habe schon mehrere Beispiele für Mentoringbeziehungen erwähnt: Jitro und Mose, Jonatan und David, Barnabas und Paulus, Paulus und Timotheus (siehe auch „Mentoringbeziehungen in der Bibel").

Zur Zeit des Alten Testaments erlernten Kinder die meisten Fertigkeiten von ihren Eltern, von Mitgliedern der Großfamilie und von Nachbarn, zumeist durch einfaches Nachahmen. Darum traten viele Leute in die Fußstapfen ihrer Eltern. Söhne ererbten den Beruf ihres Vaters, und Töchter übernahmen die Pflichten ihrer Mutter.

Mentoring in biblischer Zeit war ein Lebensstil. Es war die vorrangige Methode, Können und Wissen von einer Generation an die andere weiterzugeben. Es überrascht daher nicht, daß uns die Bibel zahlreiche Beispiele für Mentoringbeziehungen liefert. Diese Liste enthält die wichtigsten Beispiele. Wenn Sie die angegebenen

Passagen lesen, können Sie viel über Prinzipien und Praxis des Mentoring lernen.

Mentoringbeziehungen in der Bibel

Im Alten Testament

Jitro und Mose (2. Mose 18): Jitro lehrte seinen Schwiegersohn das Prinzip des Delegierens.

Mose und Josua (5. Mose 31,1-8.34,9): Mose bereitet Josua darauf vor, Israel nach Kanaan zu führen.

Mose und Kaleb (4. Mose 13; 14,6-9; 34,16-19; Josua 14,6-15): Mose scheint Kaleb auf das Leiteramt vorbereitet und ihm einen starken Glauben an die Verheißungen des Herrn mitgegeben zu haben.

Samuel und Saul (1. Samuel 9-15): Samuel bemühte sich darum, den Charakter Sauls zu formen. Selbst als Saul gegen den Herrn rebellierte, forderte Samuel ihn immer wieder auf, zu Gott umzukehren.

Samuel und David (1. Samuel 16; 19,18-24): Samuel salbte David zum König und versteckte ihn vor Saul.

Jonatan und David (1. Samuel 18,1-4; 19,1-7; 20,1-42): Ein hervorragendes Beispiel für Mentoring unter Gleichaltrigen. Jonatan und David blieben einander treu, gerade in der schwierigen Zeit, als Sauls Herrschaft zerfiel.

Elia und Elisa (1. Könige 19,16-21; 2. Könige 2,1-16; 3,11): Der Prophet Elia wählt Elisa als seinen Nachfolger und lehrt ihn die Wege des Herrn, während Elisa Elia dient.

Jojada und Joasch (2. Chronik 24,1-25): Der Priester Jojada hilft Joasch – der auf den Thron Judas stieg, als er erst sieben Jahre alt war –, nach Gottes Prinzipien zu regieren. Leider wandte sich Joasch von Gott ab, nachdem sein Mentor gestorben war.

Im Neuen Testament

Barnabas und Paulus (Apostelgeschichte 4,36-37; 9,26-30; 11,22-30): Barnabas ermöglichte es Paulus, in die Gemeinde aufgenommen zu werden.

Barnabas und Johannes Markus (Apostelgeschichte 15,36-39; 2. Timotheus 4, 11): Barnabas war bereit, sich von Paulus zu trennen, um mit Johannes Markus zusammenarbeiten zu können. Später gab Paulus Barnabas recht und bezeichnete Johannes Markus als „meinem Dienst nützlich".

Priscilla, Aquila und Apollos (Apostelgeschichte 18,1-3. 24-28): Die Zeltmacher Priscilla und Aquila dienten Apollos in Ephesus als geistliche Lehrer. Dadurch wurde Apollos einer der kraftvollsten Sprecher für das Evangelium in der jungen Gemeinde.

Paulus und Timotheus (Apostelgeschichte 16,1-3; Philemon 2,19-23; 1. u. 2. Timotheus): Paulus lud Timotheus ein, ihn auf einer seiner Missionsreisen zu begleiten. Timotheus wurde schließlich Pastor der dynamischen Gemeinde in Ephesus

Paulus und Titus (2. Korinther 7,6.13-15; 8,17; Titus): Paulus und Barnabas gewannen diesen hellenistischen Heiden für den Glauben und machten ihn zum Reisegefährten und Mitarbeiter. Titus wurde ein Pastor und der Überlieferung nach der erste Bischof der Insel Kreta.

Mentoring kontra Jüngerschaft

Was ist nun der Unterschied zwischen Mentoring und Jüngerschaft? Sie sind eng verwandt, aber doch nicht genau das gleiche. Beide haben mit Beziehungen zu tun; aber Jüngerschaft impliziert einen Ruf, eine direkte Einladung durch den Lehrer; eine Einladung, die einem Befehl nahekommt. Jesus sagte den Fischern Petrus und Andreas: „Kommt mit mir", und „da ließen sie ihre Netze liegen und folgten ihm" (Matthäus 4,19-20). Dann traf er ihre Kollegen, Jakobus und Johannes: „Auch sie rief Jesus zu sich. Sofort verließen sie das Boot und ihren Vater und gingen mit Jesus" (4,21-22). In gleicher Weise wiederholte er es mit den übrigen der zwölf Apostel.

Das Wort *Jünger* bedeutet Lernender. Zur Zeit Jesu durchzogen viele Lehrer das Land, denen sich Gruppen von „Lernenden" anschlossen, die diesen Meistern nachfolgten und seine Lehre übernahmen. Manchmal wurden die Jünger selbst Meister und fanden dann ihrerseits neue Jünger. Aber das Gebot Jesu an seine Jünger: „Geht hinaus in die ganze Welt und ruft alle Menschen in meine Nachfolge" (Matthäus 28,19) ist anders zu verstehen, da Jesus *der* Meister, *der* Lehrer bleibt. Er will, daß Menschen, die zum Glauben kommen, *seine* Jünger, *seine* Schüler werden und bleiben.

Jüngerschaft, wie wir sie heute kennen, richtet das Hauptaugenmerk in der Regel auf den geistlichen Bereich. Im Idealfall sollte jeder Lebensbereich davon betroffen sein – unser Privatleben, unsere Arbeit, unsere Beziehungen. Jüngerschaft fragt aber immer danach, in welcher Beziehung meine Lebensbereiche zu Christus stehen, wie die Nachfolge Jesu mein Privatleben, meine Arbeit, meine Beziehungen und so weiter beeinflußt.

Mentoring, zumindest wenn es von Christen praktiziert wird, sollte sich natürlich auch auf Christus konzentrieren. Es hat aber weniger mit Lehre als mit Initiation zu tun – es soll junge Männer zur Reife bringen. Während das Wort „Jünger" Lernender bedeutet, kommt Protégé* von dem lateinischen Wort, das „beschützen" bedeutet. Der Mentor will seinen Schüler beschützen, während dieser den Schritt ins Erwachsensein tut.

Ich selbst unterscheide nicht so stark zwischen Jüngerschaft und Mentoring. Es gibt viele Überschneidungen; aber ich mag das Prinzip des Mentoring besonders, weil es sich auf Beziehungen konzentriert. Das fehlt uns heute in unseren Ausbildungen, ob es nun um formelle Lehre in Schulen und Universitäten geht oder um

* Wir haben bisher statt des englischen Begriffs „Protégé" den besser verständlichen Begriff „Schüler" gebraucht.

informelle Lehre zu Hause, in der Gemeinde und in der Gesellschaft. Männer haben keine lebendigen Beziehungen mehr, wie das früher der Fall war. Als Ergebnis wachsen Jungen auf, die nicht mehr wissen, was es heißt, ein Mann zu sein. Viele haben schlechte oder gar keine Vorbilder für das, was einen Ehemann und Vater nach dem Herzen Gottes ausmacht.

Es ist also nicht so entscheidend, wie Sie es nennen. Es geht nur darum, daß ältere und jüngere Männer eine Beziehung zueinander entwickeln, die dazu beiträgt, daß jüngere Männer wachsen, während ältere Männer sie anleiten.

Einen Schüler gewinnen

Wir können nicht in die Vergangenheit zurückgehen und alle die Faktoren wieder schaffen, die Mentoring und dessen Nutzen ausmachten. Dafür hat sich die Welt zu sehr verändert. Aber die menschliche Natur und die menschlichen Bedürfnisse haben sich nicht verändert. Das Verlangen und das Bedürfnis nach Mentoringbeziehungen bleiben so groß wie zuvor. Wie kann man also etwas von dieser alten Kunst und Praxis zurückgewinnen, damit Männer in unserer Umgebung Hilfe erfahren? Lassen Sie mich fünf einfache Strategien vorschlagen, wie Sie junge Männer in Ihren Einflußbereich bringen können:

Beten Sie

Das Gebet sollte immer der Ausgangspunkt für jede Form persönlicher oder geistlicher Entwicklung sein. Gebet setzt uns mit Gott in Verbindung, bevor wir uns mit einer anderen Person verbinden. Die vertikale Beziehung mit Jesus kommt an erster Stelle, und dann folgt die horizontale Beziehung mit anderen Menschen.

Wenn wir beten, können wir Gott bitten, unsere Augen für potentielle Kandidaten zu öffnen. Sie könnten z.B. auch die Liste potentieller Kandidaten zur Hand nehmen, die Sie am Ende des letzten Kapitels aufgestellt haben und konkret für bestimmte Leute beten.

Ich bin sicher, wenn Sie um einen Timotheus bitten, dann wird Ihnen Gott ihn früher oder später in Ihr Leben schicken, ja, er könnte das sogar schon getan haben. Das Gebet kann Ihnen helfen, ihn zu erkennen. Gebet ist eine Art Filter oder Linse, die Ihnen hilft, Menschen in einem anderen Licht zu sehen. Gott kann Ihr Gebet benutzen, um Ihnen die Richtung zu zeigen, in der Sie weitergehen sollten.

Beginnen Sie mit Ihrem Fachgebiet

Auf vertrautem Terrain eine Beziehung zu beginnen, die zu einer Mentoringbeziehung führen könnte, ist eine der natürlichsten Arten. Wenn Sie das tun, fühlen Sie sich entspannt und sicher. Sie können damit auch die Spannung vermeiden, die oft entsteht, wenn Beziehungen noch am Anfang stehen.

Entdecken Sie einen jungen Mann, der auf einem Gebiet Probleme hat, auf dem Sie einige gute Begabungen haben, dann bieten Sie ihm Ihre Hilfe an.

Vielleicht sind Sie Installateur und hören, wie ein Freund von dem vernachlässigten Haus seiner alten Mutter und der kaputten Heizung erzählt. Er spricht vielleicht davon, wie teuer allein ein Kostenvoranschlag sei. Sie sind vielleicht nicht in der Lage, die ganze Heizung zu reparieren, aber Sie könnten vielleicht den Fehler finden. Warum schlagen Sie nicht Ihrem Freund vor, daß er Sie zu seiner Mutter bringt, so daß Sie *miteinander* nach der Heizung sehen können?

Vielleicht haben Sie die Möglichkeit, Vorträge oder Schulungen zu halten, so kommen Sie Bedürfnissen entgegen und geben Wissen weiter. Sie öffnen aber zugleich auch die Tür zu weitergehenden Beziehungen mit einem jüngeren Menschen. Wenn Sie beginnen, auf diese Weise nach einem Schüler zu suchen, dann werden Sie sicher auch einen finden. In jedem Fall haben Sie aber anderen Menschen weitergeholfen.

Suchen Sie die Nähe junger Leute

Wollen Sie Kontakt mit jüngeren Männer aufnehmen, dann müssen Sie diese zu sich einladen, oder Sie müssen zu ihnen hingehen und sie dort treffen, wo sie leben. Wenn Sie zu ihnen gehen, werden Sie eine ganze Reihe von ihnen treffen.

Eine der besten Möglichkeiten ist eine Aufgabe in der Jugendarbeit, wie zum Beispiel als Leiter einer Pfadfindergruppe oder Trainer eines Fußballteams. Es gibt aber unzählige andere Gelegenheiten: Sonntagsschulunterricht oder Mitarbeit in der Jugendgruppe der Gemeinde, ein Ferienlager u.v.m.

Was auch immer Sie tun können, um an jüngere Leute heranzukommen, tun Sie es. Ein Mann sagte mir einmal: „Sie reden immer davon, daß junge Männer verzweifelt nach einem Mentor suchen, aber ich habe noch nie so jemanden getroffen.“ Frage ich dann aber zurück, mit wem er seine Zeit verbringt, dann stellt sich heraus, daß er zumeist unter Männern seines Alters bleibt. Seit er aus der Schule ist, hat er nicht wieder Kontakt mit jemandem gehabt, der jünger war als er. Passen Sie auf, daß Ihnen das nicht auch passiert!

Schaffen Sie Gelegenheiten „mit geringem Risiko“

Es ist gut, einen jüngeren Mann dort kennenzulernen, wo er lebt; aber manchmal muß man ihn auch aus seiner gewohnten Umgebung herausholen, um ihn wirklich kennenzulernen. Unter Umständen ist er so stark von seiner Umgebung beeinflußt, daß Sie keine Möglichkeit haben, herauszufinden, wie er wirklich ist.

Das ist auch die Strategie einiger Managerschulungen. Dort wird z.B. ein Team von Geschäftsführern in die Wildnis gebracht, und plötzlich verändert sich die Gruppenkonstellation. Einige „große Tiere“ sind plötzlich unsicher, während andere Männer, die vorher passiv erschienen, die Führung übernehmen. Sie müssen nicht miteinander Bergsteigen oder Kanufahren, um einen Mann kennenzulernen. Ich möchte Sie aber ermutigen,

Gelegenheiten „mit geringem Risiko“ zu schaffen, in denen sich Beziehungen entwickeln können. Unter „geringem Risiko“ verstehe ich Situationen, bei denen niemand etwas vorführen muß und niemand beurteilt wird. Ziel ist es, gemeinsam Spaß zu haben und sich daran zu freuen, zusammen zu sein.

Sie könnten vielleicht eine Gruppe junger Männer zu sich nach Hause zum Grillen einladen. Sie stellen die Holzkohle, die Gäste bringen das Fleisch mit. Organisieren Sie einen Kegelabend, oder stellen Sie einen Arbeitseinsatz in der Gemeinde auf die Beine.

Gebrauchen Sie Ihre Phantasie. Das Ziel dieser Treffen ist ein zweifaches: Spaß zu haben und Zeit mit jüngeren Männern zu verbringen, um zu sehen, ob Sie sich mit einigen von ihnen gut verstehen.

Laden Sie einen Kandidaten zu einem zwanglosen Treffen ein

Wenn Sie jemanden besonders im Blick haben, müssen Sie ihn alleine treffen. Suchen Sie wieder nach einer Möglichkeit „mit geringem Risiko“. Laden Sie ihn zum Essen oder zum Wandern ein. Nehmen Sie ihn zu einer besonderen Veranstaltung oder Konferenz mit, an der Sie teilnehmen. Oder rufen Sie ihn an und bitten Sie ihn um Hilfe bei einer bestimmten Arbeit.

Durch solche Angebote laden Sie den jungen Mann auf ganz natürliche Weise zu sich ein, ohne Verpflichtung und mit keinen (oder nur geringen) Erwartungen. Das ist sehr wertvoll für ihn, und es gibt Ihnen beiden die Chance, sich besser kennenzulernen, als das in einer Gruppe möglich ist. Die Beziehung vertieft sich vielleicht nicht, und sie bleiben nur Freunde oder verlieren irgendwann den Kontakt. Sie haben dann aber wenigstens ein Treffen mit diesem Mann gehabt und ihm die Möglichkeit geboten, auf ihr Angebot einzugehen.

Hilfe für den Eintritt ins Erwachsensein

Vielleicht denken Sie über diese verschiedenen Vorschläge nach und fragen sich: „Was hat das für einen Sinn? Es scheint ja nur darum zu gehen, Leute zu treffen und freundlich zu jungen Männern zu sein. Was kommt dabei schon heraus?" Die Antwort ist, daß Sie nach und nach jüngeren Männern den Eintritt ins Erwachsensein ermöglichen.

Wenn Ihnen das zu hoch erscheint, dann überlegen Sie bitte folgendes: Fast alle Kulturen haben bestimmte Übergangsriten, die die großen Veränderungen im Leben markieren. Ich werde nie die Israel-Reise vergessen, während der wir die Klagemauer in Jerusalem besuchten und eine Bar Mizwa Feier miterleben konnten. Es war eine unglaubliche Erfahrung, diesen jüdische Jungen zu sehen, von seinem Vater auf den Schultern getragen, tanzte er dann um den heiligen Platz, während Zuschauer in die Hände klatschten und die Frauen Bonbons warfen. Ich drehte mich zu meiner Frau um und sagte: „Diesen Tag wird der Junge sicher niemals vergessen!"

Haben wir in unserer Kultur irgend etwas, das dem nahekommt? Ich fürchte nein. Unsere säkulare Gesellschaft hat die Rituale des Lebens verdrängt, mit dem Ergebnis, daß viele Männer nicht mehr wissen, wo sie stehen. Sie fragen sich: „Bin ich noch ein Junge oder schon ein Mann? Weiß ich schon genug oder nicht? Werde ich respektiert oder nicht?"

Sie können dabei helfen, diese Selbstzweifel zu beseitigen, indem Sie einen jungen Mann in Ihre Welt einladen. Sie können Ihm helfen, seinen Platz in der Gesellschaft zu finden.

„Was Sie da vorschlagen, klingt so einfach", sagen Sie vielleicht. „Einen jungen Mann zum Essen einladen, ihn zum Fußballspiel mitnehmen, zusammen ins Kino gehen. Das klingt alles sehr simpel."

Da haben Sie recht! Es ist einfach. Ich spreche hier nicht über schwere Operationen! Ich spreche über Dinge, die beinahe jeder Mann tun kann. Darum ist es ja so tragisch, daß so viele Männer es nicht tun – und wenn sie es tun, dann nutzen sie die Gelegenheit nicht.

Ein guter Gewinn

Wenn alles so einfach ist, stellt sich vielleicht erneut die Frage: „Aber was nützt das schon?“ Die Antwort ist: Viel! Es ist Gottes Geschenk, daß gerade die wichtigsten Dinge im Leben zugleich zu den einfachsten gehören. Dies sind Dinge, die beinahe jeder tun kann. Ihre Bedeutung scheint im Moment vielleicht gering zu sein, aber über einen längeren Zeitraum sammelt sich ein Gewinn an, der sichtbar wird. Es ist so, als ob man jeden Tag eine Mark spart. Eine Mark, was ist das schon? Nach einem Jahr, fünf Jahren, zehn Jahren, einem ganzen Leben – inklusive Zinsen – haben Sie einen ganz schönen Gewinn!

Es kommt schließlich nicht darauf an, ob *Sie* meinen, daß die Zeit, die Sie mit einem jüngeren Mann verbracht haben, nützlich war – nur *sein* Urteil zählt. Ich kann Ihnen versichern, wenn er jemand ist, der von Gott auf diese Begegnung vorbereitet worden ist, dann waren Ihre Bemühungen sicherlich nicht nur der Mühe wert, sondern unschätzbar.

Die biblische Grundlage des Mentoring

Vorbilder und Nachahmer im Neuen Testament

Diese zwölf Männer erwählte er zu seinen Jüngern. Sie sollten ständig bei ihm bleiben und von ihm lernen ... (Markus 3,14).
... Wenn er alles von ihm gelernt hat, wird er doch nur so klug wie der Lehrer sein (Lukas 6, 40b).
Darum bitte ich euch: Folgt meinem Beispiel, wie Kinder dem Beispiel ihres Vaters folgen (1. Korinther 4,16).
Folgt meinem Beispiel, so wie ich Christus folge (1. Korinther 11,1).

Liebe Brüder, nehmt euch ein Beispiel an mir und an den Menschen, die so leben wie ich (Philipper 3,17).
Haltet an dem Evangelium fest, so wie ihr es von mir gehört und angenommen habt. Richtet euch nach dem, was ich euch gelehrt habe, und lebt nach meinem Vorbild. Dann wird Gott bei euch sein und euch seinen Frieden schenken (Philipper 4,9).
Laßt das Wort Christi seinen ganzen Reichtum bei euch entfalten. Achtet darauf, daß es bei euch richtig verkündigt und verstanden wird. Ermutigt und ermahnt euch gegenseitig, und dankt Gott von ganzem Herzen mit Psalmen, Lobgesängen und Liedern, die euch der Heilige Geist schenkt. Ihr habt doch Gottes Gnade erfahren! (Kolosser 3,16).
Nun seid ihr unserem Beispiel und dem unseres Herrn gefolgt. Und obwohl ihr deswegen viel leiden mußtet, habt ihr Gottes Wort mit einer solchen Freude aufgenommen, wie sie nur der Heilige Geist schenken kann.
So seid ihr für die Christen in ganz Mazedonien und in der Provinz Achaja zum Vorbild geworden (1. Thessalonicher 1,6-8).
Wir hätten zwar von euch Unterstützung verlangen können, doch wir wollten euch ein Vorbild sein, dem ihr folgen sollt (2. Thessalonicher 3,9).
Niemand hat ein Recht, auf dich herabzusehen, weil du noch so jung bist. Allerdings mußt du in jeder Beziehung ein Vorbild sein, in allem, was du sagst und tust: in der Liebe, im Glauben und in deiner ganzen Gesinnung (1. Timotheus 4,12).
Du aber, Timotheus, bist bei dem geblieben, was du von mir gelernt hast. Du hast dir mein Leben, meine Gesinnung, meinen Glauben zum Vorbild genommen, dazu auch meine Langmut, meine Liebe und Geduld (2. Timotheus 3,10).
Vor allem sei du ihnen in jeder Hinsicht ein gutes Vorbild. Das gilt für alles, was du lehrst, aber auch für dein persönliches Leben. Was immer du sagst, soll wahr und überzeu-

gend sein. Nur so kannst du die Gegner des Wortes Gottes entlarven. Sie werden beschämt sein und nichts Nachteiliges gegen uns vorbringen können (Titus 2,7-8).
Denkt an die Leiter eurer Gemeinden, die euch Gottes Wort weitersagten! Vergeßt nicht, wie sie Gott bis zu ihrem Lebensende die Treue gehalten haben. Nehmt euch ihren Glauben zum Vorbild (Hebräer 13,7).
Spielt euch nicht als die Herren eurer Gemeinde auf, sondern seid ihre Vorbilder (1. Petrus 5,3).

16. Miteinander wachsen und lernen

Der Mentoringprozeß ähnelt einem Mann, der einen Drachen steigen läßt. Der Drachen kann fliegen, aber er braucht die Hilfe des Mannes, um vom Wind profitieren zu können. Drachen fliegen nicht von selbst.

Auf ähnliche Weise können Sie als Mentor einem jüngeren Mann helfen, zu neuen Höhen persönlichen Wachstums und der Erfüllung seines Lebens zu kommen. Das müssen Sie allerdings bewußt wollen, d.h. die Beziehung nicht als eine Freizeitbeschäftigung ansehen. Sie sind kein kleiner Junge mehr, der zum Zeitvertreib einen Drachen steigen läßt. Sie wollen, daß dieser Mann durch Ihr Zutun gefördert wird, und dazu müssen Sie die Leitung übernehmen.

In diesem Kapitel möchte ich Ihnen einige Wege zeigen, wie Sie Ihren Beziehungen Struktur geben können, so daß diese mehr werden als nur ein Treffen zweier Freunde. Wenn ich „Struktur" sage, meine ich damit nicht eine künstliche Beziehung, in der Sie und Ihr Schüler einem festgelegten Ablauf folgen, ohne wirklich Ihre Persönlichkeiten und Wünsche einfließen zu lassen. Wer will das schon?

Nein, ich meine ein aktives und gewolltes Einbringen beider Seiten. Sie beide sollen in den Prozeß einbezogen werden.

Die Vereinbarung

Am besten beginnen Sie mit einer Art Vereinbarung. Eine Vereinbarung legt das Programm und die Erwartungen von Schüler und Mentor fest. Sie können es schriftlich oder auch nur mündlich festlegen. Die Art der Beziehung und die Art des Wachstums, die gewünscht werden, bestimmen, welche Vereinbarung Sie wählen.

Wenn ich zum Beispiel einem Studenten dabei helfe zu lernen, wie man ein Seminar hält, benötige ich vermutlich ein schriftliches Abkommen, das festlegt, wann, wo und wie wir zusammenarbeiten, sonst hätten wir nichts, um unsere Erwartungen zu überprüfen und könnten keine Fortschritte feststellen. Jemandem beizubringen, wie man lehrt, ist eine so komplexe Aufgabe, daß eine schriftliche Vereinbarung notwendig ist.

Eine schriftliche Vereinbarung ist dagegen unnötig, wenn die Beziehung informell und das Programm unkompliziert ist. Ich werde keine formelle Vereinbarung mit jemandem aufsetzen, nur weil er alle zwei Monate zu mir kommt, um über seine Arbeit oder Ehe zu sprechen. Wenn die Beziehung dagegen eine bestimmte Absicht verfolgt, muß relativ früh ein Übereinkommen geschlossen werden, was genau gewünscht ist und welchem Zweck unsere Zusammenkünfte dienen sollen.

Das könnte ganz einfach vor sich gehen. Vielleicht fragt Sie Ihr Schüler: „Du, können wir uns nächste Woche zum Essen treffen?“ Und Sie sagen: „Klar! Was gibt es denn?“ Er erzählt: „Mein Chef hat mir einen neuen Job angeboten und will, daß ich darüber nachdenke. Da hätte ich gerne deinen Rat gehört.“ Sie antworten ihm: „Prima! Dabei will ich dir gerne helfen. Wir treffen uns um zwölf, und bis halb zwei habe ich Zeit. Ist das in Ordnung?“

Das gute an diesem Gespräch ist, daß Sie wissen, was Sie zu erwarten haben und worauf Sie sich vorbereiten müssen. Der Schüler hingegen weiß nun, daß Sie zeitlich eingeschränkt sind.

Beim Aufstellen einer Vereinbarung möchte ich Sie davor warnen, unbegrenzte Zusagen zu machen. Versprechen Sie niemandem, ihn wöchentlich zu treffen, ohne ein bestimmtes Ende festgelegt zu haben. Legen Sie auch einen Zeitpunkt fest, um Ihre Vereinbarung zu überprüfen und notfalls den neuen Gegebenheiten anzupassen. So haben Sie und Ihr Schüler die Möglichkeit, aus der Vereinbarung auszusteigen, wenn es nicht klappt. Auch wenn alles gutgeht, so könnten sich doch die Umstände ändern: Arbeitszeiten, andere Verpflichtungen, neue Verantwortungen kommen hinzu, Ziele werden erreicht. Wenn Sie einen Endpunkt für den Lernprozeß setzen, bleiben Sie flexibel. Sie schaffen damit ein Ziel, auf das Sie hinarbeiten können.

Ein Programm

Einer der wichtigsten Teile einer Vereinbarung ist das Aufstellen eines Programms. Ich fürchte, daß in manchen Kreisen „Programm“ eine Art Schimpfwort geworden ist, vor allem, weil es mit Programmen in Verbindung gebracht wird, die der Mentor dem Schüler aufzwingt. Außerdem sagen manche Leute, daß Programme eine Beziehung einschränken und unflexibel machen. Sie sagen: „Versuch nicht, mich zu verändern! Zwing mich nicht, laß es einfach locker angehen. Laß uns einfach so zusammensitzen.“

Nun, wenn „einfach so zusammensitzen“ Leuten helfen würde, zu wachsen und sich zu entwickeln, dann würde ich sagen: „Prima, tun wir das!“

Aber so läuft es leider nicht. Wenn Sie etwas erreichen wollen, dann müssen Sie wissen, was Sie wollen und wie Sie es erreichen können. Wollen Sie jemandem helfen, in seinem Leben weiterzukommen, dann müssen Sie das Ziel kennen und wissen, wie Sie es erreichen. Das ist ein Programm: eine Zielsetzung und der Plan, wie man das Ziel erreicht.

Legen Sie ruhig alle Karten auf den Tisch; halten Sie sich nicht zurück. Der Schüler sollte offen sagen, was er will. Seine Hoffnungen, Ängste, Unsicherheiten und Zweifel schildern. Ich kann dann ja oder nein dazu sagen, aber ich kann seine Gedanken nicht lesen. Andererseits: Wenn ich der Mentor bin, muß ich genauso ehrlich sein: „Ich helfe dir aus dem und dem Grund. Ich denke, du solltest dies oder jenes tun. Ich empfehle dir folgendes ..." Ich muß nicht alles sagen, was ich denke und fühle, aber was mit dem Wachstum des Schülers zu tun hat, das muß offen angesprochen werden.

Der Schüler

Wie stellen Sie also ein Programm mit Ihrem Schüler auf? Ich habe dies bereits aus der Sicht des Schülers im achten Kapitel behandelt und möchte an dieser Stelle zwei Dinge hinzufügen. Erstens: Was auch immer Sie tun, lassen Sie Ihren Schüler das Programm festlegen, tun Sie es nicht für ihn. Er braucht vielleicht Ihre Hilfe, um es zusammenzustellen. Ihr erster großer Beitrag ist es vielleicht, ihm dabei zu helfen – um nicht zu sagen, ihn zu zwingen –, darüber nachzudenken, was er will und braucht; aber Sie müssen *ihn* das bestimmen lassen, Sie können das nicht für ihn tun.

Diese Erfahrung habe ich in den letzten 45 Jahren immer wieder gemacht, wenn es darum ging, den Studenten zu zeigen, wie sie lernen sollen. In der Universität wird das Programm für die Studenten festgelegt. Wir sagen ihnen: „Komm zu diesen Seminaren, lies diese Bücher, schreib diese Hausarbeit, mach folgende Prüfungen usw. Wenn du das getan hast, geben wir dir den Abschluß."

Dann sind wir völlig überrascht, wenn sich die Studenten in den Seminaren langweilen. Wir haben eine der grundlegenden Regeln der Erziehung verletzt: Menschen lernen nur, was sie gebrauchen können. Wenn ihnen die Informationen nicht nützlich erscheinen, werden sie sie nicht lernen. Sie schreiben sie vielleicht auf, heften sie in einen Ordner, leiern sie in einer Prüfung herunter – aber das heißt noch nicht, daß sie es wirklich gelernt haben.

Lernen schließt Veränderung ein. Der Lernende verändert sich während des Lernprozesses. Wenn das nicht der Fall ist, warum sollte er dann lernen? Je stärker also der Lernende das Programm bestimmt, desto mehr wird er motiviert sein, zu lernen. Und je genauer Ihr Schüler *seine* Ziele definiert, desto produktiver wird Ihr Mentoring sein.

Der Mentor

Das bringt uns zum zweiten Punkt. Ich sage nicht, daß Ihr Schüler seine Bedürfnisse klar verstanden hat und genau weiß, wie man sie erfüllen kann. Dafür sind Sie da. Lassen Sie ihn festlegen, woran er arbeiten will und wie er das angehen möchte; und dann schlagen Sie einige Verbesserungen in seinem Programm vor.

Nehmen wir etwa an, Ihr Mann sagt Ihnen, er möchte die Bibel näher kennenlernen. Er hat bemerkt, daß er intensiver mit der Bibel arbeiten muß, um in seinem Glauben zu wachsen. Er ist fest entschlossen, die ganze Bibel in einem Jahr zu studieren.

Wissen Sie, was ich so jemandem sagen würde? Zunächst einmal würde ich ihn bestätigen: „Du, das ist Klasse! Du hast vollkommen recht. Du wirst nie wachsen, wenn du nicht die Bibel studierst. Das hast du ganz klar erkannt!"

Aber dann würde ich eine kleine Veränderung vorschlagen. „Weißt du, die Bibel ist recht umfangreich, nämlich 66 Bücher. Wenn du nicht nur eine einfache Übersicht willst, müßtest du pro Monat fünfeinhalb Bücher durcharbeiten. Denkst du, das ist realistisch? Wie wäre es, wenn wir mit *einem* Buch pro Monat anfingen? Was meinst du?"

Ich weiß aus Erfahrung, daß er in einem Jahr unmöglich die ganze Bibel studieren kann. Versucht er das trotzdem, wird er nur frustriert und gibt auf. Er hat das noch nie probiert, darum weiß er nicht, worauf er sich einläßt. Ich will nicht, daß seine guten Absichten mit schlechten Erfahrungen enden, darum biete ich ihm eine realistische Alternative an, die mehr Erfolg verspricht. Er kann natürlich meinen Rat ablehnen, das ist sein gutes Recht. Er wird dann eben früher oder später sehen, was passiert. Zumindest habe ich ihm aber gezeigt, daß ich ihn in seinen Bemühungen unterstützen will.

Wachstumsstrategien

Die Diskussion über das Programm bringt uns zu der Frage, die mir oft gestellt wird, wenn ich Männer dazu auffordere, als Mentoren zu dienen: „Ich sehe ja, daß es sinnvoll ist, einen jungen Mann positiv zu beeinflussen, aber ehrlich gesagt wüßte ich nicht, wie ich das anfangen sollte. Natürlich kann ich mich unterhalten oder einen Rat geben, aber was kann ich langfristig tun? Was tun wir, wenn die Beziehung geknüpft ist und wir über den Anfang hinaus sind?"

Diese Sorge ist gerechtfertigt, aber ehrlich gesagt, ist sie größtenteils grundlos. Wenn Sie Ihr Programm gut zusammenstellen, gehen Ihnen die Gesprächsthemen und Aktivitäten sicher nicht aus. Es ist aber gut, ein paar praktische Strategien parat zu haben. Lassen Sie mich ein paar Möglichkeiten vorschlagen:

Beziehen Sie Ihren Schüler mit ein

Ihr übergeordnetes Prinzip sollte *aktive Beteiligung* sein. Lassen Sie Ihren Schüler soviel wie möglich praktisch lernen. Er muß nicht stundenlang bei Ihnen sitzen und Ihnen zuhören. Er muß etwas tun, das seinen Verstand und seine Fähigkeiten fordert.

Einer der besten Wege dazu ist es, ihm das richtige Maß an Verantwortung zu geben, die seinen Fähigkeiten und Lernzielen angemessen ist. Zum Beispiel:

- Wenn er lernen möchte, wie man ein guter Redner wird, lassen Sie ihn einen kurzen Vortrag vor einer Gruppe halten.
- Wenn er gerne Leitungsaufgaben übernehmen will, lassen Sie ihn ein Treffen leiten.
- Wenn er kritisches Denken entwickeln will, lassen Sie ihn ein Problem analysieren und bewerten.
- Wenn er Schreiben lernen will, lassen Sie ihn ein Essay oder einen Bericht schreiben.
- Wenn er an seinen Führungsqualitäten arbeiten will, lassen Sie

ihn in einem Konflikt vermitteln, den zwei Personen miteinander haben.
- Wenn er lernen will, was dienen heißt, lassen Sie ihn einige Wochen lang den Gemeindebus fahren.

Geben Sie das richtige Maß an Verantwortung

Wenn Sie Ihrem Schüler Verantwortung übergeben, dürfen Sie ihn damit nicht alleinelassen. Das ist kein Mentoring, sondern unverantwortliches Verhalten. Mentoring hat bei manchen ein schlechtes Image, weil sogenannte Mentoren Ihre Schüler dazu benutzen, unangenehme Arbeiten zu erledigen. Das ist unverantwortlich! So baut man Menschen nicht auf, so zerstört man sie.

Um Ihrem Schüler zu helfen, durch eine Aufgabe zu lernen, folgen Sie diesen vier Schritten:

1. *Informieren Sie ihn über die Aufgabe.* Gehen Sie die Aufgabe mit ihm durch. Sagen Sie ihm, was Sie von ihm erwarten und wie er sich vorbereiten muß.
2. *Üben Sie mit ihm.* Dies kann Teil der Information sein, wenn die Aufgabe relativ einfach ist. Wenn die Aufgabe hingegen sehr komplex ist, sollten sie ein- oder zweimal zusammen mit ihm üben, bevor er sie allein tut.
3. *Lassen Sie ihn die Aufgabe erfüllen.* Stellen Sie sich in den Hintergrund und lassen Sie ihn machen.
4. *Besprechen Sie mit ihm das Ergebnis.* Was das Lernen anbetrifft, so ist dies der wichtigste Punkt – und zugleich der am meisten vernachlässigte. Wenn ein Mann eine Aufgabe erfüllt hat, ist das einer der lehrreichsten Momente. Man sagt immer, daß Erfahrung der beste Lehrer sei, aber das stimmt nicht unbedingt. Erfahrungen, über die man gemeinsam spricht, sind der beste Lehrer. Leider lassen wir diesen wertvollen Moment oft ungenutzt vorübergehen, denn sobald die Aufgabe erfüllt ist, haken wir sie ab und gehen über zur nächsten – außer natürlich, wenn er einen Fehler gemacht hat. Als Mentoren

sollten wir aber genau das Gegenteil tun: Wenn er Erfolg hat, sollten wir uns direkt zu einer Besprechung treffen. Das hilft ihm zu erkennen, was er aus seinem Erfolg lernen kann.

Regen Sie seinen Denkprozeß an

Sinn einer solchen Besprechung ist es, über die gemachten Erfahrungen nachzudenken. Das ist einer der größten Vorteile der Mentoringbeziehung. Sie ist ein ideales Forum für einen jungen Mann, innezuhalten und sein Leben zu betrachten, um zu erkennen, wo er steht und wohin er gehen will. Zusätzlich zu den Verantwortungen, die Sie Ihrem Schüler geben, lassen Sie mich fünf andere „Hilfsmittel" vorschlagen, die Sie benutzen können, um seinen Denkprozeß anzuregen. Ihr Zweck ist es, Nachdenken und Einsicht zu fördern und Bedürfnisse, Anliegen und Begabungen an die Oberfläche zu bringen.

Die Fallstudie

Eine Fallstudie ist ein Bericht, der dokumentiert, was ein Mensch in einer bestimmten Situation getan hat. Sie können eine solche Fallstudie für Ihren Schüler anfertigen, indem Sie einen Artikel, ein Buch oder ein Video finden, das eine ähnliche Situation zeigt wie die, welche ihn gerade beschäftigt.

Um eine Fallstudie richtig anzuwenden, sind die richtigen Fragen entscheidend: Inwiefern gleicht diese Situation der Ihres Schülers? Inwiefern unterscheidet sie sich davon? Welche wichtigen Faktoren bestimmen das Ergebnis? Wer sind die Hauptfiguren, und was haben sie getan? Welche Lektionen können aus dieser Fallstudie gelernt werden?

Der Bericht über einen kritischen Moment

Ein „kritischer Moment" ist eine bestimmte schwierige Situation im Leben eines Menschen. Der Bericht darüber ist wie eine versteckte Kamera, die diesen Moment aufzeichnet. Sie und Ihr Schüler können ihn analysieren, um die Bedeutung für die Entwicklung des Schülers zu erkennen.

Ein junger Mann unterrichtet zum Beispiel eine Sonntagsschulklasse, als plötzlich ein Kind in der ersten Reihe von seinem Stuhl fällt und einen epileptischen Anfall bekommt. Kinder schreien, und jemand ruft nach einem Arzt. Inzwischen kniet der Lehrer neben dem Kind, legt einen Finger in den Mund des Jungen und hindert ihn daran, sich auf die Zunge zu beißen. Nach einer Minute läßt der Anfall nach, und der Junge atmet wieder normal.

Nehmen Sie nun an, Ihr Schüler wäre der Sonntagsschullehrer. Das wäre ein sehr aufschlußreicher Moment! Sie könnten ihn bitten, einen kurzen Bericht über den Vorfall zu schreiben, den Sie dann mit ihm besprechen. Der Bericht würde dokumentieren, was geschehen ist (wer, was, wann, wo, wie), dann die Reaktion des Mannes beleuchten (was er fühlte, was er über sich entdeckt hat, was er anders tun würde) und alles aufzählen, was sonst noch wichtig für ihn war.

Solche „kritischen Momente" müssen nicht immer derart dramatische Situationen sein, aber sie sollten im Leben des Mannes vorkommen. Sie können einen Erfolg, Teilerfolg oder auch einen Fehlschlag dokumentieren. Indem Ihr Schüler *mit Ihrer Hilfe* diese Momente rekonstruiert und darüber nachdenkt, kann er viel über sich selbst lernen.

Die Buchliste

Ich erwähnte bereits, daß Menschen nur die Informationen lernen, die sie gebrauchen können. Wenn das stimmt, dann ist es wichtig, sie zu den Informationen zu führen, die sie brauchen. Als Mentor können Sie das für Ihren Schüler tun.

Wir hören oft, daß Menschen heute nicht mehr viel lesen – vor allem Männer. Das stimmt vielleicht, aber Männer nehmen sich immer Zeit, das zu lesen, was ihnen wirklich wichtig ist. Wenn jemand entschlossen ist, in einem bestimmten Bereich zu wachsen, dann fällt es ihm nicht schwer, etwas zu lesen, das mit diesem Bereich zu tun hat – solange er die Information gebrauchen kann.

Anstatt also Ihrem Schüler nur zu sagen, daß er mehr lesen sollte, empfehlen Sie ihm bestimmte Bücher, die mit seinem Vorhaben zu tun haben. Erinnern Sie sich an den Mann, der die Bibel besser kennenlernen wollte? Zu diesem Gebiet gibt es viele sehr hilfreiche Bücher. Vielleicht will Ihr Schüler ein besserer Vater werden. Ein christlicher Buchladen hat sicher ein Menge Bücher zu diesem Thema.

Als Mentor können Sie Ihrem Schüler einen unschätzbaren Dienst erweisen, indem Sie ihm Bücher empfehlen, die Ihnen geholfen haben oder die Sie zum Thema gefunden haben.

Wenn Sie Empfehlungen machen, geben Sie dem Mann nicht einfach eine Liste in die Hand und schicken ihn fort. Lesen Sie das Buch selbst und besprechen Sie es dann mit ihm, wenn Sie ihn treffen. So können Sie überprüfen, ob er versteht, was der Autor sagen will, und das Gelernte auch anwendet. Beschränken Sie sich in Ihrer Liste nicht auf Bücher. Denken Sie auch an Zeitschriften, MC's und Videos oder an Adressen im Internet – es gibt endlos viele Möglichkeiten. Unsere Informationsgesellschaft stellt uns ein Meer an Hilfsmitteln zur Verfügung. Helfen Sie Ihrem Schüler, das zu finden, was er wirklich braucht. Manchmal kann es hilfreich sein, einfach nur einen Zeitungsartikel auszuschneiden und ihm zu schicken. Es zeigt ihm, daß Ihnen sein Wachstum am Herzen liegt. Das motiviert ihn mehr als alles andere!

Das Treffen

Kennen Sie Leute, die Experten auf dem Gebiet sind, das Ihren Schüler interessiert? Kennen Sie jemanden, der einiges zur Situation Ihres Schülers zu sagen hätte? Wenn dem so ist, sollten

Sie für Ihren Schüler ein Treffen mit diesen Personen arrangieren. Das wird für ihn ein unvergeßliches Erlebnis sein.

Haben Sie ein solches Treffen arrangiert, dann sagen Sie Ihrem Schüler nicht einfach nur: „Wir gehen heute dorthin, um XY zu treffen." Helfen Sie ihm bei der Vorbereitung. Sie müssen vielleicht anrufen oder ein Empfehlungsschreiben aufsetzen. Bereiten Sie Ihren Mann vor, indem Sie ihn über seinen Gesprächspartner informieren und erklären, warum er ihm helfen kann. Sie könnten Ihren Schüler fragen, über welche Themen er gerne sprechen möchte oder welche Fragen er hat. (Sie müssen vielleicht auch dem Gesprächspartner erklären, warum Sie Ihren Schüler zu ihm schicken und wie er helfen kann.)

Sprechen Sie nach dem Treffen mit Ihrem Schüler über das, was er gehört und gelernt hat. Erinnern Sie ihn daran, der Person einen Brief zu schreiben oder ihm auf andere Weise zu danken.

Der Ausflug

Wenn sie das Wort Ausflug hören, denken die meisten von uns an ihre Grundschulzeit, als dieser ein Geschenk des Himmels war, um uns von der Langeweile des Klassenraumes zu erlösen. Ausflüge sind aber nicht nur für Kinder, sondern auch für Erwachsene eines der besten Mittel, um ihnen in ihrem Lernprozeß zu helfen.

Ich erinnere mich an einen Studenten in der Seelsorgeklasse, der zu mir kam und sagte: „Herr Professor, haben Sie nicht eine größere Herausforderung für mich?" Ich glaube, er fand meine Vorlesungen ein bißchen langweilig.

Ich sagte darum: „Ja, ich glaube, da kann ich etwas für dich tun." Dann rief ich meinen Freund in der Jugendstrafanstalt von Dallas an und sagte: „Du, Joe, ich habe hier einen Studenten, der einiges lernen will."

„Ist in Ordnung. Schicke ihn her", sagte Joe.

Ich schickte den Studenten also zur Strafanstalt. Mein Freund schickte ihn in eine Zelle, wo ein Vierzehnjähriger saß, der schon 26 Straftaten begangen hatte. Der Staat wartete auf seinen 16.

Geburtstag, um ihn als Erwachsenen anklagen zu können, damit er ein für allemal verurteilt würde.

Dieser Junge hatte die Füße auf die Fensterbank gelegt, als mein Student zu ihm gebracht wurde. Sobald die Tür verschlossen war, drehte er sich um und sagte: „Jeden Tag kommt hier jemand mit einer anderen Methode rein. Was hast du drauf?"

Der Student erzählte mir später: „In dem Moment geriet ich ziemlich ins Schwimmen." Erstaunlicherweise fand er meine Vorlesung hinterher nicht mehr so langweilig.

Solch ein Ausflug kann einen Menschen neu zum Lernen motivieren. Sie könnten Ihren Schüler in ein Gefängnis ... auf eine Baustelle ... in die Notaufnahme eines Krankenhauses ... zu einer großen Tageszeitung mitnehmen. Wo auch immer Menschen leben, gibt es etwas zu lernen.

Die Lektionen werden besonders eindrücklich, wenn Sie oder Ihr Schüler eine Verbindung zu dem Ort haben, den Sie besuchen. Ich könnte Sie mitnehmen zum Grab von John F. Kennedy, das würde Sie sicher interessieren, aber wenn ich Sie zu einer anderen Stelle des Parks führen würde und Ihnen das Grab meines Vaters zeigte, bekäme unser Besuch eine ganz andere Bedeutung. Wir sprächen nicht mehr über den Tod in abstrakten Begriffen, sondern als eine Realität, die uns selbst berührt.

Außer diesen fünf Hilfsmitteln gibt es zahllose andere, die Sie nutzen könnten, um das Denken Ihres Schülers anzuregen: Zeitungen, Gastvorlesungen, Theateraufführungen, Wochenendfreizeiten und Ausflüge in die Natur – um nur ein paar zu nennen. Zweck jeder Aktivität sollte es sein, die Person *aktiv in den Lernprozeß miteinzubeziehen.* Der größte Lernerfolg wird immer erzielt, wenn der Lernende möglichst in eine bedeutungsvolle Aktivität miteinbezogen ist.

Und wenn es am Ziel vorbeigeht?

Eine Frage bleibt noch zu beantworten. Erfahrung kann ein guter Lehrer sein, vor allem, wenn sie kritisch beleuchtet wird. Was passiert aber, wenn der Schüler eine Aufgabe ausführt und sofort auf die Katastrophe zusteuert? An welchem Punkt sollten Sie als Mentor eingreifen und ihm zur Hilfe kommen? Oder sollten Sie ihn einfach scheitern lassen und ihm dann helfen, wieder auf die Beine zu kommen?

Trainer sind diesem Dilemma ständig ausgeliefert. Sollen sie den Torwart aus dem Spiel nehmen, weil er ein oder zwei Fehlgriffe getan hat und die Mannschaft eins zu null zurückliegt? Sollen sie den Stürmer auf die Bank schicken, weil er schon drei todsichere Chancen vergeben hat? Oder sollen sie diese Spieler im Spiel lassen, selbst wenn das vielleicht den Sieg kostet, nur damit sie eine wichtige Lektionen über Sieg und Niederlage lernen?

Natürlich muß man in jeder Situation eine Menge Faktoren bedenken, so daß es keine festen, allgemeingültigen Regeln dafür gibt. Lassen Sie mich aber drei Faustregeln vorschlagen, die Sie beachten sollten: Erstens, *wenn Ihr Schüler ein völliger Neuling ist und auf die Katastrophe zusteuert, überlegen Sie gut, ob Sie ihn laufenlassen. Er könnte durch die Erfahrung völlig zerstört werden.*

Helfen Sie dem Neuling

Haben Sie schon einmal von einem Vater gehört, der seinem kleinen Jungen das Schwimmen beibringen wollte? Er warf ihn ins Becken und ließ ihn um sich schlagen, bis er schließlich nach Atem ringend den Rand des Beckens erreichte. Die Einstellung dieses Mannes war: „Mein Sohn muß schwimmen lernen. Ich habe ihm also die Wahl gelassen – entweder schwimmen zu lernen oder zu ertrinken."

Bill kennt einen Mann, dessen Vater genau dies getan hat. Was für eine grausame Lehrmethode! Dieser Junge hat vielleicht schwimmen gelernt, aber er hat auch gelernt, seinem Vater nicht zu trauen. So hilft man niemandem, sich zu entwickeln.

Schützen Sie andere Menschen

Die zweite Faustregel lautet: *Wenn andere Menschen durch das Versagen Ihres Schülers in Mitleidenschaft gezogen werden, so ist es Ihre Pflicht, einzuschreiten und deren Interessen zu schützen.* Stellen Sie sich einen Flugschüler vor, der seine Flugstunden nicht absolviert und dann doch die Erlaubnis erhält zu fliegen. Wären Sie erfreut, ihn am Steuer zu sehen, wenn Sie das Flugzeug besteigen? Natürlich nicht. Sie würden verlangen, daß er seine Grundausbildung wiederholt. Am meisten würden Sie aber von dem Fluglehrer Rechenschaft fordern, der ihn die Prüfung hat bestehen lassen.

In ähnlicher Weise tragen Sie Verantwortung dafür, daß Ihr Schüler nicht in eine Situation gerät, der er nicht gewachsen ist und so andere Personen gefährdet.

Wenn Sie einem jüngeren Mann Verantwortung zuweisen, sind Sie nicht der Verantwortung enthoben. Sie müssen daher darauf vertrauen können, daß Ihr Mann mit Problemen zu Ihnen kommen kann und wird, und Sie müssen sich auch vergewissern, daß niemand ernsthaften Schaden erleidet, wenn er dies versäumt.

Denken Sie an die Folgen

Das bringt uns zu der dritten Faustregel: *Sie müssen eingreifen, wenn Sie die Folgen des Scheiterns nicht mit ihm zusammen tragen wollen.* Lernen macht es oft notwendig, ein Risiko einzugehen, und ein echtes Risiko bedeutet, daß die Gefahr des Mißerfolges besteht. Das ist in Ordnung. Mißerfolg ist manchmal Teil des Lernprozesses, aber wenn Ihr Schüler eine Niederlage hinnehmen muß, sollte er wissen, daß Sie zu ihm stehen werden. Ein großer Teil seines Selbstvertrauens hängt daran. Wenn die eingeschlossenen Risiken Ihnen das nicht erlauben, dann sollten Sie die Aufgabe beenden, bevor er sich in Schwierigkeiten bringt – und erklären Sie ihm, warum.

Nehmen Sie zum Beispiel an, Sie arbeiten mit einem jüngeren

Mann in Ihrer Firma und versuchen ihm zu helfen, öffentlich zu sprechen. Er scheint Fortschritte zu machen, und eines Tages kommt er mit einem Vorschlag zu Ihnen: „Ich weiß, daß unsere Abteilung nächsten Monat eine Präsentation über den Stand des Omegaprojektes macht. Denken Sie, ich könnte die Präsentation übernehmen?"

„Hm, ich weiß nicht recht", sagen Sie zögernd. „Das ist ein wichtiges Treffen. Alle leitenden Angestellten werden dabei sein, und als Abteilungsleiter ist so etwas normalerweise mein Job."

„Ich weiß", antwortet er, „aber sehen Sie es doch einmal so: Wenn ich die Präsentation mache, zeigt das doch, daß Sie die Leute in Ihrer Abteilung fördern. Ich habe übrigens alle diese schönen Tabellen zusammengetragen, um zu illustrieren, was wir tun." Er zeigt Ihnen einige Tabellen und Graphiken, und Sie finden auch, daß das beeindruckend aussieht.

„O.K.", sagen Sie schließlich und fügen hinzu: „Aber warum machen Sie nicht nächste Woche vor der Abteilung einen Übungsdurchgang?"

„Klar!" sagt er begeistert und fängt sofort mit der Vorbereitung an.

Während des Treffens der Abteilung gibt er aber eine jämmerliche Figur ab. Er ist schlecht organisiert, seine Witze finden keinen Widerhall, und seine Illustrationen sehen auf dem Bildschirm im Gegensatz zu den klaren Laserdrucken schlecht aus.

Sie treffen sich mit ihm zu einem Beurteilungsgespräch und sagen: „Ich denke, ich übernehme das Treffen nächsten Monat besser selbst. Sie haben viel erreicht, aber nach Ihrer Präsentation heute morgen bin ich ein bißchen in Sorge. Wir können es uns beide nicht leisten, vor der Geschäftsführung eine schlechte Figur abzugeben, und ich werde das sicher nicht riskieren."

Ihr Kollege wird vielleicht sehr enttäuscht sein und empfindet seine Niederlage als hart, aber tatsächlich tun Sie ihm einen Gefallen. Er kann es immer noch einmal später versuchen, nachdem er dazugelernt hat; aber Sie tun ihm nichts Gutes, wenn Sie ihn ihn wider besseres Wissen scheitern lassen und dann alle Verantwortung von sich weisen.

Helfen Sie Ihrem Schüler nach einer Niederlage

Wie helfen Sie also Ihrem Schüler, mit einer Niederlage umzugehen? Zunächst einmal müssen Sie ihm helfen, ehrliche Gefühle wie Enttäuschung, Selbstmitleid und mangelndes Selbstbewußtsein anzunehmen. Er darf dieses Gefühle ruhig zeigen, nachdem er gescheitert ist.

Kann er daraus für die Zukunft lernen? Mit Sicherheit. Das beste Beispiel ist Thomas Edison, der bei dem Versuch, eine Glühbirne zu entwickeln, zwei Jahre damit verbrachte, Dutzende von Prototypen zu produzieren. Am Ende eines jeden Experimentes sagte er: „Nun gut, jetzt weiß ich, daß es so nicht funktioniert." Das sagt Ihnen letztlich jede Niederlage: So geht es nicht.

Schließlich, wie hart Ihr Mann auch immer auf die Nase gefallen ist, irgendwann müssen Sie ihn daran erinnern, daß morgen die Sonne wieder scheint. Durch seine Niederlage ist nicht das Ende der Welt gekommen, sondern das Leben wird weitergehen.

Freuen Sie sich über seinen Erfolg

Die beste Zeit, intensiv mit Ihrem Schüler zu arbeiten, ist nicht nach einer Niederlage, sondern nach einem Erfolg. Mentoren verpassen oft diesen Moment, weil sie meinen, daß der Erfolg die Belohnung ist. Das stimmt ganz und gar nicht. Es stimmt vielleicht, daß die Niederlage die Hintertür zum Erfolg ist, wie es jemand gesagt hat – aber warum zur Hintertür hineinkriechen, wenn die Haustür weit offensteht? Erfolg ist der Schlüssel, der die Haustür aufschließt.

Wir lernen oft viel mehr aus unseren Erfolgen als aus unseren Niederlagen. Die Niederlage zeigt uns nur, wie es nicht geht. Erfolg zeigt uns, wie es geht. Darum müssen wir analysieren, was geschehen ist, um den „Erfolgsfaktor" zu erkennen, das Element, das das positive Ergebnis brachte. Achten Sie besonders auf die Hinweise, die Ihnen die Motivation Ihres Schülers gibt; die

Bedingungen, unter denen er am besten arbeitet; die Themen und Interessen, die ihn zu den größten Anstrengungen treiben; die Fähigkeiten und Fertigkeiten, die er benutzt, um seine Ziele zu erreichen, und die Art, wie er am besten mit Menschen umgeht.

Solche Faktoren sind der Schlüssel zu seiner Bestimmung. Sie zeigen, wie er seine beste Leistung bringen kann und wo in Zukunft noch mehr gute Leistungen möglich sind.

Begraben Sie die Niederlagen Ihres Schülers, bauen Sie auf seine Erfolge.

Und was immer Sie auch tun, loben Sie ihn! Erfinden Sie kleine Rituale und Zeremonien, um seine Erfolge zu feiern. Laden Sie ihn zum Essen ein. Lassen Sie ihn aufstehen, so daß ihm seine oder Ihre Kollegen applaudieren können. Geben Sie ihm ein Zeichen Ihrer Anerkennung, ein Buch, eine Plakette, ein kleines Geschenk. Loben Sie ihn vor seiner Frau und seinen Kindern. Das ist der „Segen“, den er so nötig braucht, um seine Fortschritte zu realisieren.

17. Probleme und Konflikte

Ich möchte einen Mythos zerstören. Dieser Mythos besagt: Wenn Männer lebendige Beziehungen miteinander aufbauen, dann gibt es keine Probleme oder Konflikte.

Die meisten von uns wissen instinktiv, daß das ein Märchen sein muß. Die Erfahrung lehrt uns: Wenn zwei oder mehr Personen einander besser kennenlernen, dann ergeben sich auch Meinungsverschiedenheiten. Sie werden mit Sicherheit Dinge finden, die sie aneinander nicht mögen.

Auch wenn wir das theoretisch wissen, wollen wir doch gerne tief in unserem Herzen glauben, daß irgendwie, irgendwo problemlose Beziehungen möglich sind. Wir umgeben diese Hoffnung sogar mit einem bißchen hausgemachter Frömmigkeit. Wir sagen:

Hat Jesus denn nicht gesagt: „Wo zwei oder drei versammelt sind in meinem Namen, da bin ich in ihrer Mitte"? Und hat er nicht seinen Vater darum gebeten, daß wir eins seien? Und dann schlußfolgern wir: *Wenn wir also alle Christen sind und nach dem Willen Gottes leben, wie können dann Probleme und Konflikte auftreten?*

Einheit kontra Einigkeit

Die Antwort lautet: Weil Einheit und Einigkeit nicht dasselbe sind. Sie können zwei Katzen mit einem Seil zusammenbinden und sie dann über eine Wäscheleine werfen. Dann haben Sie Einheit, aber keine Einigkeit!

Oder nehmen Sie die Ehe. Jemand hat gesagt, die Ehe ist großartig – nur nachher miteinander leben, das ist das Problem. Ein Paar ist in der Ehe vereint; aber diese Einheit bedeutet nicht, daß sie keine Probleme haben werden. Es bedeutet vielmehr, daß sie gemeinsam an diesen Problemen arbeiten werden.

Das trifft auch für die Gemeinde zu. Lesen Sie einmal die Apostelgeschichte. Da finden Sie Probleme und Konflikte von vorne bis hinten. Die Christen hatten zwar den gleichen Glauben, aber manchmal hatten sie entgegengesetzte Meinungen, wie dieser Glaube gelebt werden sollte. In Apostelgeschichte 6 finden wir das Problem, daß gewisse ältere Witwen von den freien Mahlzeiten der Gemeinde ausgelassen wurden. In Apostelgeschichte 11 wird Petrus beschuldigt, weil er den Heiden das Evangelium gepredigt hat. In Apostelgeschichte 15 regt sich die ganze Gemeinde über die wachsende Zahl Samariter und Heiden auf, die zu ihnen stoßen.

Und am Ende dieses Kapitels finden wir Barnabas und Paulus im Streit über einen jungen Mitarbeiter namens Johannes Markus. Für unsere Beobachtungen zum Mentoring ist das sehr lehrreich, weil es uns einen Mentor und einen Schüler mit großen Differenzen zeigt – so groß, daß es sogar heißt: Jeder ging seines eigenen Weges (15,39). War das das Ende ihres Glaubens? Natürlich nicht. War das das Ende ihrer Beziehung? Wohl kaum. Paulus kam nach einiger Zeit zu derselben Ansicht wie Barnabas – was Johannes Markus betraf (2. Timotheus 4,11).

Ich will damit sagen, daß Probleme und Konflikte zwischen Gläubigen unvermeidlich sind, sogar zwischen Männern, die einander stark zugetan sind – sogar zwischen Ihnen und Ihrem Schüler. Rechnen Sie darum einfach damit – ja, sehen Sie diese als Teil des Lernprozesses an. Probleme müssen Sie nicht voneinander trennen, sondern sollten Sie in der ehrlichen Suche nach einer Lösung vereinen.

Im neunten Kapitel sprach ich über vier Kategorien von Problemen, die oft in Mentoringbeziehungen auftreten: unrealistische Erwartungen, unerfüllte Erwartungen, Versagen des Mentors und Fragen der Kontrolle. Ich habe sie vor allem aus der Sicht des Schülers besprochen; aber ich denke, Sie können genug zwischen den Zeilen lesen, um sie auch auf sich als Mentor anzuwenden. In diesem Kapitel möchte ich drei weitere Bereiche ansprechen, die oft Probleme für Mentoren und ihre Schüler schaffen:

Zeit

Die Zeit ist einer der Auslöser, der häufig zu Frustrationen führt. Die Beziehung scheint zum Beispiel für Sie als Mentor zuviel Zeit in Anspruch zu nehmen. Interessanterweise wird diese Klage oft als Grund angegeben, sich auf diesem Gebiet gar nicht erst zu engagieren: „Ich kann kein Mentor sein. Ich habe keine Zeit dafür!"

Nur Sie allein kennen Ihr Programm und Ihre Prioritäten, darum können nur Sie entscheiden, ob Sie wirklich Zeit haben, die Sie einem jüngeren Mann geben können. Ich möchte aber zwei Dinge zu diesem Thema sagen. Erstens, je älter Sie werden, desto mehr Kontrolle haben Sie normalerweise über Ihre Zeit. Wenn Sie sich also dafür entscheiden, als Mentor zu dienen, dann finden Sie vermutlich an irgendeiner Stelle freie Zeit, die Sie für diese Beziehung nutzen können.

Zum zweiten kann Mentoring tatsächlich viel weniger Zeit in Anspruch nehmen, als die meisten sich vorstellen. Natürlich können Sie soviel Zeit mit Ihrem Schüler verbringen, wie Sie möchten. Das trifft für jede Beziehung zu. Mentoring ist aber eine Beziehung, in der man mit geringen Investitionen großen Gewinn erzielen kann. Warum? Weil es ein Programm gibt und man ein Ziel hat, wenn man sich trifft. Man verbringt nicht nur Zeit, um Spaß zu haben, sondern um zu wachsen. Es geht also um das Wachstum des Schülers, und das gibt ihm einen Anreiz, sich selbst in dem Prozeß zu engagieren. Wenn sich jemand über Zeitmangel beklagt, dann sollte er es sein, nicht Sie.

Wenn Sie zuwenig Zeit zu haben scheinen

Wenn Sie sich über Zeitmangel beklagen, dann gibt es verschiedene Gründe dafür. Es könnte sein, daß Sie alle Arbeit allein tun. Ist das der Fall, dann müssen Sie damit aufhören und Ihre Vereinbarung ändern. Sie betreuen den Schüler, nicht umgekehrt, und darum muß er den Löwenanteil der Arbeit tun.

Damit kommen wir zu einem Grundgesetz des Mentoring: Tun Sie nichts für Ihren Schüler, was er auch selbst für sich tun könnte, sonst behindern Sie ihn, weil Sie ihn abhängig von sich machen.

Eine andere Möglichkeit ist, daß Sie und/oder Ihr Schüler in Ihrer Beziehung von unrealistischen Erwartungen ausgehen. Die Lösung lautet wiederum: Lesen Sie noch einmal Ihre Vereinbarung durch, und prüfen Sie, ob das Programm angemessen oder die Ziele zu hoch gesetzt sind. Wenn einer von Ihnen zuviel verlangt, dann müssen Sie Ihr Programm anpassen und die Erwartungen zurückschrauben.

Ich habe nichts gegen hoch angesetzte Ziele. Wenn Sie einen ernsthaften Schüler betreuen, der aufs Ganze geht – prima! Geben Sie ihm mehr zu tun, wenn er es schaffen kann. Für manche ist das gut, aber wenn er einen ehrgeizigen Plan erarbeitet hat, müssen Sie vielleicht überlegen, ob Sie alleine all seine Erwartungen erfüllen können. Vielleicht sollten Sie sich auf einen Teil des Programmes beschränken und ihm helfen, für den Rest andere Mentoren zu finden. Niemand sagt, daß Sie alles tun müssen.

Es gibt eine weitere Möglichkeit: Das Gefühl, daß das Mentoring zuviel Zeit in Anspruch nimmt, könnte darauf zurückzuführen sein, daß Sie tatsächlich zuwenig Zeit haben. Mit anderen Worten, die Beziehung entwickelt sich zu schnell. Sie und Ihr Schüler sind ständig in Hetze, um alles erledigen zu können. Wenn das der Fall ist, haben Sie vielleicht nicht genug Zeit für das Programm veranschlagt.

Es ist aber auch möglich, daß Sie es nicht mit einem Problem, sondern mit einem positiven Effekt zu tun haben. Das Gefühl, daß Sie nie genügend Zeit füreinander haben, kann ein Zeichen dafür sein, daß die Beziehung gut und hilfreich ist. Sie können nicht genug bekommen. Das ist ja durchaus positiv, und ich würde wahrscheinlich nicht viel verändern.

Ich sage künftigen Predigern am Seminar immer, daß sie ihre Zuhörer „satt, aber nicht übersättigt" verlassen sollen. Das heißt, es ist besser, an dem Punkt zu enden, wenn sie zufrieden sind. Sie sollen sich eine Fortsetzung wünschen. Das gleiche Prinzip gilt für die Zeit mit Ihrem Schüler. Verlassen Sie ihn satt, nicht übersättigt. Beenden Sie die Zeit mit ihm, wenn er am am meisten motiviert ist, dann, wenn er alles eifrig aufgenommen hat. Es wäre schlecht, wenn Sie oder Ihr Schüler sich am Ende des Zusammenseins sagen würde: „Puh, bin ich froh, daß es endlich vorbei ist. Ich dachte, die Zeit geht niemals vorüber!"

Wenn Ihr Schüler wenig Zeit hat

Es gibt ein letztes zeitbedingtes Problem. Was können Sie tun, wenn Ihr Schüler die Zeit für Ihre Beziehung offenbar nicht aufbringen kann? Er kommt nicht zu den Verabredungen, und wenn er kommt, kommt er zu spät. Er verwendet nicht viel Zeit auf seine Arbeit. Insgesamt gewinnen Sie den Eindruck, daß er mit seinen Gedanken woanders ist.

Ein Grund dafür könnte sein, daß er durch ein persönliches Problem abgelenkt ist, mit dem er zu kämpfen hat. Wenn Sie das annehmen, könnten Sie ihn darauf ansprechen. Sie wissen nicht, was in ihm vorgeht, wenn Sie ihn nicht fragen. Was auch immer das Problem ist, es könnte eine Chance sein, dadurch etwas zu lernen.

Kann Ihr Mann wirklich nicht die Zeit für Ihre Beziehung aufbringen – aus welchem Grund auch immer (und da kann es viele geben) –, dann sollte er erneut überlegen, ob dies der richtige Zeitpunkt ist, eine Mentoringbeziehung zu beginnen. Es ist keine Schande, wenn er sagt: „Ich muß kürzer treten. Es gibt da ein paar Dinge in meinem Leben, die ich erst erledigen muß." Sie müssen ihm vielleicht die Erlaubnis erteilen, die Beziehung abzubrechen, so daß er seine Prioritäten neu ordnen kann.

Neid

Jesus sagte seinen Jüngern, daß sie größere und bessere Dinge tun würden als er selbst (Johannes 14,12). Sind Sie bereit, sich von Ihrem Schüler überrunden zu lassen? Ist es in Ordnung, wenn er mehr Erfolg hat als Sie selbst?

Die Literatur ist voller Beispiele von Mentoren, die mit dem wachsenden Erfolg ihrer Schüler einfach nicht umgehen konnten. Nehmen Sie zum Beispiel den Film *Amadeus*, in dem behauptet wird, daß Antonio Salieri, ein Hofmusiker des 18. Jahrhunderts, durch seine Eifersucht dazu getrieben worden sei, den Tod seines hochbegabten Schülers Wolfgang Amadeus Mozart zu inszenieren. Und der Pionier der Psychoanalyse, Sigmund Freud, wurde durch die wachsende Berühmtheit zweier seiner Schüler, Carl Jung und Alfred Adler, so verbittert, daß er in seinen Arbeiten einige Fußnoten veränderte, um sie nicht loben zu müssen.

Das scheinen vielleicht extreme Beispiele zu sein, aber ich kenne persönlich Männer, die auf ähnliche Weise die Leistungen ihrer ehemaligen Schüler herunterspielten. Manche sind sogar soweit gegangen, ihnen Steine in den Weg zu legen. Spricht man sie aber darauf an, dann leugnen sie es, obwohl sie ihren Neid kaum verbergen können.

Meinen Sie, daß Sie gegen diese Eifersucht immun sind? Wenn ja, dann empfehle ich Ihnen, 1. Samuel 18 sorgfältig zu lesen. Als König Saul vom Sieg über die Philister zurückkehrte, begrüßten ihn die Frauen mit Tamburinen und Tänzen. Das war die übliche Weise, einen Sieg zu feiern, und es sollte eine freudige Angelegenheit sein. „Saul hat tausend Mann erschlagen", sangen sie und priesen ihn laut, aber dann fügten sie hinzu: „... David aber zehntausend!" (Vers 7).

Weiter heißt es: „Saul hörte dieses Lied nicht gern, er wurde sehr zornig. ‚David trauen sie zu, daß er zehntausend erschlägt; und sie glauben, daß ich nur mit tausend fertig werde!' dachte er voller Mißmut. ‚Jetzt fehlt nur noch, daß sie ihn zum König machen!' Seitdem war Saul eifersüchtig auf David" (Verse 8-9).

Fürchten Sie, daß ein Schüler eines Tages Ihr Königreich erobert? Lassen Sie mich Ihnen eines sagen: Das ist durchaus möglich! Wenn Sie Ihren Dienst als Mentor richtig getan haben, dann sollte er es nicht erobern müssen, sondern es vielmehr ererben und auf Ihrem Erbe mehr aufbauen, als Sie sich das vorstellen können. Das sollte Ihr Ideal sein. Sind Sie dazu bereit?

Neid ist wie Gift in einer Mentoringbeziehung, und ich muß Ihnen offen sagen, daß dieses Gift viele Menschen in unseren Gemeinden ansteckt und die Förderung neuer Leiter im Keim erstickt. Wir haben zu viele Männer, die ihr eigenes Königreich bauen, während sie doch Christi Reich aufbauen sollten. Darum haben sie kein Interesse daran, daß neue Männer herangebildet werden. Sie haben keine Lust, sich im Leben jüngerer Leute zu reproduzieren. „Warum sollte ich meine eigenen Konkurrenten heranziehen?" lautet ihre Einstellung.

Wissen Sie, was die Bibel dazu sagt? Das ist eine Haltung, die direkt von unten kommt: „Eine solche Weisheit kann niemals von Gott kommen. Sie ist irdisch, ungeistlich, ja teuflisch" (Jakobus 3,15). Jakobus warnt uns davor, bitteren Neid und eigennützigen Ehrgeiz in unserem Herzen zu nähren. Wenn das auf Sie zutrifft, dann müssen Sie umkehren, bevor es Ihr Leben zerstört. Sie müssen Gott bitten, daß er das höllische Gift des Neides durch das klare Wasser seiner Weisheit ersetzt (5,17).

Es ist nicht einfach zuzusehen, wie uns jemand überholt – keine Frage. Das bringt unsere Ängste, die wir bezüglich unseres Selbstwertgefühls, unserer Kompetenz und unserer Bedeutung haben, wieder an die Oberfläche. Wenn die Menge den Namen eines anderen ruft, dann sehen wir, daß sie uns vergessen hat, und das tut weh.

Was tun wir dann mit diesem Schmerz? Der Teufel reicht uns den versklavenden Balsam des Neides, Jesus begegnet uns mit seiner Liebe. Was wir wählen, entscheidet darüber, ob wir unsere Tage in Eifersucht oder Freude beenden.

Fehlende Motivation

Haben Sie schon einmal Mineralwasser getrunken, nachdem die Kohlensäure daraus verschwunden ist? Das schmeckt scheußlich! Manche Mentoringbeziehungen enden so: Entweder der Mentor oder der Schüler (manchmal beide) verliert das Interesse, und die Beziehung verflacht. Die Motivation scheint verschwunden zu sein.

- Einer von beiden findet keine Zeit mehr für die Beziehung.
- Die Sitzungen sind langweilig und unproduktiv.
- Aufgaben werden nicht erfüllt.
- Es wird mehr Zeit darauf verwendet, die Beziehung zu analysieren als produktive Arbeit zu leisten.
- Das Gespräch driftet von den eigentlichen Zielen zu Nebensächlichkeiten und oberflächlichen Themen ab.

Es gibt viele Möglichkeiten zu erklären, warum die Motivation nachgelassen hat. Sie alle zu untersuchen, würde eine ausführliche Betrachtung menschlicher Motivation nötig machen. Für unsere Zwecke genügt es, den Rat eines Mannes zu beachten, den ich vor vielen Jahren kennengelernt habe. Er hörte, wie ich den alten

Spruch zitierte: „Man kann ein Pferd zum Wasser führen, aber man kann es nicht zwingen zu saufen."

„Das stimmt nicht", sagte er. „Du kannst ihm Salz zu fressen geben."

Welch eine Einsicht in die menschliche Natur! Sie können einen Mann niemals dazu zwingen, sich zu verändern, aber Sie können eine Atmosphäre schaffen, in der Veränderung wieder erstrebenswert erscheint. Wenn Ihr Mann die Motivation verloren hat, sollten Sie sich nicht fragen: „Was stimmt bei ihm nicht?" oder sogar: „Was stimmt bei mir nicht?" Sie sollten sich eher fragen: „Was kann ich tun, um seine Begeisterung wieder zu wecken, so daß er Fortschritte machen *will?*"

Der beste Weg ist es, das herauszufinden, was ihn wirklich motiviert, und dann dafür Sorge zu tragen, daß Sie sein Interesse wecken. Ich habe im vorhergehenden Kapitel bereits diese inneren Auslöser erwähnt und sie dort „Erfolgsfaktoren" genannt. Die Erfolgsfaktoren Ihres Schülers sind der wirkliche Schlüssel zu seiner Motivation. Helfen Sie ihm, diese zu entdecken, und er wird kaum Probleme haben, motiviert zu bleiben, weil ein Mann immer lieber so reagiert, wie Gott ihn geschaffen hat. Das ist so natürlich wie das Atemholen.

Der Kreislauf des Mentoring

Es gibt noch einen Punkt, den Sie beachten sollten, wenn Sie fehlende Motivation bekämpfen wollen. Es könnte sein, daß die Beziehung ihr Ende erreicht hat. Das bringt uns zu dem Thema: der Kreislauf der Mentoringbeziehung.

Im Gegensatz zu Elternschaft oder Ehe sind Mentoringbeziehungen selten permanent. Sie durchlaufen eine einigermaßen vorhersehbare Reihe von Stadien. Experten sind sich nicht darüber einig, wieviele Stadien das sind, aber meiner Meinung nach sind es drei. Wenn Sie diesen Kreislauf beachten, dann können Sie gewisse Entwicklungen in der Beziehung zu Ihrem Schüler vorhersehen.

Das erste Stadium nenne ich *Definition*. Das ist der Zeitraum, in dem die Beziehung begonnen wird und alles versuchsweise geschieht. Der Schüler lernt den Mentor kennen, der Mentor lernt den Schüler kennen. Beide überlegen, ob sie miteinander weitermachen wollen und unter welchen Bedingungen. Entscheiden sie sich, weiterzumachen, dann endet diese Phase mit einer Art Erklärung, daß sie zusammenarbeiten wollen – z.B. einer Vereinbarung.

Die zweite Phase ist die *Entwicklung*. Das ist normalerweise die längste und intensivste Phase der Beziehung. Mentor und Schüler finden in einer Weise zueinander, die dem Schüler hilft, zu wachsen und sich zu entwickeln. Sie treffen sich regelmäßig oder zumindest periodisch. Diese Phase ist wie ein Haus, das sich gerade im Bau befindet. Der Schüler arbeitet hart und erfüllt unter der Leitung des Mentors sein Programm.

Irgendwann ist der Bau prinzipiell fertig – der Schüler hat das Programm beendet. Er hat noch nicht die volle Reife erlangt, aber er hat die Ziele erreicht, für die er die Hilfe des Mentors nötig hatte. Das bringt die Beziehung in ihre dritte und letzte Phase, den Moment des *Abschiednehmens*.

Der Abschied kann plötzlich kommen oder einige Zeit in Anspruch nehmen, aber früher oder später kommt die Beziehung zu einem Ende. Es gibt verschiedene Möglichkeiten, wie das geschieht. Die schwierigste ist ein schmerzvoller Bruch. Eines Tages gibt es einen Konflikt, Mentor und Schüler streiten miteinander wie vielleicht schon bei früheren Meinungsverschiedenheiten. Diesmal eskaliert der Konflikt, bis eine der Parteien sagt: „Das war's!" Ähnlich war es wohl mit Barnabas und Paulus in Apostelgeschichte 15.

Ich habe erlebt, daß die Wucht dieses gewaltsamen Auseinanderbrechens in zwei Richtungen gehen kann. Ein Mentor kann sagen: „Wenn du das so siehst, dann zieh die Konsequenzen und tue es." Der Schüler sagt: „Das mache ich auch!" Auf der anderen Seite könnte der Schüler sagen: „Schau, es ist Zeit, daß ich es auf meine eigene Weise anpacke." Und der Mentor entgegnet: „Mach das", und der Schüler geht seinen Weg alleine weiter. Später kann es zu einer Versöhnung kommen oder auch nicht, aber der Bruch ist eindeutig.

Eine zweite Möglichkeit wäre, daß der Schüler langsam davontreibt. Er braucht den Mentor nicht mehr unbedingt und hat darum immer seltener Kontakt mit ihm. Wir haben ein Beispiel dafür in der Beziehung zwischen Thomas und Richard gesehen. Nachdem Richards Arbeitgeber ihn versetzt hatte, wechselten die zwei Männer ein paar Briefe, aber dann brach der Kontakt ab. Richard hatte sich weiterentwickelt und Thomas ebenfalls. Es blieben nur noch eine Reihe guter Erinnerungen, vor allem für Richard.

Eine dritte Möglichkeit ist – unabhängig davon, ob der Bruch plötzlich oder allmählich geschieht, im Streit oder im Frieden –, daß die Beziehung durch eine Phase der Neudefinierung geht, in der die beiden Männer Partner und Kollegen werden statt Mentor und Schüler. Der Abstand zwischen ihnen hat sich verringert, und sie verhalten sich nun eher wie Gleichgestellte. Das ist in gewisser Weise das ideale Ende. Es zeigt, daß der Mentor seine Arbeit gutgemacht hat. Er hat seinem ehemaligen Schüler geholfen, zu ihm aufzusteigen, sein eigener Herr zu werden.

Das ist der Kreislauf des Mentoring. Es gibt kein allgemeingültiges Zeitlimit dafür, wie lange dieser Kreislauf oder die einzelnen Phasen dauern. Manche schätzen, daß eine Mentoringbeziehung im Durchschnitt zwei bis sechs Jahre dauert, aber beinahe alle kommen irgendwann zu ihrem Ende.

Woran erkennen Sie, daß dieser Punkt erreicht ist? Höchstwahrscheinlich werden Sie und Ihr Schüler das einfach fühlen. Es gibt aber zwei allgemeine Abläufe. Erstens: Wenn Ihr Schüler sein Programm beendet und gelernt hat, was er lernen wollte, dann ist es wahrscheinlich Zeit für ihn, einen Schritt weiterzugehen. Die Beziehung kann fortbestehen, aber nicht mehr als Mentoringbeziehung. Eine zweite Möglichkeit ist, daß Sie den Eindruck haben, ihm soviel geholfen zu haben, wie es Ihnen möglich war. Dann ist es wahrscheinlich Zeit, daß er auf eigenen Beinen steht.

Abschiednehmen

Das ist nun der Punkt, an dem die meisten Mentoren alles fallenlassen. Nachdem sie gute Arbeit geleistet haben, einem jungen Mann geholfen haben, sein Leben zu bereichern, schaffen sie es nicht, die Beziehung auch auf eine gute Weise zu beenden. Wenn sie das tun, versäumen sie die Chance, ihre Arbeit mit einem bleibenden Eindruck quasi zu versiegeln.

Es ist oft nicht leicht, „Auf Wiedersehen" zu sagen, aber Ihre Beziehung verdient es. Sie haben diesem Mann vielleicht zahllose Stunden geschenkt, und er hat Ihnen vermutlich aufrichtige Gefühle entgegengebracht. Warum also nicht diese positiven Erlebnisse krönen, indem Sie anerkennen und sich darauf einigen, daß es Zeit ist, die Beziehung zu beenden?

Ich schlage vor, daß Sie einen Zeitpunkt vereinbaren, an dem Sie neu über Ihre Beziehung nachdenken. Sprechen Sie über einige Höhepunkte Ihrer Arbeit miteinander – und auch über einige Tiefpunkte. Fragen Sie ihn danach, was er meint gelernt zu haben und wie er gewachsen ist, und teilen Sie ihm Ihre eigenen Beobachtungen mit. Sie können auch über seine Zukunft sprechen – wie er sie sieht und wie Sie sie sehen. Dann beten Sie miteinander, daß Gott ihn weiter segnen möchte.

Es ist gut, den Abschied wenn möglich mit einem natürlichen, vorhersehbaren Meilenstein zusammenfallen zu lassen, z.B. einer Abschlußprüfung, einer Versetzung, der Heirat oder der Pensionierung. Diese Ereignisse markieren wichtige Wendepunkte im Leben. Wenn sich also die Arbeit mit Ihrem Schüler ihrem Ende nähert und er vor einer dieser wichtigen Veränderungen steht, ist es eine gute Idee, Ihren Abschied so zu legen, daß er mit den anderen Veränderungen zusammenfällt.

Was auch immer Sie tun, denken Sie daran, Ihrem Schüler zu sagen, was diese Beziehung für Sie bedeutet hat und was Sie durch ihn gewonnen haben. Er verdient das. Die Beziehung war vielleicht nicht perfekt, aber die Tatsache, daß sie bestanden hat, ist an sich von Bedeutung. Ob Sie beide das meiste daraus gemacht haben oder nicht, Sie haben etwas miteinander geteilt, das

Millionen Männer heutzutage suchen, aber nur wenige finden. Das ist alleine schon eine Feier wert. Umarmen Sie ihn also und schütteln Sie seine Hand, und dann senden Sie ihn in dem Bewußtsein auf seinen Weg, daß ein Teil von Ihnen mitgeht, wo auch immer Gott ihn hinführen wird.

18. Ein bleibendes Erbe hinterlassen

Ein Pastor erzählte mir einmal: „Als ich in der Schule war, sahen wir manchmal eine Schildkröte auf einem Zaunpfahl, und dann wußten wir, daß jemand sie da hingesetzt hatte. Sie war nicht von alleine da hingekommen. So sehe ich auch mein eigenes Leben, ich bin eine Schildkröte auf einem Zaunpfahl."

Was für eine interessantes Bild – eine Schildkröte auf einem Zaunpfahl. Das beschreibt in vieler Hinsicht den Vorgang des Mentorings. Wenn Sie sehen, daß ein Mann große Höhen erklimmt, weit über alle Erwartungen hinaus, dann fragen Sie sich: Wer hat ihn dort hingebracht? Wer hat ihm geholfen, dies zu erreichen? Erfolgreiche Menschen frage ich oft: „Wer waren Ihre Mentoren? Wer ist dafür verantwortlich, wer und was Sie heute sind?"

Oft lächeln diese Menschen dann und nennen mir einen oder mehrere Namen. Sie wissen sofort, worüber ich spreche. Sie wissen besser als jeder andere, daß ihr Erfolg in einem hohen Maße von der Hilfe eines oder mehrerer Menschen herrührt. Das ist die Kraft eines Mentors.

Kaleb, der Schüler

Kaleb war solch eine Schildkröte auf einem Zaunpfahl. Im Alter von 85 Jahren war er immer noch begierig darauf zu kämpfen. „Gib mir dieses Bergland!" rief er. „Der Herr wird mit mir sein, und ich werde die Giganten aus den befestigten Städten vertreiben."

Das klingt nach einem ziemlich beeindruckenden Glauben, und das war es auch. Ein Glaube, der Berge erobert und Giganten vertreibt. Aber das Feuer des Glaubens entzündet sich nur selten von selbst, es braucht meist einen Funken von irgendwoher. Was – oder wer – war Kalebs Funke? Berge zu erobern und Riesen zu vertreiben, kann eine entmutigende Aufgabe sein, außer natürlich, wenn man selbst auf den Schultern eines Riesen steht. Auf wessen Schultern stand Kaleb?

Wahrscheinlich auf denen des Mose. Wenn Sie den biblischen Bericht lesen, sehen Sie, daß Mose der Mentor seines Nachfolgers Josua war. Es ist aber wahrscheinlich, daß auch Kaleb Mose als eine Art Mentor ansah. Denken Sie daran, daß Kaleb zu den zwölf Männern gehörte, die Mose ausgewählt hatte, um das Gelobte Land zu erkunden (4. Mose 13,1-3.6). Er allein hielt zu Josua und unterstützte Mose, als das Volk umkehren wollte (13,30; 14,6-9). Er war auch einer der ersten Männer, die Mose halfen, das Land zu verteilen, als das Volk an der Grenze Kanaans stand (34, 16-19).

Direkt oder indirekt profitierte Kaleb davon, daß er auf Moses Schultern stehen konnte. Kalebs Glaube war nicht etwa gering; er könnte sogar größer als Moses Glaube gewesen sein. Trotzdem war Kalebs Anwesenheit in Kanaan zum großen Teil das Ergebnis von Moses treuer Leitung. Kaleb hatte das Selbstvertrauen, Riesen (mit Gottes Hilfe) vertreiben zu können, weil Mose ihn und die übrigen Israeliten (mit Gottes Hilfe) vor Pharao gerettet hatte.

Heute versuchen unzählige Männer, Bergfesten zu erklimmen. Wie Kaleb stehen sie in ihrem Leben Riesen gegenüber, aber im Gegensatz zu Kaleb sind sie oft gezwungen zu fragen: „Auf wessen breiten Schultern kann ich stehen, während ich die Kämpfe durchstehe, zu denen mich Gott berufen hat?"

Mein Gebet ist es, daß Gott diese Frage beantwortet, indem er Hunderte, Tausende und sogar Zehntausende von Männern wie Mose, Jitro, Barnabas und Paulus beruft – Männer mit Einfluß, Weisheit und Charakter, Männer, die Mentoren sind. Das ist mein

Gebet. Und meine Bitte an Sie: Wollen Sie einer von ihnen sein?

Ich weiß nicht, wieviele Männer dieses Buch lesen werden, aber was würde geschehen, wenn nur jeder zehnte von ihnen sich bereiterklärte, das Leben eines anderen Mannes zu beeinflussen, auf die Weise, die ich hier vorgeschlagen habe?

Würden immer mehr Männer Mentoren, dann hätten wir bald Riesen des Glaubens um uns, statt Riesen, vor denen wir uns fürchten müssen.

Sie haben die Wahl

Ich frage also noch einmal: Wollen Sie einer dieser Mentoren sein? Nun wissen Sie, was das bedeutet. Sie wissen auch ungefähr, wie der Prozeß abläuft, aber ich glaube, daß diese Frage wahrscheinlich eine von vier Reaktionen hervorruft:

1. „Ich kann und will es tun“

Wenn das Ihre Reaktion ist, dann fangen Sie an! Bitten Sie Gott, Ihnen einen Timotheus zu senden, und bereichern Sie mit Jesu Hilfe das Leben dieses Mannes. Sie werden es nie bereuen.

2. „Ich könnte“ – aber Sie tun es nicht

Das ist leider häufig die Reaktion auf die Aufforderung, sich zu verändern, etwas Neues zu beginnen, sich herausfordern zu lassen. Volle Zustimmung, aber nichts passiert.

Das erinnert mich an den Reporter, der einen bekannten Psychiater interviewte. Als der Reporter den Psychiater an einem Punkt bedrängte, gab ihm der Arzt ein Buch, das er über dieses Thema geschrieben hatte. Der Reporter versprach höflich, das Buch zu lesen.

„Nein, das werden Sie nicht tun!“ rief der Psychiater. „Und selbst wenn Sie es täten, was würden Sie danach tun? Es weglegen und zu etwas anderem übergehen?“

Ich fürchte, das passiert auch mit diesem Buch. Sie werden es lesen, mir zustimmen und sagen: „Prima! Großartig! Wir brauchen Mentoring, jeder sollte einen Mentor haben“, und dann gehen Sie über zum nächsten Angebot, das gerade in Mode ist.

Das beobachte ich oft, nachdem ich in einer Gemeinde gepredigt habe. Am Ende des Gottesdienstes werde ich in der Regel gebeten, am Ausgang die Leute zu verabschieden. Manch einer sagt sehr ernst: „Ach, Bruder Hendricks, was für eine großartige Predigt, fast wie der Apostel Paulus!“

Ich habe Leute erlebt, die ihre Tränen nicht zurückhalten konnten und die mir sagten: „Sie haben mich diesmal wirklich getroffen! Vielen Dank! Das war genau das richtige für mich!“ Sie sind anscheinend wirklich tief berührt. Aber was tun sie dann? Sie gehen nach Hause und sehen sich ein Fußballspiel an. Das ist nicht das, was ich unter einer grundlegenden Veränderung verstehe.

Hüten Sie sich vor guten Vorsätzen!

Ein Mittel, um nicht bei den Vorsätzen stehenzubleiben, ist es, gefühlsgeladene Versprechen durch realistische, praktische Pläne zu ersetzen. Wen kennen Sie zum Beispiel *jetzt schon,* der die Leitung eines älteren Mannes suchen könnte? Nehmen Sie einen Stift und schreiben Sie *jetzt* seinen Namen auf, um ihn zu einem Treffen einzuladen.

Ein Strategieplaner gebrauchte den Begriff „Montagmorgenaktionen“, um zu beschreiben, was ein Mensch sofort tun muß, wenn er wirklich eine Veränderung erreichen will. Wir können ewig über das dringende Bedürfnis nach Mentoring und dessen Nutzen sprechen, aber die eigentliche Frage ist: Was werden Sie am Montagmorgen als erstes in die Tat umsetzen?

3. *„Ich sollte wohl, aber ich habe schon zu viele andere Dinge am Hals“*

Ich fürchte, das ist für viele Leser dieses Buches eine echte Sorge. Höchstwahrscheinlich haben Sie es ausgewählt, weil Sie den Wert echter Lebensbeziehungen bereits kennen. Sie wissen das aus eigener Erfahrung, weil Sie schon dabei sind, am Leben anderer teilzuhaben. Sie sind ein Vater, der versucht, die nötige Zeit für seine Kinder zu finden. Sie leiten eine Jugendgruppe in Ihrer Gemeinde. Sie sind Sonntagsschullehrer, oder Sie gehören zu einem Hauskreis oder einem Männerbibelkreis.

Kurz, Sie haben bereits eine Menge zu tun. Wenn Sie also ein Buch wie dieses lesen, neigen Sie dazu zu sagen: „Lauter gute Gedanken! Aber ich kann wirklich kein Mentor werden, ich kann wirklich nichts Neues mehr beginnen. Ich weiß, ich sollte es tun, ich weiß, daß es wichtig ist, aber ich schaffe es einfach nicht.“

Darf ich Ihnen einen Vorschlag machen? Betrachten Sie Mentoring nicht als etwas Zusätzliches, sondern wenden Sie die Prinzipien des Mentoring auf die Beziehungen an, die Sie bereits haben.

Mentoring ist eine Einstellungssache, nicht nur eine Aktion. Es ist eine Art, sich zu anderen Männern in Beziehung zu setzen, nicht eine Aufgabe, die man auf einer Liste abhakt. Wenn Sie schon mit einer Gruppe Männern arbeiten – phantastisch! Sie brauchen sie nicht zu verlassen, um jemand anderen zum Mentoring zu finden. Sie sind schon in einer Position, in der Sie das Leben eines anderen auf eine gute Weise bereichern können. Um das zu tun, müssen Sie aber diese Beziehungen als wichtig und prägend ansehen.

Denken Sie daran, die Aufforderung, als Mentor zu dienen, beinhaltet nicht, daß Sie jemand werden müssen, der Sie nicht sind. Sie sollen Sie selbst sein, während Sie mit anderen Männern in Ihrem Umfeld in Kontakt kommen. Manchmal bedeutet das, einen Schüler „aufzunehmen“, der zu Ihnen kommt, aber genauso oft heißt es, eine bestehende Beziehung auf eine Weise aufzubauen, die für das Leben des anderen Mannes von Bedeutung ist.

Stellen Sie sich vor, was geschehen würde, wenn Sie nur eine

Handvoll der Mentoringprinzipien, die ich erwähnt habe, ab und zu in Ihren Beziehungen anwenden würden. Ich bin sicher, daß Gott Ihre fünf Brote und zwei Fische nehmen und reichlich vermehren würde, weit über das hinaus, was Sie erbitten oder sich vorstellen können. Ich sage das, weil ich Männer in der ganzen Welt getroffen habe, die durch kleine Dinge tief beeindruckt wurden – ein ermutigendes Wort, die Einladung zu einem Kaffee, die Pause für ein Gebet, eine Hand, die sich auf die Schulter legt –, scheinbar unbedeutende Dinge, die jemand an einem wichtigen Punkt in ihrem Leben getan hat. Wer hätte sich das Ergebnis ausmalen können?

4. *„Vielleicht komme ich ja eines Tages dazu"*

Wissen Sie, wer das oft sagt? Nicht dreißig-, vierzig- oder fünfzigjährige Männer, sondern sechzig-, siebzig- und sogar achtzigjährige. Die Männer, die eigentlich genügend Zeit zur Verfügung haben. Sie sind nicht gegen die Idee des Mentoring, aber irgend etwas bringt sie dazu, es auf ihrer Prioritätenliste der Steuererklärung oder dem Zähneputzen zuzuordnen.

Wenn das auf Sie zutrifft, lassen Sie mich Ihnen die Geschichte von König Hiskia erzählen. Hiskias Herrschaft über Juda war ein großartiger Gipfelpunkt zwischen zwei traurigen Tälern. Sein Vater Ahas und sein Sohn Manasse waren zwei der schlechtesten Könige in Judas Geschichte. Hiskia dagegen war wohl einer der Besseren. Er veranlaßte dringend notwendige geistliche Reformen und verbesserte in hohem Maß die Infrastruktur und Verteidigung des Landes.

Später zog sich Hiskia eine tödliche Krankheit zu. Der Prophet Jesaja sagte ihm: „Regle noch die letzten Dinge, denn du bist unheilbar krank und wirst bald sterben" (2. Könige 20,1).

Was hätten Sie in einer solchen Lage getan? Vielleicht das, was Hiskia tat: Er bat Gott, ihm sein Leben zu lassen. Er erinnerte ihn an all die guten Dinge, die er getan hatte. Der Herr hörte auf seine Gebete und heilte ihn nicht nur, sondern schenkte ihm fünfzehn Jahre Lebenszeit hinzu.

Diese „Verlängerung“ war jedoch nur teilweise ein Segen. Kurz nach seiner Wiederherstellung hatte Hiskia eine Reihe Gesandter aus Babylon zu Gast, beging aber ihnen gegenüber einen schweren Fehler. Die Babylonier waren zu diesem Zeitpunkt politisch noch relativ unbedeutend. Zu der Zeit hatte Assyrien die Macht im Mittleren Osten. Hiskia war vielleicht von Stolz geblendet, jedenfalls zeigte er ihnen dummerweise „sein ganzes Schatzhaus. In alle Kammern ließ er sie schauen. Sie sahen das Silber und das Gold, die kostbaren Öle und Gewürze. Sogar das Waffenlager und die Vorratshäuser zeigte er ihnen. Im ganzen Palast und im ganzen Reich gab es nichts Bedeutendes, was diese Männer nicht zu sehen bekamen“ (20,13).

Stellen Sie sich den Präsidenten der Vereinigten Staaten vor, der einer Gruppe ausländischer Besucher unbegrenzten Zugang zum Weißen Haus, dem Kapitol, dem Pentagon, dem CIA, der Staatsbank und jedem anderen wichtigen Zentrum für die Verteidigung und Wirtschaft des Landes gibt. Genau das tat Hiskia. Wie lange, denken Sie, würde es dauern, bis ein solches Verhalten verheerende Folgen nach sich zöge?

Jesaja sagte Hiskia voraus, daß die Babylonier eines Tages zurückkehren und sein Land ausrauben würden. Jedes einzelne Stück, das Hiskia ihnen gezeigt hatte, werde nach Babylon transportiert, nichts bliebe zurück. Das schlimmste aber: Viele der Nachkommen Hiskias würden als Sklaven an den babylonischen Hof gebracht.

Zwei Lektionen kann man aus diesen Fehlern des Hiskia lernen. Die erste ist: Bitten Sie Gott nicht, Ihr Leben zu verlängern, wenn Sie nicht schon die Jahre, die Sie bereits hatten, sinnvoll genutzt haben. In gewisser Weise wäre es für Hiskia besser gewesen, wenn er fünfzehn Jahre früher gestorben wäre; für sein Land auf jeden Fall. Während dieser zusätzlichen Jahre zerstörte er die Zukunft seiner Nachkommen.

Ich fürchte, heutzutage geschieht etwas Ähnliches. Statistisch gesehen leben Menschen heute länger als je zuvor. Während sich aber ihre Tage verlängern, nimmt ihr Einfluß ab. Anstatt würdig zu sterben, sterben sie „Stück für Stück und spielen dumme kleine Spiele“, wie es ein Dichter einmal beschrieben hat. Trifft das auch auf Sie zu? Sind Sie so von Ihrem Leben in Anspruch genommen, vergeuden Sie Tag um Tag mit „dummen kleinen Spielchen“, oder bereiten Sie die Nachwelt darauf vor, dort weiterzumachen, wo Sie aufhören mußten?

Die zweite Lektion, die wir von Hiskia lernen können, ist diese: Entscheidungen, die wir heute treffen, beeinflussen morgen das Leben unserer Nachkommen. Wissen Sie, was Hiskias Antwort auf Jesajas düstere Prophetie war? Als der Prophet ihm sagte, daß seine Nachkommen in einem fremden Land sterben würden, sagte er: „Der Herr weiß, was er tut; ich beuge mich seinem Urteil. Wenn nur zu meinen Lebzeiten noch Friede und Ruhe herrschen!“ (20,19).

Welche ernüchternde Parallele zu unserer Zeit. Wieviele Leute geben sich mit Frieden und Sicherheit zufrieden, während die Welt auf ungewisse Krisen zustürmt? Sehen Sie sich nur all die Probleme um uns herum an – unsere Städte, unsere zunehmende Umweltzerstörung, die vielen Krisenherde in dieser Welt. In allen Bereichen kann man sehen, daß eine Katastrophe bevorsteht.

Und doch neigen wir dazu, die Entscheidungen und Veränderungen in die Zukunft zu verschieben, denn es ist zu unbequem, sich heute damit zu befassen. Es kommt nur auf Frieden und Sicherheit an. „Lassen Sie mich damit in Ruhe“, ist die Einstellung vieler. „Soll sich doch jemand anderes damit beschäftigen. Ich bin zu alt. Ich habe meinen Teil getan. Ja, ja, ich weiß, es könnte in einer Katastrophe enden, aber zumindest nicht, solange ich lebe!“

Auf diese Weise stehlen manche von uns die Zukunft unserer Kinder. Wenn ich mir die Männer ansehe, die heute ins Seniorenalter kommen, muß ich zugeben, daß ich viel mehr Hiskias als Kalebs sehe. Es gibt viel mehr Männer, die nur ihren Komfort und ein leichtes Leben wollen, als solche, die der nächsten Generation helfen, neue Gebiete zu erschließen. Das sage ich zu unserer Schande. Ich wünschte, es wäre anders.

Wenn Männer alt werden, denken sie daran, was sie hinterlassen werden und wem sie es geben wollen. Sie verfassen ein Testament und setzen ihre Erben ein. Wer soll ihr Vermögen erhalten? Was wird mit ihrem Haus geschehen? Wer soll ihr persönliches Eigentum erhalten – ihre Bücher, ihre Sammlungen, ihre Werkzeuge, ihre Trophäen? Wenn sie ein Geschäft haben, wer soll es übernehmen? Sie gehen zu ihren Rechtsanwälten und verbringen endlose Stunden damit, ihre Angelegenheiten zu regeln.

Und das mit gutem Grund. Viele Experten sagen voraus, daß wir in Zukunft eine Gesellschaft der Erben sein werden. Ein Reichtum in einer Größenordnung, wie er kaum vorstellbar ist.

Welch unglaubliches Erbe! Nun stellt sich aber die Frage, welchen Wert dieser Reichtum hat, wenn er nicht von einem vergleichbaren Reichtum an „menschlichen Qualitäten" begleitet wird? Wir können alle Formalitäten für unsere Erben erledigen, aber wir sollten uns auch fragen, wer unsere Weisheit erben wird.

Ein Erbe an Weisheit

Es gibt kein größeres Erbe, das ein Mann hinterlassen kann, als seine Weisheit. Salomo – der einiges über Reichtum und Weisheit wußte – schreibt im Buch Prediger, daß Weisheit ein unübertroffenes Geschenk ist:

„Weisheit ist so wertvoll wie ein Erbbesitz, sie ist für jeden Menschen nützlich. Sie bietet so viel Sicherheit wie Geld, ja, sie schenkt sogar noch mehr: Wer die Weisheit besitzt, den erhält sie am Leben" (Prediger 7,11-12). Weisheit hat Bestand. Darum drängte Salomo die jungen Männer: „Nur eins im Leben ist wichtig: Werde weise! Werde verständig! Kein Preis darf dir zu hoch dafür sein" (Sprüche 4,7). Freund, es gibt da draußen Männer, die gerne alles gäben, was sie haben – ja, sie würden jedes materielle Erbe dafür eintauschen –, wenn sie statt dessen Ihre Weisheit ererben könnten. Ihnen das vorzuenthalten ist so, als ob Sie sterben, ohne ein Testament zu hinterlassen. Ich fordere Sie daher dazu auf: Bereichern Sie das Leben eines anderen Mannes. Wenn Sie das tun, geben Sie ein bleibendes, ein ewiges Erbe weiter.

PROMISE KEEPERS
Männer, die Wort halten.

Was sind „Promise Keepers – Männer, die Wort halten"?

Hinter diesen Worten steht eine dynamische und stark wachsende geistliche Bewegung unter Männern. „Promise Keepers" heißt soviel wie „Männer, die ihr Versprechen halten".

Begonnen hat diese Bewegung 1990 in den USA. Heute sind es bereits Hunderttausende von Männern, die in den unterschiedlichsten Ländern der Welt von diesem geistlichen Aufbruch ergriffen sind. Seit 1997 gibt es Promise Keepers auch in Deutschland, Österreich und der Schweiz sowie in vielen anderen europäischen Ländern.

Markenzeichen der Promise Keepers sind die sieben Versprechen, in denen sich Männer zu einer verbindlichen Nachfolge Jesu Christi verpflichten. Sie tun das, indem sie sich ganz neu auf die Zusagen und Verheißungen des Wortes Gottes einlassen.

Promise Keepers ist man also nicht, weil man irgendeiner Organisation angehört, sondern weil man ganz entschieden Gott treu sein möchte. Neben besonderen Großveranstaltungen für Männer treffen sich Promise Keepers vor allem in kleinen Gruppen, um sich gegenseitig durch die brüderliche Verbindung untereinander zu einem ehrlichen und verbindlichen Christsein zu ermutigen.

Promise Keepers setzen sich aber nicht nur für ihr persönliches Christsein ein, vielmehr wollen sie zu einer umfassenden, geistlichen Erneuerung in Kirche und Gesellschaft beitragen. Sie beten und engagieren sich für einen geistlichen Aufbruch in ihrem jeweiligen Land. Dazu laden sie alle Männer ein. Alle sollen Teil dieses konfessionsübergreifenden, bewegenden Aufbruchs werden.

Weitere Informationen erhalten Sie unter folgenden Adressen:

Deutschland
Promise Keepers – Männer, die Wort halten e. V.
Steinrutsche 8
D-34225 Baunatal-Altenritte
Tel. 0561-491436
Fax 0561-494346

Österreich
Promise Keepers – Koordinierungsbüro
Gerhard Thie
Ebendorferstr. 3/13
A-1010 Wien
Tel. 0222-4057898
Fax 0222-4060309

Schweiz
Männerforum – Promise Keepers
Hüeblistr. 34
CH-8165 Oberweningen
Tel. 01-8562111
Fax 01-8857211

Die sieben Versprechen der Promise Keepers

1. Ein Promise Keeper ehrt Jesus Christus durch Anbetung und Gebet, vor allem aber durch Gehorsam gegenüber dem Wort Gottes in der Kraft des Heiligen Geistes.

2. Ein Promise Keeper unterhält lebendige Beziehungen zu anderen Männern. Er weiß, daß er auf die anderen angewiesen ist, die ihm helfen, seine Versprechen zu halten.

3. Ein Promise Keeper lebt in geistlicher, moralischer und sexueller Lauterkeit und Reinheit.

4. Ein Promise Keeper investiert seine Hingabe in seine Ehe und Familie. Er weiß, daß ihre Tragfähigkeit von seiner Liebe, seinem Schutz und seinem Leben nach biblischen Werten abhängt.

5. Ein Promise Keeper unterstützt den Auftrag seiner Kirche, indem er seine geistlichen Leiter und Pastoren ehrt, für sie betet sowie Zeit und materielle Mittel einbringt.

6. Ein Promise Keeper überwindet die Grenzen von Rassen und Denominationen, um die Kraft der von Jesus Christus gewirkten Einheit zum Ausdruck zu bringen.

7. Ein Promise Keeper wird seine Welt verändern im Gehorsam gegenüber dem Liebesgebot (Markus 12,30ff) und dem Missionsbefehl Jesu (Matthäus 28,19-20).